역사 탐구 질문, 어떻게 할까?

역사 탐구 질문, 어떻게 할까?

질문으로
엮어가는
역사수업

윤종배 지음

Humanist

책을 펴내며

나는 오랫동안 역사교사의 수업 전문성이라는 주제를 고민해 왔다. 수업 내용과 방법에 대한 글도 여러 편 썼고, 단행본에는 나름의 수업 철학을 담기도 했다. 교사의 수업 전문성과 관련한 수많은 논의를 섭렵하며 내가 떠올린 화두이자 과제는 '질문'이었다.

질문은 수업 내용을 잘 알고 학생들의 생각도 헤아리면서 섬세하고 계획적으로 제시해야 한다는 점에서 전문성이 매우 필요한 작업이다. 역사를 알아가는 과정에서 학생들이 생각을 키울 수 있도록 발판을 놓아 주는 질문의 필요성은 누구나 공감할 것이다. 인공지능 시대를 맞아 질문의 중요성은 더욱 커지고 있지 않은가.

하지만 역사수업 속 질문에 대한 논의는 충분하지 않다. 부족한 시수를 바탕으로 내용의 무게를 감당하며 수업을 꾸려가는 교사 입장에서는 어떻게 질문해야 진도도 나가고, 학생들의 생각도 키울 수 있는지 안내가 부족한 편이다. 그동안 내가 던졌던 질문들(개별 차시가 아니라 단원 차원에서도)을 돌이켜 보니 산발적이거나 기발한 무엇을 만들고자 하는 의도가 많았던 것 같다. 나름대로는 진지하게 던진 질문이고, 참신함을 더하고자 했으며, 하나하나의 사례가 의미는 있었지만, 전체적으로 보면 하나로 꿰는 근본적인 질문 없이 열심히 만든 '질문의 나열'에 가까웠다.

생각해 보니 질문들의 방향을 잡고, 갈래를 나누며, 단계를 고려하여 학생과 상황에 맞게 제시하는 길잡이가 필요했다. 나는 질문에 관한 자료를 열심히 뒤진 끝에 그 나침반이 '탐구'라는 사실을 떠올렸다. 일반적으로 탐구는 어떤 주제나 내용을 깊이 있게 알기 위해 질문을 떠올리고, 자료를 찾고, 열심히 분석하여 나름의 해석을 내리는 과정이다. 이 과정 곳곳에 크고 작은 질문이 이어지며, 전체를 아우르는 해답을 만드는 것이다.

이렇게 풀이했지만, 사실 나에게는 탐구의 뜻이 명확하지 않다. 역사과에 탐구가 도입된 지 50년이 넘었지만, 그것이 무엇을 의미하고, 구체적으로 어떤 절차나 단계를 거쳐 어떤 결과를 만들 수 있는지 다른 역사교육 관련자들도 막연해 하는 듯하다. 교육과정 문서나 교과서를 살펴봐도 탐구의 상이 저마다 다르고 쓰임새도 달라서 실체가 무엇인지 궁금할 정도였다. 탐구는 그저 좋은 것이고, 내용의 무게를 벗어나 과감히 도전해야 할 '시도'로 여기는 듯했다.

이후 나는 탐구에 대한 자료들을 두루 살폈고, 나름대로 정리를 해보았다. 그랬더니 그냥 탐구가 아니라 역사 탐구는 어떠해야 하는지 더 고민해야 할 지점들이 도드라졌다. 역사다운 탐구란 일반적인 탐구와 무엇이 다른지 따져봐야 했다. 질문에서 시작한 고민이 탐구로, 다시 역사 탐구로 이어지면서 꼬리에 꼬리를 무는 형국이었다. 어렵사리 정리한 역사 탐구라는 관점에서 기존의 수업 자료와 교과서, 그 속에 담긴 질문들을 다시 살펴보니 더 많은 생각할 거리가 있었다. 더욱이 2022 개정 교육과정에서 역사과는 탐구를 특히 강조하고 있으며 탐구가 고등학교 선택 과목의 이름에 등장하기도 했으니, 탐구는 중요하기도 하지만 시급히 정돈해야 할 주제이기도 하다.

그래서 나는 역사 탐구를 키워드로 삼아 질문과 역사와 탐구의 관계를 깊게 들여다보고 한소끔 정리를 해보기로 했다. 원론적 논의에 머물지 않고, 수업 자료를 비판적으로 검토하며 나아가 대안을 마련하는 작업이 절실하다고 생각했다. 대안까지는 못 되어도 그럴싸한 샘플 정도는 제시하여 교육 현장에서 다양한 시도를 할 수 있도록 도와야겠다고 마음먹었다. 만만치 않은 작업이라 시간이 많이 걸렸다. 교사로서 퇴임하기 전부터 붙들고 있었는데, 퇴임하고도 줄곧 매달려 꼬박 2년 동안 정리를 해야 했다. 이 책은 그렇게 내가 역사 탐구를 탐구해 온 여정이자 교사로서 마지막까지 품고 있던 화두를 풀어낸 이야기이다.

책은 프롤로그와 3개 장, 에필로그로 구성했다. 프롤로그에서는 역사다운 역사수업은 어떤 모습이어야 하는지 쓰고 싶었다. 역사는 어떤 고유한 특성이 있는지, 역사수업은 다른 과목과 무엇이 다르며, 역사학과는 어떻게 구별되는지 찾아보려 했다. '역사다운 수업'은 흔하게 쓰는 말이지만, 따지고 보면 논의가 분분하거나 불분명한 까닭에 '역사다움'부터 나름대로 정리해 보았다.

1장 '역사 탐구 질문을 찾아서'는 이 책의 핵심어인 역사 탐구에 관한 이야기를 실었다. 먼저 질문의 의미와 다양한 이론을 살피면서 역사다운 질문이 어떠해야 하는지 추출해 보려 했다. 이어 탐구는 무엇인지, 특히 역사 탐구는 어떤 성격을 지니고 있는지 밝혀 보려 했다. 이를 토대로 역사 탐구를 돕는 질문은 어떤 방향성을 가져야 하는지, 국내외 사례를 살피면서 역사 탐구 질문의 원칙을 세워보았다.

2장 '세계사 수업의 탐구 질문 성찰'은 역사 탐구 질문의 원론에서 나아가 실제 수업에 그 효용성을 적용해 보려 했다. 한국사보다 난도가 높은 세계사 수업을 사례로 들었다. 먼저 세계사 수업 자체에서 어떤 고민을 해야 하는지 정리하고, 개별 주제에서 어떤 탐구 질문이 어떻게 구현되고 혹은 굴절되는지를 살폈다. 신항로 개척, 인도사, 여성 참정권 수업 등에서 어떤 탐구 질문을 던지고 있으며, 어떻게 수정할 수 있는지, 그 과정에서 학생들의 반응과 대답은 어떤 양상으로 펼쳐졌는지를 돌아보았다.

3장 '아테네 민주정 탐구 질문의 대안 모색'은 특정 주제를 심도 있게 살피고 역사다운 탐구 질문을 추출하여 대안을 마련하려는 시도이다. 아테네 민주정이라는 주제를 설정하고 역사학계의 연구 성과와 교사들의 문제의식을 검토하여 어떤 탐구 질문을 구성할 수 있는지 정리해 보았다. 이어 기존의 역사 교과서와 수업 자료, 해외 자료를 비판적으로 분석했다. 마지막으로 내가 생각하는 역사다운 탐구 질문의 샘플을 여러 가지 버전으로 제시했다.

에필로그에서는 탐구가 있는 역사수업에 필요한 평가의 문제를 생각하면서 평가 기준(루브릭)의 예시를 들었다. 수업에서 평가까지 일관성을 갖추고, 적절한 평가를 통해 결과물을 수업에 환류하는 기본 틀을 만들어 본 것이다. 아울러 수행평가에서 인공지능을 활용한다면, 어떤 지점을 평가할 것인지에 대한 나름의 아이디어를 소개했다.

집필 과정에서 많은 분께 신세를 졌다. 먼저 부족한 글을 꼼꼼하게 살펴주신 원우진, 박정우, 최재인 선생님께 감사의 마음을 전한다. 나의 허술함을 정성으로 채워주신 덕분에 글이 충실하고 반듯해졌다. 긴 시간 인터뷰에 응해주신 문순창, 박혜정, 손석영 선생님께도 고맙다는 인사를 드린다. 선뜻 내놓기 어려운 본인의 수업 사례를 나누고 자료도 공유해 주셨다. 이 책에 다소 이론적인 이야기가 많은데, 그들이 수업의 생동감을 더해 주었다.

아울러 휴머니스트 편집진에도 마음 빚이 크다. 어려운 출판 여건과 빠듯한 일정에도 불구하고 두서없이 분량만 많은 글을 맵시 있게 다듬어 주었다. 거듭 감사의 마음이 든다. 이 책이 나오기까지 가장 큰 힘이 되어주신 분은 김민정 선생님이다. 내가 헤맬 때마다 새로운 길을 안내하고 용기를 불어넣어 주었다. 질문에서 탐구로, 역사 탐구로, 역사다운 수업으로 가는 고민과 사색의 과정에서 많은 영감을 선사해 주었다.

끝으로 부족한 재주로 글 쓴다고 애쓰는 나를 격려해 주고, 때로는 욕심을 내려놓을 수 있게 해준 아내 서명숙과 언제나 아빠를 응원하는 딸 해솔에게도 진한 사랑과 감사의 마음을 전한다.

이 책은 역사 탐구 이야기를 시작하는 작은 물살에 지나지 않는다. 다만 이 책에 담긴 나의 고민이, 논의의 한 자락이, 내가 제시한 대안이 역사 탐구의 물꼬를 트는 구실을 하길 바란다. 나아가 역사교사들이 수업을 새롭게 꾸려가는 데 한 가닥 실마리나 힌트가 된다면 더할 나위 없이 고마울 것이다.

2025년 12월

삼전도에서 한강을 보며 쓰다.

차례

역사다운 역사수업

역사다움이란?

역사를 역사답게 가르치자는 주장에 반대할 역사교사는 아마 없을 것이다. 그럼에도 이 주장이 계속 제기되는 까닭은 서로 의미하는 바가 다르거나 미묘하게 엇갈리는 지점이 있기 때문이다. '서로 사랑하자', '인류 평화를 위해 노력하자'라는 말에 모두 동의하면서도 사회적 갈등이 여전하고, 전쟁이 지속되는 이유와 유사하다고 본다.[1]

먼저 '역사답다'는 말의 뜻부터 짚어보자. 사전에서 '답다'를 검색해 보면, "일부 명사나 어근의 뒤에 붙어, '그것이 지니는 성질이나 특성이 있다'라는 뜻을 더하여 형용사를 만드는 말"이라고 나온다. "일부 명사나 명사구 뒤에 붙어 '~다운'의 꼴로 쓰여, '그것의 전형적인 속성을 지니다'의 뜻을 더하여 형용사를 만드는 말", 또는 '~같다'의 방언이기도 하다. 영어로는 like, worthy, becoming 등의 뜻을 갖고 있다.[2] 역사답다는 말은 역사의 핵심적 특성을 품고 있다는 뜻으로 수렴되는 것이다.

역사다움에 대한 생각을 좀 더 명료히 하기 위해 독자들도 이런 질문을 던져 보면 어떨까.

- **역사다움의 정의**
  - 역사답다고 할 때, 가장 먼저 떠오르는 단어나 개념은 무엇인가?
  - 텍스트의 서술이나 표현, 질문 등이 역사답다고 판단하는 근거는 무엇인가?
  - 본인이 정의하는 역사다움을 한 문장으로 진술한다면?

- **역사다움의 요소**
  - 역사답다고 할 때, 반드시 포함되어야 할 내용, 요소는 무엇인가?
  - 역사답다고 표현된 내용, 요소 가운데 가장 중요한 것은 무엇인가?
  - 역사답지 않은 것으로는 어떤 요소(사례)가 있는가?

위 질문들은 역사다움에 대한 생각을 소환하는 데는 참고할 만하지만, 이 정도로는 역사다움의 이미지가 뚜렷하게 떠오르거나 명쾌해지지 않는다. 역사의 특징과 역사수업의 상을 명료하게 정립하려면 다른 과목과의 비교가 도움이 될 수 있다.

아테네 민주정은 역사 교과서와 사회 교과서에 모두 나오는 내용이고, 이 책의 3장에서 다룰 주요 논의 대상이기도 하다. 유사하지만 서로 다른, 역사와 사회 교과서와 수업의 차이를 짚어보면 좀 더 명료하게 역사다움에 대해 생각할 수 있을 것이다. 이하의 내용은 필자의 주관을 줄이기 위해 생성형 인공지능(이하 AI)의 도움을 받았다. '아테네 민주정에 대한 역사 교과서와 사회 교과서의 공통점과 차이점을 설명해 줘'라는 프롬프터(명령어)에 대한 대답을 다음 표와 같이 정리해 보았다.[3]

사회 과목이 '결과적으로' 완성된 제도를 분석하고 현재 문제 해결에 중점을 두는 반면, 역사 과목은 과거에서 현재에 이르는 '과정'을 살피고 미래를 염두에 두며 현재의 상황을 성찰하는 특성이 있다. 과거-현재-미래로 이어지는 시

[표] 아테네 민주정에 대한 역사·사회 교과서의 공통점과 차이점

공통점	설명
다루는 주제	고대 아테네의 민주정치 체제 (시민 참여, 민회, 추첨제, 배심제 등)
교육 목적	민주주의의 기원 이해, 시민 참여의 중요성 인식
핵심 개념	시민권, 직접 민주정, 정치 참여, 민주적 제도 등
교과 간 연계 가능성	과거와 현재의 민주주의를 연결해 비교하거나, 현대 사회에의 적용을 모색함

차이점	역사 교과서	사회 교과서
접근 관점	역사적 사실 중심. 고대 그리스 시대의 맥락 속에서 아테네 민주정 분석	현대적 시사와 개념 중심. 현대 민주주의와 비교하며 제도의 특징 파악, 시사점 강조
주된 목적	시간적 흐름 속에서 민주정의 기원과 발전을 이해하고 역사적 사고력 향상	민주시민 교육. 현대 사회에서의 민주주의 실천과 정치 참여 태도 형성
내용 구성	페리클레스 시대의 정치, 전쟁과의 관계, 제도 변화 과정 등 사건 중심	현대 민주주의와 장·단점 제시 (직접 민주 vs 대의 민주, 시민의 권리와 의무 등)
교수학습 방법	사료 읽기, 연표 정리, 역사적 인물 분석, 서사 중심(지도, 연표)	토론, 모의 민회 활동, 시사 뉴스와 연결한 탐구 활동 등(도표, 그래프)

제(時制)는 역사학습의 가장 기본적인 조건이면서 매우 탐구하기 어려운 요소이다. 과거 사실에서 출발하지만, 현재의 눈으로 바라보고, 미래에 대한 전망을 통해 역사가 나침반 역할을 하기 때문에, 매우 복합적이고 역동적인 사고와 검증이 필요하다. 게다가 역사는 한 시대의 정치, 경제, 사회, 문화 여러 측면을 조망하면서 시대상을 구축하고 개개인의 삶과 집단의 정서, 위정자의 판단과 민중들의 움직임도 포착해야 하기에 많은 난관이 기다리는 탐구의 과정이기도 하다.

역사의 핵심, 시간성

역사에 대해서는 수많은 대가가 실로 다양한 정의를 내렸다.[4] 과거를 연구 대상으로 삼는다는 점을 제외하면, 학문으로서의 역사에서도 역사학자 모두가 동의하는 특정한 방법론이나 역사학의 고유한 원리에 관한 일치된 견해를 찾는 것은 거의 불가능하다.[5]

역사에 대한 다양한 논의 중에서 딱 하나의 공통적이고 핵심적인 요소를 손꼽는다면 무엇을 들 수 있을까? 혹은 역사다움을 설명할 고갱이를 들라고 하면 어떤 요소를 언급해야 할까. 필자의 생각으로는 '시간성'을 언급하지 않을 수 없다. 수많은 역사가가 진술한 역사의 의미에서 빠지지 않는 요소가 시간에 관한 것이다.[6] 몇 사람의 이야기를 옮겨 보자.

나치 치하에서 역사의 쓸모를 고민하며 글을 썼던 마르크 블로크는 역사를 일컬어 '시간 속의 인간에 관한 학문'이라고 했다. 그는 진정한 시간이라는 것은 원래 연속성을 가지며, 그것은 끊임없는 변화이기도 하다고 설명했다.[7] 로버트 다니엘스는 역사적 접근법의 기본적인 요소는 시간의 차원이라고 했다. 시간에 대한 의식은 현재란 과거의 산물이며, 진행되는 진화 과정의 변화하는 한순간임을 알려준다는 것이다. 역사는 과거부터 존재하는 많은 현실과 마찬가지로 오늘날 영구적인 것으로 생각되는 많은 현실도 너무나 순간적인 것으로 나타날 가능성이 있음을 가르쳐 준다.[8] 리처드 에번스도 역사학이란 현재가 과거와 다르고 과거에서 비롯한다는 믿음에 의존한다며 시간성을 제시했다. 이는 미래를 겨냥하며 그 미래는 다시 달라질 것이니 모든 사람은 현재가 과거의 영향을 받는다는 것, 오늘 발생한 일이 내일이나 다음 날 발생할 일에 영향을 미치고 또 그 원인이 된다는 것을 알고 있다고 했다.[9]

심지어 사회학과 언어학을 전공한 사람들도 역사의 시간성을 논한 사례가 있다. 김성우와 엄기호는 "인간이 사건을 시간의 순서에 따라서 사유한다는 게 중요해요. 역사적으로 사유한다는 것은 흐름을 파악하는 것이고, 흐름에 사건들을 엮을 줄 안다는 것이죠. 역사적으로 사유하는 존재의 특징은 현재를 뚝 떨어진 시공간으로 보는 것이 아니라 시간의 연속성 속에서 본다는 것입니다"라고 했다.[10]

위의 견해를 전반적으로 정리한 최호근 역시 역사학을 시간의 학문이라고 정의했다. 역사란 인간의 삶에 일어난 변화들을 시간의 축 위에서 추적하는 학문이며, 역사 서술은 변화의 패턴을 파악함으로써 생존과 번영을 도모하려는 인간 지혜의 산물이라고 했다. 변화에 대한 호기심이 역사적 사고의 출발점인데, 역사적 사고는 결과에서 원인으로, 원인에서 다시 결과로 나아가는 과정을 부단히 반복한다. 이러한 접근을 통해 현재가 과거를 비추고, 이미 지나가 버린 과거가 현재 속에서 되살아난다.[11]

이 과정에서 역사적 사고가 성숙하는데, 역사적 사고란 생성과 변화에 관해 생각하고(think), 생성의 추이와 변화의 의미를 반추하는(reason) 것을 뜻한다. 변화에 대한 파악은 그것을 초래한 원인에 대한 탐색으로 이어진다. 역사적 사고는 어떤 존재를 생·성·변·전(生·成·變·轉) 속에서 살펴보고, 생·성·변·전의 복합적 관계 속에서 그 존재의 의미를 파악하는 것이다.[12]

시간성으로부터 파생되는 논제들도 역사다움을 구성하는 요소들이다. 변화와 지속의 구별, 인과관계 파악, 맥락화에 대한 이해, 역사적 의미에 대한 질문과 성찰 등이 중요한데, 특히 변화는 시간성을 기반으로 흐름을 파악하는 핵심에 해당한다. 변화는 달라진 상태가 지속적인 정체성을 가지고 일정 기간 이어지는 현상이다. 변화에는 '달라진 상태', '일정 시간의 경과', '지속적인 정체성'이라는 세 가지 측면이 포함된다. 지속성과 변화 및 발전, 원인과 결과(인과관계), 유사성과 차이점, 고유성과 일반성이 모두 변화의 개념이라고 할 수 있다.[13]

이를 풀어서 설명하면, 언제 어떻게 달라졌는가, 왜 달라졌는가, 어떤 부분은 달라지지 않았는가, 달라진 모습이 얼마나 지속되는가, 조금씩 달라지면서도 본디 모습은 사라지지 않는가, 어떤 부분이 전과 닮았고, 어떤 부분이 많이 달라졌는가, 변화 속에서 다른 것과 뚜렷이 구별되는 부분은 고유성이라 할 수 있는가 등의 물음으로 치환할 수 있다.

위의 논의를 바탕으로 역사다운 역사수업을 하자, 혹은 역사를 역사답게 가르치자는 주장에 대한 필자의 생각을 정리해 보겠다. 역사는 시간성을 핵심으로 하는 학문이고, 이는 역사수업에서도 마찬가지다. 현재를 살고 미래를 꿈꾸는 학생들이 과거의 사실에서 무언가를 알아내고 복잡한 검증 과정을 거치면서 나름대로 해석하며 생각의 근육을 길러 가는 경험이 역사수업에서 구현되어야 한다.

역사는 '그때-거기-그들'과 '지금-여기-나' 사이를 오가면서 과거의 실상을 바탕으로 새로운 해석의 가능성을 찾아내고 저마다의 의미를 부여하는 것이다. 그때 거기 그들에 충분히 머물러 상상하고, 지금 여기 나의 문제의식이나 관점으로 과거 사실이 현재 어떤 의미가 있는지 무게를 다는 과정이라고 할 수 있다. '지금은 왜 이럴까'(현재의 문제의식)에서 출발하여 '그때 어땠길래'(과거 탐색)의 과정을 거치면서 '그래서 어떻게 될까'(미래 지향)를 탐구해 가는 여정이라고 할 수 있다.

이것은 역사학적 중요성과 역사학습의 필요성, 학생 삶과의 관련성이 만나는 지점이기도 하다. '그때-거기-그들'과 '지금-여기-나' 사이를 오가는 사색은 시간적으로 먼 과거와 낯선 사회 분위기에서, 지금과는 다른 사고와 감정을 지닌 사람들이 살아간 흔적을 알아가는 과정이다. 과거와 현재가 얼마나 다른지도 알고, 어느 정도 닮았는지도 생각해야 한다. 당시 상황에서 나름대로 선택한 것이 공동체의 발전에 도움이 되었는지, 그것에서 지금 우리가 배울 점이 있는지도 따져본다.

그리고 당시를 살아간 다양한 사람들의 입장과 시선을 헤아리면서 지금 우리도 서로 다른 관점을 지니고 있다는 사실을 깨닫고 어떻게 서로의 생각을 맞춰 나갈지를 마음속으로 연습해 보는 것이다. 역사는 이 짧지 않은 생각의 과정을 거치면서 긴 시간의 흐름을 이해하고, 저마다 품은 생각과 감정이 다르다는 것을 알아차리며, 어떤 것이 모두에게 도움이 되는 선택인지를 고민하면서 세상을 보는 안목을 높이고 깊게 하는 사고의 단련이다. 그래서 역사는 즉답을 듣지 못하지만, 과거 사실에게 계속 질문하고 꾸준히 생각을 길러 묵직한 대답을 얻는 과목이다. 아울러 세상과 자신, 과거와 현재에 대한 질문을 던지면서 지혜로움을 더하는 작업이다. 역사다운 역사수업의 첫걸음은 여기에서 출발해야 한다.

1장

역사 탐구 질문을 찾아서

역사학자 주경철은 "학문은 묻고 또 묻는 시간의 과정이며, 한 번에 답을 구하지 못하지만 질문 자체가 소중하다. 인문학의 경우 누구나 만족하는 답을 얻기 힘들지만, 질문을 던지는 과정에서 우리의 사고가 넓어지고 깊어지기 때문이다"라고 했다.[*] 답 자체를 찾는 것보다 좋은 질문을 던지는 것이 훨씬 중요하다고 보는 것이다.

이는 역사의 속성과 맞닿아 있는 주장이다. 역사도 계속해서 사료에 질문을 던진 끝에 새로운 해석이 등장하여 기존의 해석과 경합하며 논쟁하게 된다. 그 과정에서 시대상을 규명하거나 사건의 실체적 진실이나 상황의 성격을 규명하거나 오늘날에 시사점을 파악하게 된다. 역사가도 기본적으로 질문을 품고 사료를 읽는다.

요사이 역사 탐구나 역사과 역량 차원에서 질문에 관한 논의가 많아지고 있다. 역사적 사실은 학생들이 역사적 질문을 만들어 내고, 호기심에 차서 답을 찾으려고 열정적으로 노력하는 과정에서 습득된다. 역사적 사실이 역사를 이해하는 데 무엇보다도 중요하지만, 사실에 의미를 부여하는 '질문'이 없다면 역사적 이해로 이어지지 않는다. 이제 질문-역사-탐구의 지적인 연쇄를 통해 학생의 역사적 사고력이 제고되는 과정을 자세히 짚어보겠다.

1

인공지능 시대, 질문의 의미

묻는다는 것

인간은 본디 질문하는 존재로서 유사 이래 세상사에 대해 질문하면서 성장해 왔다. 성경책의 언어인 히브리어로 '인간'과 '무엇'은 어원이 같다고 한다.[1] 또 영어 단어 'wonder'는 명사로 '경이(驚異)'라는 뜻과 동사로 '궁금하다'라는 뜻을 동시에 지니는데, 이 단어는 경이로운 것, 기적, 놀라움의 대상이라는 뜻의 고대 영어 'wundor'에서 왔다.[2] 인간은 질문을 던지면서 자신의 삶과 사회를 변화, 발전시켰다. 좋은 질문이 위대한 발견, 발명을 낳고, 세상을 바꾸는 것은 역사에서 흔히 볼 수 있는 일이다.

이처럼 질문은 시대를 초월하는 중요한 삶의 방식이며, 학문의 방도이기도 하다. 일찍이 그리스에서는 산파식으로 제자의 무지를 일깨우고 새로운 지혜를 찾게 했던 소크라테스의 문답법(산파술)이 있었고, 중국에서는 공자와 그의 제자들이 세상과 인간의 도리에 대해 묻고 대답하는 과정을《논어(論語)》로 엮었다. 옛 성현들의 문답법은 제자의 질문에 스승이 바로 정답을 제시하지 않고 제자들의 사고를 끌어내는 대화적 과정이다. 제자를 궁지에 몰아넣거나 논쟁에서 지게 만드는 것이 아니라 제자들이 스스로 혼란에서 벗어나고 그릇된 의견에 빠지는 것을 막는 데 의의가 있다.[3]

학문의 영역에서는 특히 질문이 중요하다. 학문(學問) 자체가 질문과 깊은 연관이 있다. 읽기에 따라서는 '배우고 묻다'로 해석할 수도 있고, '질문하는 법을 배우는 것'으로 이해할 수도 있다.[4] 스승이 삼라만상을 다 가르쳐 줄 수 없으니 좋은 질문 던지는 법을 배우는 것이 학문일 수도 있겠다. 좋은 질문의 기준을 본질 추구에 두는 해석도 있다. 질문은 '본질 질(質)'과 '물을 문(問)'으로 구성된 단어이다. 본질에 도달하려면 스스로 생각해야 하고, 생각을 자극하는 도구가 질문이다. 모르는 것을 알기 위한 질문도 중요하지만, 본질을 알기 위해서도 질문해야 한다. 그저 학생들에게 질문이 있느냐고 물을 것이 아니라, 의도적으로 질문을 만들게 하는 질문 수업이 필요하다는 것이다.[5]

수업의 측면에서도 질문은 되짚어 볼 지점이 많다. 흔히 질문을 수업의 기법 정도로 좁게 이해하지만, 질문은 수업 과정 곳곳에 내재해 있다. 교육과정은 '왜, 무엇을 가르칠까?'라는 질문을 담고 있으며, 수업은 '무엇을 어떻게 가르칠까?'라는 질문을 풀어내는 과정이다. 평가는 제대로 가르치고 배웠는가를 확인하는 환류의 과정이다. 무엇보다 가르치는 일은 주어진 교육 내용의 진위나 그 의미를 캐묻는 일이며, 캐묻는 일은 가르치는 일의 한 가지 절차나 기법으로 등장하는 것이 아니라 가르치는 일의 핵심에 해당한다.[6] 이처럼 질문은 결론처럼 주어지고 막연히 수용해야 하는 지식이 아니라 사실을 생동감 있는 지식으로 재구성하는 기제이며, 수업 자체를 구성하는 핵심적인 요소라고 할 수 있다.

질문은 강의가 많은 역사수업의 현실에서 중요한 돌파구가 될 수 있다. 김한종은 교사의 좋은 발문이 수업 변화의 중요한 변수라고 보았다. "수업이란 곧

교사가 학생들에게 사고해야 할 문제를 체계적으로 제시하고 그에 대한 학생들의 답을 듣는 의사소통 과정"이라고 할 수 있기 때문이다. 따라서 역사수업에서 질문을 어떻게 할 것인가에 대한 검토는 학생들의 역사적 사고력을 신장시키는 방안을 모색하는 데 중요한 시사점을 줄 수 있다는 것이다.[7]

여기에 2020년대 들어 생성형 AI의 등장은 질문의 중요성을 재평가하게 했다. 미래 사회를 연구하는 구본권에 따르면, 디지털 기술은 호기심이라는 특별한 능력을 지닌 인류에게 역설적 상황을 가져다주었다. 스마트폰과 인터넷은 세상의 모든 정보에 언제 어디서나 닿을 수 있게 해주었지만, 결과적으로 인간의 호기심을 없애는 기능도 수행했는데, 질문에서 답변에 이르는 길을 극도로 단축하여 호기심이 숙성하고 싹틀 여건을 없앴다고 구본권은 평가했다.[8] 인공지능이 일상화될 미래에는 창의력 있는 질문을 던지는 사람만이 사회를 선도할지도 모른다. 따라서 미래를 지향하는 교육에서 질문은 필수적인 수업의 방법이다.[9]

질문이 이처럼 중요한데도 역사수업에서 질문은 다채롭지도 실효성이 높지도 않은 경향이 있다. 그마저도 초등학교 수업에서는 제법 있던 질문이 중·고등학교로 가면 현저히 줄어들어 교사의 자문자답이 늘어나는 실정이다. 왜 그럴까? 학생들의 수업 참여율이 갈수록 낮아지는 현상은 차치하고, 교사 자신의 문제도 적잖이 존재한다. 질문을 수업 기법의 하나로만 인식하여 그 중요성을 낮추어 보고, 적극적인 질문과 소통의 수업을 구상하지 못하고 있으며, 학창 시절에 적실한 질문을 던지고 해답을 궁리하는 교육을 받지 못한 까닭이다. 그런 데다 시수 대비 수업 내용의 부담이라는 현실에 쫓기기도 한다.

예전에는 '아는 만큼 보인다'라는 수사가 풍미했으나 오늘날에는 '묻는 만큼 보인다'라는 말이 유행할 정도로 질문의 중요성이 재인식되고 있다.[10] 사료에 질문을 던지는 것에서 출발하는 역사수업 자체의 필요성으로나 인공지능 시대라는 흐름에 부응하는 차원에서나 질문에 대한 재인식과 고민이 절실한 시점이다. 이에 따라 교사가 먼저 좋은 질문을 던져 학생의 수업 참여와 사고력 제고, 효율적인 활동을 유도하고, 학생들도 점차 자유롭게 질문을 던지면서 능동적인 수업 주체로 설 수 있도록 이끄는 구체적인 질문 방안이 필요하다.

교육학의 질문 논의

교육학의 연구 성과에 따르면, 질문 구성에 도움이 될 수 있는 주요한 질문 전략에는 크게 4가지가 있다. 우선 학생들이 질문을 많이 떠올리게 하고(질문형성기법), 이를 몇 가지 단계로 구분하여 접근하되(질문생성전략), 핵심적인 질문을 중심으로 위계를 갖도록 하며(핵심 질문), 하나하나의 질문이 개별적으로 나열되지 않도록 질문의 연계성을 구축하는(질문 연속체) 방식이 폭넓게 소개되었다.[11] 최근에 이를 토대로 역사과의 특성에 맞게 재구성하려는 질문 논의가 이루어지고 있다.[12]

다소 낯선 논의에 앞서 잘 알려진 질문 유형 4가지부터 살펴보자. 첫째, 인지기억 질문은 학생들이 배운 내용을 잘 기억하는지, 학생들 머릿속에 제대로 들어가 있는지 점검하는 '꺼내 보기', '돌아보기' 역할을 한다. 둘째, 수렴적 질문은 과제를 해결하기 위해 사고 내용을 정리하거나 하나의 결론이나 방향으로 이끄는 '짚어보기', '깊게 보기' 구실을 한다. 학생들에게 설명, 대조, 분석 등을 요구하는 질문이다. 셋째, 확산적 질문은 과제를 해결하기 위해 다양한 각도에서 사고하도록 자극하는 것이 특징이다. 창의적, 예외적, 개방적 사고를 촉진하는 질문으로 예측, 가설, 추론, 상상 등의 사고 작용을 촉진하는 '달리 보기', '넓게 보기'의 성격을 지닌다. 넷째, 평가적 질문은 가치판단이 개입될 수 있는 질문이다. 찬반, 옳고 그름을 따지거나 의미를 부여하는 데 해당하는 질문으로 '따져보기', '가늠하기'의 특징을 지녔으며, 4가지 질문 중에서 최종 단계에 주로 던지는 것이다.

이때 중요한 것은 학습 주제와 목표를 달성하는 데 도움이 될 수 있는 질문의 형식을 구분하고, 질문 전략을 짜는 것이다. 학습 목표가 인물의 행위를 조사하는 것인지, 여러 사건에 대한 비교를 통해서 역사적 개념을 학습하는 것인지, 또는 자료 탐구 능력을 향상시키는 것인지에 따라 질문의 종류와 전략을 다르게 구성할 수 있다. 따라서 질문을 통해 무엇을 탐구 또는 이해하게 할 것인가(질문의 초점), 어떤 사고 과정을 유도할 것인가(질문의 유형), 구체적으로 어떤 질문이 효과적일 수 있는가(질문의 내용), 이러한 질문을 어떤 순서로 어떻게 구성할 수 있는가(질문의 순서) 등에 대해 구체적으로 계획할 필요가 있다.[13]

위의 논의를 역사수업에 적용하여 '제국주의'를 사례로 만들면 [표1-1]과 같다. 질문의 분류와 단계 설정은 수업 구상에 큰 도움을 주지만, 교육학 일반의 원리를 역사수업에 기계적으로 적용할 수는 없다. 당장 [표1-1]의 제국주의 관련 질문 사례도 다각도로, 위계를 따라 질문을 던지지만, 자칫하면 평

[표1-1] 질문 유형 4가지를 '제국주의' 수업에 적용한 사례

질문의 수준	질문의 유형	질문의 단계	질문 예시
저차원적 질문	인지 기억 질문	지식	제국주의의 정의는 무엇인가?
	수렴적 질문	이해	제국주의를 자신의 말로 설명한다면?
고차원적 질문		적용	제국주의 국가와 식민지였던 나라는 어디인가?
	확산적 질문	분석	로마제국과 20세기 제국주의는 어떻게 다른가?
		종합	제국주의와 식민지의 관계와 그 결과는 어떠한가?
	평가적 질문	비판	제국주의의 문제점을 비판한다면?

면적인 나열로 그칠 수 있다. 교사가 질문하는 근본적인 목적은 학생의 사고를 자극하기 위한 것인데, 학생의 사고 기능은 단순 암기나 이해부터 적용, 분석, 종합, 평가 능력에 이르기까지 복합적이다. 따라서 학생의 사고 수준과 폭에 따라서 질문의 유형이 달라질 수밖에 없다.[14] 또 제국주의로 변화하는 역사적 과정에 대한 탐색과 그에 필요한 질문이 없으면, 여러 질문의 집적에 머물고 역사적 사고로 나아가기 어렵다. 시간의 흐름에 따른 변화 과정과 역학관계, 그 이면에 깔린 의미를 살피는 질문이 없으면, 역사적 탐구력, 역사적 상상력 측면의 성장을 기대하기 힘들다.

수업 의도에 맞는 교사의 질문량 증가나 적합한 단계 설정이 가능해지려면, 일단 학생들로 하여금 질문을 많이 만들도록 해야 한다. 여기에 도움을 줄 수 있는 방안 중 첫 번째로 손꼽히는 것은 질문형성기법이다. 학생들의 다양하고 창의적인 질문을 도출하기 위해 자유롭고 편안한 분위기를 조성하고 어떤 질문도 비난하지 않는 일종의 브레인스토밍을 한 후, 질문 의도에 가장 잘 맞는 좋은 질문을 학생들이 함께 추출하고 다듬어 나가는 방법이다. 댄 로스스타인 등은 학생들이 다양한 질문을 쏟아내도록 이끄는 절차를 [표1-2]와 같이 제시했다.[15]

많은 질문을 쏟아낸 학생들이 질문의 경중이나 순서를 가리는 기준은 무엇일까? 수업의 맥락과 교사의 의도에 따라 다양한 분류가 가능하지만, 일반적인 사고의 단계나 질문의 위계를 설정할 때, 라파엘의 질문생성전략이 도움이 될 수 있다. 그는 크게 4가지 단계 혹은 순서로 질문을 분류했다([표1-3]). 첫째 '바로 거기에 질문'은 육하원칙 등을 통해 기본적인 사실 확인을 하는 것이고, 둘째, '생각하고 탐색하기 질문'은 텍스트(사료)의 주제, 메시지 등을 파악하거나 요약할 때 사용한다. 여기까지는 텍스트를 기반으로 질문을 던지는 과정이다. 이어 텍스트를 벗어난 질문도 할 수 있다. 셋째는 '저자와 나 사이의 질문'

[표1-2] 로스스타인과 산타나(2011)의 질문형성기법 6단계

단계		교사의 역할	학생의 역할
1	질문의 초점	질문형성기법을 이용하는 목적을 설정하고 질문의 초점을 개발한다.	
2	규칙에 따라 질문하기	질문할 때의 규칙을 소개한다.	규칙 따르기의 어려움에 관해 토의한다.
		학생들이 규칙을 지키며 질문하는지 살펴보고 지원한다.	모둠별로 질문의 초점과 관련된 질문을 한다.
3	질문 개선하기	열린 질문과 닫힌 질문에 관해 토의하도록 한다.	열린 질문과 닫힌 질문의 장점과 단점에 관해 토의한다.
4	질문에 우선순위 정하기	질문에 우선순위를 정할 수 있도록 지침을 준다.	토의, 비교, 평가를 통해 질문에 우선순위를 정한다.
5	질문 활용하기	질문을 활용할 방안을 제공한다.	질문을 사용하여 교사가 정한 목표를 달성한다.
6	되돌아보기	학습 과정을 반성할 수 있도록 한다.	무엇을 배웠는지, 어떻게 배웠는지, 무엇을 알거나 느꼈는지 토의한다.

으로 저자의 서술에 독자로서 동의하는지를 묻거나, 그의 주장을 평가하는 역할을 한다. 넷째로는 '나 자신에게 질문'이 있다. 저자의 주장과 별개로 나라면 그 상황에서 어떻게 했을까?, 저자의 주장 외에 대안은 없는가? 등을 묻는 것이다.[16] 라파엘의 질문생성전략에 따른 질문을 역사수업에 적용하기 위해 '인권선언'을 예로 들어 [표1-4]와 같이 구성해 볼 수 있다.

그런데 질문생성전략을 역사수업에 도입하기 위해 두 가지 면에서 고려해 볼 지점이 있다. 첫째, 단계가 다소 많게 느껴진다. 일상적인 역사수업에서 특정 주제에 대해 한두 번의 질문도 쉽지 않은데, 4단계를 차근차근 밟아가며 문답을 주고받기에는 다소 벅차다. 그 때문에 4단계를 3단계 정도로 축약하여 제시한 경우도 있다.[17] 1단계 '사실 확인'과 2단계 '내용 분석'은 그대로 두고, 3단

[표1-3] **라파엘의 질문생성전략 모형 적용 예시**

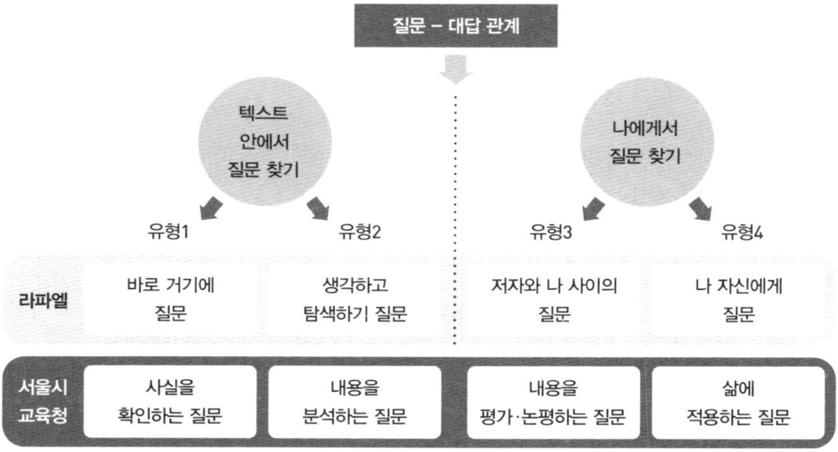

[표1-4] **라파엘의 질문생성전략을 '인권선언' 역사수업에 적용한 사례**

질문	내용
핵심 질문	• 인권선언 발표 이후, 역사는 어떻게 바뀌었을까?
사실 확인 질문	• 이 문서가 발표된 날은 언제인가? • 누가, 어디서 발표했는가? • 이 문서가 발표될 즈음에 프랑스 사회는 어떤 상황이었는가?
내용 분석 질문	• 왜 인간과 시민으로 구분하여 표기하고 있는가? • 인간은 무엇이고, 시민은 무엇을 의미하는가? • 재산권에 대한 설명이 포함된 것은 누구의 입장이 반영된 것인가?
내용 평가 질문	• 당시 여성들은 인권선언문에 어떤 반응을 보였을까? • 인권선언은 혁명 상황을 발전시키는 데 영향을 미쳤는가? • 인권선언의 내용 중에 현재까지도 영향을 미치는 내용이 있는가?
삶에 적용하는 질문	• 내가 당시 프랑스 시민이라면 인권선언에 대해 어떤 태도를 취했을까? • 나는 '학생 인권 조례' 수준의 학생 인권 보장에 만족하고 있는가? • 내가 생각하는 인권의 핵심은 무엇인가?

계 '저자에게 질문'과 4단계 '나에게 질문' 단계를 통합하는 것이다. 사실 '저자에게 질문'은 출처 확인 차원에서 첫 단계로도 할 수 있는 일이고, 수업을 진행하다 보면 3, 4단계를 엄밀히 구별하기 어려운 경우가 있으며, 반드시 효율적이지도 않기 때문이다.

둘째, 역사수업의 특성을 담는 별도의 작업이 필요하다는 점이다. 1단계 '사실 확인'은 당연한 절차이지만, 2단계의 '내용 분석' 질문은 부족함이 있다. 국어과 수업에서는 더할 나위 없는 구실을 하지만, 역사수업에서 필요한 인과관계, 교차 검증 등은 별도의 질문이 필요하며, 맥락화 등을 통해 사건의 당대성과 시간적 변화를 포괄적으로 살피는 질문으로는 부족함이 많다. 3, 4단계를 통합하여 평가에서 해석으로 가는 질문을 던지기 위해서는 2단계에서 역사과의 특성을 담은 질문이 반드시 필요하다.

질문형성기법과 질문생성전략 다음으로 검토해 볼 것은 질문 연속체 개념이다. 한두 개의 질문으로 학생들의 사고가 진전될 수 없으므로 단계적으로 사고를 심화시키는 질문이 필요한데, 여기에 질서를 부여하는 것이 질문 연속체 개념이다. 양적으로 많은 질문을 쌓는 질문형성기법이나 약간의 단계를 설정한 질문생성전략이 지닌 문제를 해소하는 데 도움을 줄 수 있다. 특정 주제나 인물, 사건 등에 대해 먼저 세부적인 사실을 확인하고, 사실이나 인물에 대한 범주화를 시도하며, 범주화를 통해 정리된 내용을 정교화하고, 정교화를 뒷받침하기 위한 증거를 제시하게 하는 것이다. 이를 도표화하면 [표1-5]와 같이 정리할 수 있다.[18]

질문 연속체는 세부 사항 묻기→범주 확인하기→정교화하기→증거 찾기로 이어진다. 개별적인 사실을 확인하기 위해 관련된 역사적 인물, 사건, 장소, 유물 등을 묻고 그것이 어떤 범주에 속하는지 확인한 다음, 그것이 정말 그러한지, 왜 그런지를 따져 묻고 근거를 대는 것으로 나아간다. [표1-6]과 같이 미

[표1-5] **단계적으로 사고를 심화시키는 질문 연속체**

단계	기술
세부 사항 묻기	교사는 수업에서 다루는 주제와 관련된 주요 세부 사항에 대해 질문한다.
범주 확인하기	교사는 세부 사항이 속한 범주를 확인하고, 해당 범주와 그것의 특성에 대해 질문한다. • 학생에게 해당 범주의 예를 찾으라고 한다. • 학생에게 해당 범주의 일반적인 특성을 기술하라고 한다. • 학생에게 해당 범주 내 비교 및 해당 범주와 다른 것 간의 비교를 하라고 요구한다.
정교화 하기	교사는 학생에게 범주에 대해 확인된 정보를 정교화할 것을 요구하는 질문을 한다. • 학생에게 특성의 이유를 설명하라고 한다. (왜? 질문) • 학생에게 특성의 영향을 기술하라고 한다. • 학생에게 일정 조건하에서 무슨 일이 발생할지 예측하라고 한다. (만약 ~라면 질문)
증거 찾기	교사는 학생에게 자신의 정교화를 뒷받침할 수 있는 증거를 제시하라고 요구한다. • 학생에게 자신의 정교화를 뒷받침할 수 있는 자료를 제시하라고 한다. • 학생에게 자신의 정교화를 구성하기 위해 사용한 추론을 설명하라고 한다. • 학생에게 자신의 결론 중 일부에 단서를 달거나 제한을 두라고 한다. • 학생에게 자신의 정교화를 구성하기 위해 사용한 추론에서 오류를 찾으라고 한다. • 학생에게 자신이 구성한 정교화를 다른 관점에서 검토하라고 한다.

[표1-6] **조지 워싱턴에 관한 질문 연속체 사례**

단계	질문
세부 사항 묻기	• 조지 워싱턴과 관련된 시기, 장소, 사건, 업적은 무엇인가요?
범주 확인하기	• 워싱턴처럼 대통령직을 수행한 사람은 또 누가 있나요? • 그들은 어떤 특징이 있나요?
정교화 하기	• 미국 대통령은 왜 영향력이 있나요? • 대통령은 왜 선출되어야만 하나요? • 미국 대통령은 왜 토박이 미국 시민이어야 하나요?
증거 찾기	• 토박이란 어떤 사람인가요? • 미국을 대표하려면 어떤 자격이 필요한가요? • 미국 대통령은 다른 나라 대통령과 어떤 차이가 있나요?

국의 초대 대통령 조지 워싱턴에 관한 내용으로 질문 연속체를 만들어 볼 수 있다.[19]

유의미한 질문들이 연속되면서 점진적으로 사고의 진전을 이루어 간다는 이상적인 설정은 충분히 공감하지만, 앞의 사례 역시 역사수업에 유효한 질문으로 보기에는 아쉬움이 있다. 조지 워싱턴이라는 역사적 인물을 대상으로 던진 질문들이지만, 다른 과목의 개념화 과정과 다를 바 없는 방식인 데다 정작 역사적 변화 과정이나 당대적, 현재적 의미에 대한 물음이 없기 때문이다. 기왕이면 그의 성장 과정이나 주요한 삶의 변곡점, 군사 지휘관이나 대통령으로서 보인 행동에 담긴 역사적 의미 등을 묻는 질문이 필요해 보인다.

질문 연속체에서 1단계 '세부 사항 묻기'나 4단계 '증거 찾기'는 활용도가 높지만, 2단계 '범주 확인하기'는 일종의 유목화로서 평면적인 분류를 하는 것이지, 시간적 변화를 좇아가는 맥락화의 역할은 하기 어렵다. 3단계 '정교화하기'는 개념을 명료하게 정리하는 구실을 할 뿐 역사적 의미를 부여하거나 가치를 판단하는 역할을 하기에는 역부족이다.

이러한 아쉬움에도 불구하고 질문 연속체 논의는 여전히 유효하다. 역사의 특성에 맞는 방식으로 질문을 재구성하면 충분히 활용할 만한 가치가 있다. 학생들에게 수준 높은 추론을 요구하기 위해서는 단계적 질문에 답하는 과정 자체가 학습의 일부가 되도록 연속체 질문을 개발하는 노력을 지속적으로 전개할 필요가 있다.[20]

이 대목에서 질문에 관한 주요한 논의로 제이 맥타이와 그랜트 위긴스가 제창한 핵심 질문을 음미해 보자. 핵심 질문은 한 주제나 한 차시의 중요성에 머물지 않고, 대단원 혹은 중단원을 관통하는 중요성과 응집력을 지니는 묵직한 물음이다. 이 물음에 답하는 과정에서 핵심 개념이나 아이디어를 학습하게 되며, 그 아래 다양한 차원의 내용이 차시별로 배열되면서 나름의 위계와 순서를 갖는 장점이 있다. 최종적으로는 핵심 개념이 다양한 수업 상황에 적용되면서 전이 효과를 가질 수 있다고 본다.[21]

맥타이와 위긴스는 이 논의를 역행 설계(Backward Design)라고 했다. 가장 먼저 핵심 질문을 던져 최종적으로 학습할 개념을 상정하고, 이를 뒷받침하는 수업을 설계하기 때문이다. 평가를 통해 확인할 개념과 학습의 증거를 구체화하고 그 내용을 중심으로 수업을 구성하는 방식이다. 이렇게 하면 수업이 다양한 방향으로 흘러가면서 생기는 논점 이탈이나 내용의 누수 없이 목표-수업-평가가 일관성 있게 진행되는 장점이 있다. 역행 설계는 세계적인 교육법으로 부상한 국제 바칼로레아(International Baccalaureate, IB)의 근간을 이룬다. 한국에도 2015 개정 교육과정 이후 영향을 미쳐, 2022 개정 교육과정의 주요 지향점인 '개념 기반 교육과정'이라는 명칭으로 자리 잡았다.[22]

다만, 핵심 질문의 상(像)이 서로 다를 수 있으므로 맥타이와 위긴스는 몇 가지 예를 소개했다.[23] 역사와 관련 있는 것으로 한 가지 예를 들자면, '정당한 전쟁이 존재할까'는 핵심 질문이고, '어떤 사건이 제1차 세계대전을 촉발했는가'는 하위 질문으로 앞선 질문의 구체적인 사례에 해당한다. 또는 하위 질문으로 '제1차 세계대전의 세계사적 의의는 무엇인가'라는 질문을 던질 수도 있다. 핵심 질문의 특징을 조금 더 분명하게 알기 위해 맥타이와 위긴스가 제시한 원칙들을 보면 다음과 같다.[24]

1. 개방형이다. 즉, 하나의 최종적인 정답이 없다.
2. 사고를 촉발하고 지적으로 몰입하게 하며, 종종 토론과 논쟁을 유발한다.
3. 분석과 추론, 평가, 예측과 같은 고차원적인 사고를 요구한다. 단순 암기만으로 효과적인 답을 얻을 수 없다.
4. 한 과목 안에서 (혹은 하나의 과목을 초월해) 중요하고 다른 분야까지 적용 가능한 생

각을 유도한다.

5. **부가적인 질문을 제기하고 추가적인 탐구 활동을 촉발한다.**
6. **단지 답만이 아니라 정당한 근거와 지지를 요구한다.**
7. **시간이 지나면서 같은 질문이 되풀이된다. 핵심 질문은 거듭해서 반복될 수 있고, 반복되어야 한다.**

수업하는 교사의 관점으로 본다면, 핵심 질문은 수업을 통해 학생들과 나누고자 하는 핵심 메시지이며, 학습 목표와 연관된 질문이다. 추상적 질문보다는 가급적 구체적인 질문으로 만들되, 전체 학습 내용을 관통할 수 있는 중요 질문이 좋다. 핵심 질문은 학습 목표에 대한 교사의 깊이 있는 고민이 담긴 질문이다. 질문의 추출 과정은 여러 사실적 질문을 나열한 다음 질문의 수준, 순서, 단계, 비중, 난이도, 흥미도 등을 따져보고 이 전체를 꿸 수 있는 큰 질문을 추출하여 출발, 전개, 도착 질문의 순서로 재배치하는 것이다.[25]

많은 장점이 있는 핵심 질문 논의는 역사과 입장에서는 양면성을 띤 존재이기도 하다. 수많은 사실 가운데 중요도를 가늠하여 위계를 갖춰 재구성하는 지렛대가 된다는 점에서 핵심 질문이 매우 중요하다. 하지만 개별적 사실의 구체성과 특수성이 완강하다는 점, 반복되는 듯한 양상이지만 미세하게 다르게 전개되거나 전혀 다른 결과를 빚는다는 점, 특정 개념이 개별 사건에 그대로 적용되지 않는다는 점에서 핵심 질문이 포괄하지 못하는 측면이 적지 않다.[26] 유사한 사실들을 고도로 추상화하여 하나의 큰 아이디어로 규정하기에는 무리가 있는 것이다. 하위 사실을 설명하지 못하는 핵심 개념은 그 존재 가치를 의심받는다.

예컨대 '혁명'이라는 핵심 개념을 도출하기 위해 질문을 던진다면 하나로 꿰기 힘든 여러 역사적 사실에 직면하게 된다. 영국의 청교도혁명과 프랑스혁명을 동일 선상에 놓고 평가할 수 있는가. 산업혁명은 또 어떻게 설명할 것이며, 다분히 수사적인 4차 산업혁명이나 디지털 혁명과는 어떻게 구별할 것인가. 전혀 다른 질감과 배경, 전개 방식을 두고 '혁명'이라는 동일한 명칭에 기대 하나의 핵심 개념으로 묶어 설명할 수 있는지 우려스러운 것이다.

백은진도 혁명을 '이전의 관습이나 제도, 방식 따위를 단번에 깨뜨리고 질적으로 새로운 것을 급격하게 세우는 일'이라고 정의한다면, 비교적 서서히 진행된 영국의 산업혁명이나 17세기 과학혁명은 혁명의 예인가 아닌가를 물으며 문제를 제기했다. 더욱이 역사적 사실에 대한 역사적 관점과 해석의 문제가 개입한다는 점을 간과할 수 없다고 했다.[27]

이처럼 핵심 질문으로 핵심 개념을 도출하여 여러 개별 사실을 포괄하고, 이를 다른 사실에 적용하면서 쉽게 개념화, 일반화에 이르는 효율성이 적어도 역사수업에서는 잘 작동하지 않는다. 2015 개정 교육과정부터 등장하여 2022 개정 교육과정에도 제시되어 있는 핵심 개념, 예컨대 권력 형성이나 보편 종교 등을 진술하는 문구들이 교과서 집필이나 실제 수업에서 막연한 지향점 이상의 역할을 하지 못하는 이유가 여기에 있다. 따라서 핵심 질문 논의를 어떤 방식으로 수용하고, 역사의 특성을 어떻게 담아낼 것인지는 또 다른 과제라고 할 수 있다.[28]

역사수업 질문의 방향성

앞서 살펴본 교육학 일반의 질문 논의에서 우리는 많은 시사점을 얻었고, 질문의 전개 방식에 따라 다양한 사고와 활동을 촉발할 수 있음을 알게 되었다. 또 질문의 산발적 나열이나 질문 간의 기계적 결합을 넘어 질문의 의도와 지향이 분명하고, 큰 질문의 위계 아래 순서와 단계를 따져 작은 질문을 연계성 있게 제시해야 한다는 점도 주목할 만하다. 하지만 그에 못지않게 역사수업에 적용할 질문의 방도가 필요하다는 점도 거듭 확인했다.

역사수업 속 질문의 특징은 텍스트(사료) 읽기에서 질문과 해석이 상호작용을 한다는 점이다. 독자는 저자가 글을 쓴 의도나 주장, 텍스트의 생략되거나 편집된 내용 등에 문제를 제기한다. 독자는 이를 토대로 텍스트의 신뢰성을 판단하고, 제기한 문제를 해결하기 위해 텍스트를 해석하고, 관련된 다른 텍스트와 비교를 한다. 그리고 그 결과로 텍스트에 새롭게 질문을 던진다.[29]

또 하나의 특징은 역사수업 속 질문은 종국에는 역사적 사고력과 연결된다는 점이다. 논자마다 정의와 설명이 조금씩 다르지만, 역사적 사고력 제고를 역사수업의 중요한 목표로 보는 데 연구자들이나 역사교사들이 대체로 동의하고 있다. 이에 역사적 사고력에 대한 김한종과 최상훈의 논지를 토대로 4가지 질문 유형과 6가지 질문 단계를 적용해 보자. 인지·기억-수렴-확산-평가의 질문 유형과 지식-이해-적용-분석-종합-평가의 질문 단계를 고려하여 역사적 사고력 영역과 질문의 관계를 정리하면 [표1-7]과 같이 연결할 수 있다.[30]

실제 역사수업에서 위의 모든 요소를 충족시킬 수는 없지만, 미리 수업 구상을 하는 과정에서 다양한 가능성을 검토하고, 수업 상황에 맞게 학생들의 다양하고 깊이 있는 역사적 사고를 유도하는 질문을 교사가 의식적으로 던질 필요가 있다. 역사적 사고력은 교사가 학생에게 던지는 질문을 어떤 의도로, 어느 시점에, 어떤 방식으로, 누구에게 던지고 답을 구하는지에 따라 다르게 구현되거나 아예 구현되지 않을 수도 있기 때문이다.

해외 역사수업의 질문 사례로는 브루스 A. 레시가 제시한 유형이 주목할 만하다. 그는 현장 교사로서 교사 연수를 기획하고, 역사과 교육과정을 입안한

[표1-7] 역사적 사고력 영역과 질문의 관계

역사 인식에 따른 지식	역사적 사고력의 영역	질문과 사고력의 관계	탐구 활동 유형 분류
개별적인 역사적 사실에 대한 기억	연대기 파악력	인지 기억 질문 (지식)	사실 인식형
사실 간의 관계, 당시 맥락 파악	역사적 탐구력	수렴적 질문 (이해, 적용)	관계 이해형
행위의 동기나 목적, 감정에 대한 이해	역사적 상상력	확산적 질문 (분석, 종합)	행위의 목적 이해형
역사적 사건, 인물, 상황에 대한 평가	역사적 판단력	평가적 질문 (비판)	가치판단형

적이 있어서 질문에 관한 한 상당한 경험치를 갖고 있다. 그가 제시한 질문의 유형은 4가지로, 일종의 형식이기도 하고 단계이기도 하다([표1-8]).[31]

항상 이런 질문 연속체를 구사하기 어렵다면, 일상적인 역사수업에서 두루 적용할 수 있는 방안도 찾아봐야 한다. 이와 관련하여 많이 활용된 것은 3단계 질문법이다. 외국 논의로는 샘 와인버그의 '역사가처럼 읽기'를 통해 널리 알려진 출처 확인, 교차 검증, 맥락화가 있고, 국내 논의로는 사실 확인-맥락 파악-의미 부여의 방식이 있다.

와인버그는 사실을 그대로 받아들이지 않고 텍스트의 신뢰성을 의심하면서 출처를 확인하고, 저자의 의도를 파악하는 질문을 사고의 출발점으로 삼았다. 이는 학생들에게 가장 취약한 요소로서 텍스트를 무비판적으로 읽고 내용 이해에 급급해 하는 것을 제어하는 역할을 한다. 교차 검증은 복수의 자료를 비교 검토하면서 진위를 따지거나 인과관계를 파악하여 개별 사실들의 관계와 연속성 등을 이해하는 질문을 던지는 절차이다. 끝으로 사건과 인물의 당대성을 고민하면서 어떤 상황에서 어떤 의도로 어떤 역사적 행위를 했는지, 이후 어떤 변화의 과정 혹은 결과를 낳았는지 맥락적으로 이해하는 질문을 던진다.

[표1-8] 브루스 A. 레시의 질문 유형

구분	뜻	내용	예시
선택 질문	학생들의 사고를 돕기 위한 초기 질문	두 해석 사이에 스캐폴딩을 제공하는 질문은 학생들이 새로운 해석을 구축하는 것보다 훨씬 쉽다. 이는 학생들이 역사적 사고 기술을 적용하고 내용을 축적하는 데 인지적 부담을 줄인다. 선택을 제공함으로써, 학생들이 역사 사건, 인물, 아이디어에 대해 고려할 수 있는 방향을 설정한다.	블랙 파워 운동은 혁명적이었나, 인종차별적이었나, 아니면 반동적이었나?
자료-특정적 질문	특정 역사 자료에서 파생되며 학생들에게 제공된 정보나 자료 자체에 대한 질문	구술 역사, 회고록, 정치 만화, 정부 선전, 광고, 오래된 교과서 등 거의 모든 것이 출발점이 될 수 있다. 흔히 사료 학습 차원에서 이와 유사한 질문을 던지는 경우가 많다.	《고려사》〈최충헌전〉에 실린 '만적'의 신분 상승 움직임을 어떻게 볼까?
맥락적 질문	[당대] 맥락적 또는 [역사적] 감정이입 질문	과거에 사람들이 겪었던 문제를 반영해서 생성된다. 그 의도는 학생들이 해당 시기에 살았던 사람들의 눈을 통해 역사를 보도록 돕는 것이다. 행위가 이루어진 역사적 맥락이나 역사적 인물이 살았던 시대를 이해함으로써, 학생들은 중심 질문을 탐구하는 데 사용되는 자료의 출처를 추적할 수 있으며, 과거가 어떻게 달랐는지를 이해함으로써 과거와 현재를 연결할 수 있다.	특정 인물의 심정과 의도는? 당시 사람들은 모두 같은 생각이었을까? 지금은 어떻게 달라졌나?
역사학 질문	역사학 연구 (성과)와 관련된 질문	학생들이 역사가 어떻게, 왜 변화했는지를 탐구할 수 있는 비옥한 토양을 제공한다. 어떻게 그리고 왜, 역사가가 동일한 증거에서 서로 다른 혹은 충돌하는 해석을 하게 되었는지 탐색한다. 또한 새로운 증거가 사건에 대한 해석에 도전하는지 살펴볼 수 있다.	공민왕은 일관되게 반원 자주를 추구했을까?

이 질문법은 말 그대로 학생들로 하여금 역사가처럼 사료를 읽고 해석하게 하는 디딤돌 구실을 한다.[32]

국내 논의로 소개한 3단계 질문법은 먼저 사실을 확인하는 질문을 던지는 것으로 시작한다. 와인버그처럼 출처 확인부터 할 수도 있으나 대한민국의 역사수업이라는 현실적 조건을 고려한 까닭이다. 매번 출처 확인을 하면 좋겠지만, 이후의 단계에서도 사고력을 자극하는 여러 질문을 던져야 하므로 사실 확인을 첫 단계로 삼는 것이다. 주로 가시적인 특징과 기본 사실에 관해 묻는다. 두 번째 단계는 와인버그의 교차 검증과 유사한, 사실 간의 관계를 파악하는 질문이다. 개별 사실들이 선후 관계인지, 인과성이 있는지, 서로 대비되는 특성이 있는지, 대조적인 양상인지를 분별하고 이를 토대로 사건의 흐름을 파악하여 당시 맥락을 이해하는 질문에 해당한다. 세 번째 단계는 의미를 부여하는 질문이다. 기본 사실에서 맥락 파악에 이른 후 해당 주제나 사건의 역사적 의미를 진술하도록 하는 것이다. 당대의 비중과 후대에 끼친 영향, 지금-여기-나에게 다가오는 의미를 평가·판단하여 학생 나름의 역사 해석을 도출하려는 질문이다. 이런 단계별 질문은 사실-개념-일반화의 탐구 과정을 역사과의 문법으로 재구성한 것이기도 하다.[33]

문제는 이런 질문에 학생이 쉽게 대답하기 어렵다는 점이다. 같은 교실에는 다양한 지적 능력과 역사 과목에 대한 선호도, 학습 태도를 지닌 학생들이 공존하고 있다. 학생들에게 고른 배움을 제공하고, 역사적 사고력 제고에 도움을 주기 위해 학생들의 집단지성을 유도하는 방안을 모색해야 한다. 이와 관련한 외국 논의로서 레프 비고츠키의 '근접 발달 영역'을 참고할 필요가 있다.[34] 근접 발달 영역은 학생의 개인적 능력치보다 더 확장된 것으로, 주변의 도움을 받아 원래의 성취 가능성보다 더 높은 수준의 성취에 이르는 영역을 말한다. 개별 학생이 혼자서 도달할 수 없는 학습 목표를 친한 친구나 라포르가 형성된 교사의 도움으로 달성한다는 설명이다. 혼자서는 쉽게 포기하거나 헤맬 수 있는 요소들을 친구들과 함께, 그리고 교사의 힌트와 안내를 통해 해결하며 사고력을 향상하는 과정을 뜻한다.[35]

2010년대에 한국 교육계에 소개된 사토 마나부의 '배움의 공동체' 논의도 비고츠키의 주장과 궤를 같이한다. 마나부는 배움의 공공성, 민주성과 함께 동료성을 강조했다. 학습과정을 통해 서로 협력함으로써 함께 사고력이 상승하는 것을 일컬어 점프(Jump)라고 표현하고, 이를 돕는 과제를 '점프 과제'로 명명했다. 국내 논의로는 신진균이 학생들이 모둠을 구성하여 역사 과제에 대한 답을 찾는 과정을 '함께 역사하기'라고 칭했다.[36] 필자 역시 역사학습 방안의 일환으로 민주적인 방식의 필요성을 제기하고자 한다. 역사수업에서 내용으로 민주주의를 배우지만, 삶의 태도에서도 민주주의 방식, 곧 '참 좋은 나, 더 좋은 우리'의 발상이 필요하다는 것이다. 초창기의 라포르 형성이 잘 되면 집단지성을 활용하는 학습이 개별적, 경쟁적 학습보다 효율성이 높은데, 이는 우호적 관계에서 인지능력이 향상되는 측면을 두루 고려한 까닭이다.[37]

지금까지 소상하게 소개한 교육학 일반의 질문 논의와 역사수업의 고려 사항을 두루 종합하여, 역사의 시간성을 담보할 수 있는 단계별 질문 방안의 샘플을 마련해 보고자 한다. 질문형성기법과 질문생성전략, 질문 연속체 개념, 근접 발달 영역 논의를 참고하되, 역사과의 3단계 질문법을 조합하여 [표1-9]과 같이 예시를 작성했다.[38] 단, 핵심 질문에 관한 논의는 반영하지 않았다. 개별 차시의 주제, 특정 인물에 대한 질문으로는 적절하지 않을뿐더러 역사수업에서 핵심 개념에 대한 동의가 충분하지 않기 때문이다.

여기에 핵심 질문 수준은 아니지만, 전체를 포괄하는 큰 질문은 있다. 프랑스혁명을 배우고 난 뒤, 학생들에게 '나폴레옹이 혁명의 계승자, 즉 해방자인가, 독재자인가'를 물은 것이다. 나폴레옹이 논쟁적 인물인 것은 혁명을 계승한 여러 업적과 혁명 정신을 유럽 세계에 알린 해방자로서의 면모와 국내적으로 권력을 독점한 독재자의 모습, 이웃 나라를 침략한 정복자의 모습을 다 갖고 있기 때문이다. 이 논쟁적 질문 아래 가로축으로는 질문생성전략을 간소화한 3단계의 질문을 던지고 세로축으로는 교사의 발문, 학생이 던질 만한 질문을 설정한 다음, 함께 역사하기 차원에서 짝끼리 주고받을 만한 질문, 모둠 활

[표1-9] 역사수업의 고려 사항을 반영한 3단계 질문

<table>
<tr><th colspan="2" rowspan="2">구분</th><th colspan="3">질문의 단계와 내용 (닫힌 질문→열린 질문)</th></tr>
<tr><th>바로 거기에 질문
(기본 사실, 초보적 개념 이해)</th><th>생각 탐색 질문
(인과관계, 감정이입, 맥락 파악)</th><th>나 자신에게 질문
(나라면? 평가는?)</th></tr>
<tr><td rowspan="2">일반 질문</td><td>하향식 질문
(교사→학생)</td><td>나폴레옹은 1804년에 무엇이 되었나?</td><td>그가 장군에서 황제로 등극한 이유는 무엇인가?</td><td>나폴레옹은 해방자인가, 독재자인가?</td></tr>
<tr><td>상향식 질문
(학생→교사)</td><td>나폴레옹의 출신 지역과 신분은 무엇인가요?</td><td>그는 왜 러시아를 공격했나요?</td><td>당시에 독재가 필요했나요?</td></tr>
<tr><td rowspan="2">함께 역사 하기 질문</td><td>일대일 질문
(학생→학생)</td><td>해방자, 독재자가 무슨 뜻이야?</td><td>프랑스혁명 끝에 나폴레옹이 황제가 된 걸 어떻게 생각해?</td><td>나라면 황제가 되고 나서 어떤 행동을 했을까?</td></tr>
<tr><td>다대다 질문
(모둠→모둠)</td><td>황제는 독재자여도 해방자가 될 수 있는 거 아니야?</td><td>그가 해방자 또는 독재자라고 생각하는 이유는?</td><td>당시 사회에 필요한 지도자는 어떤 사람이었을까?</td></tr>
</table>

동 장면에서 나올 수 있는 질문을 배열했다.

1단계 질문은 일종의 도입 질문처럼 단순하고 학생들이 궁금해할 만한 질문이다. 나폴레옹의 출신이나 해방자, 독재자의 뜻은 금방 검색해서 답을 구하는 쉬운 질문에 해당하고, 모둠 간의 질문인 '독재자여도 해방자가 될 수 있는 것 아닌가?'는 확장하면 토의, 토론의 주제가 될 수도 있는 질문이라 하겠다.

이에 비해 가로축 2단계에 해당하는 사실 간의 관계 파악 질문은 복합적이다. 사실 간의 비교는 물론이고 감정이입적 이해를 묻기도 하고, 사건이나 인물의 변화 과정을 묻는다거나 당시 상황을 제대로 이해해야만 답할 수 있는 맥락 파악 질문이 다양하게 제시되고 있다. 1단계를 가볍게 넘어가야 학생들이 텍스트나 인물에 관심을 갖고 다음 질문을 궁금해 하기 때문에 2단계 질문에 하중이 실린 것이다. 또 2단계는 역사적 사고를 자극하는 실질적인 역할을 하는 질문을 던지는 과정이기도 하다. 나폴레옹의 황제 즉위는 당시 맥락을 되짚어 봐야 답할 수 있고, 러시아 원정의 동기나 의도는 감정이입적 이해가 필요하다. 나폴레옹의 황제 즉위에 대한 생각을 묻는 짝꿍 간 질문은 교사의 발문에 상응하는 활동이다. 해방자, 독재자 여부에 대한 생각을 묻는 모둠 간 질문은 2단계에서 가장 수준 높은 질문으로 주장과 근거를 함께 제출하도록 요구하고 있다. 이렇게 2단계 질문에 답하는 과정에서 3단계 질문에 자신의 생각을 담을 수 있는 바탕이 마련된다고 할 수 있다.

3단계 질문은 당시 상황에 대한 학생의 판단, 추론, 자기 문제화, 대안 모색 등 가장 수준 높은 질문에 해당한다. 큰 질문인 해방자, 독재자 여부에 대한 평가를 묻거나 당시에 정말 독재가 필요했는지를 지금까지 논의한 내용을 토대로 추론하는 과정이다. 나아가 나라면 어떻게 행동했을지 동일시하면서 깊게 생각하게끔 하고, 마지막으로 당시에 필요했던 바람직한 지도자상에 대해 모둠끼리 논의하면서 사고를 심화, 확장하는 효과를 기대하고 있다.

위의 3단계, 4차원의 질문 예시가 과연 역사과의 질문 전략으로 여러 요소를 충족했는지는 자세한 검토가 필요하다. 우선 큰 질문인 해방자, 독재자 여부를 묻는 의도와 맥락을 개별 질문들이 뒷받침하고 있는지, 상세화하는 과정에서 질문 간의 혼선이나 중복은 없는지, 역사수업에서 필수적인 요소들을 담고 있는지를 더 논의하면서 세련되게 만드는 과정이 필요할 것이다. 그럼에도 역사적 사고를 일깨우는 다양하고 단계적인 질문, 핵심을 향해 나아가는 질문을 계속 던져야 한다.

2

역사 탐구란 무엇인가

역사 탐구 논의의 경과

질문이 성취 기준에 비추어 타당하고 외형적으로 완성도가 높으며 효율적으로 수업을 진행하는 견인차가 되려면, 문제를 제기하고 관련 자료를 조사하며 질문을 품은 채 자료를 세밀히 분석하여 나름대로 해석하고 표현하는 일련의 과정이 필요한데, 여기에 필요한 것이 탐구하려는 자세다.

이는 역사 본연의 연구 및 학습 방법이기도 하다. 역사의 뜻 가운데 가장 잘 알려진 'Historia'가 곧 탐구를 의미하며, 조사나 질문이라는 해석도 있다는 점은 역사와 탐구와 질문의 관계가 불가분하다는 것을 알려 준다.[1] 45쪽에 제시한 그림은 역사 탐구가 바로 질문에서 시작된다는 점을 잘 보여준다. 다양한 지적 배경을 지닌 교사와 학생이 과거 사실(재현물)에 질문을 던지고, 다양한 사실(자료)을 비교·분석하면서 사실 간의 관계나 당대 맥락을 파악하고, 현재의 눈으로 해석하는 과정이다.

그런데, 이 그림에서는 탐구하면 흔히 떠올리는 '가설 설정'이라는 단계가

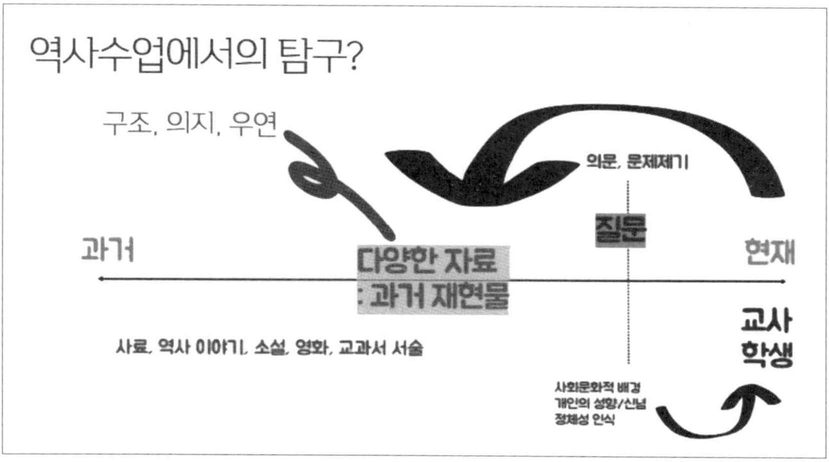

역사와 탐구 질문의 관계[2]

보이지 않는다. 이는 문제 인식-가설 설정-자료 수집-관찰·분석-가설 검증-일반화 등의 절차로 진행되는 교육학 일반의 탐구와 유사하면서도 다른 과정이 역사수업에 있을 수 있다는 점을 시사한다. 교육 현장에서 흔하게 쓰고 있는 탐구라는 용어는 교과나 수업마다 다른 맥락으로 사용되며, 실천 양상도 매우 다양하다. 문제는 이에 대한 세밀한 검토 없이 두루뭉술하게 역사 과목에도 탐구를 적용하고 있기 때문에 개념의 혼란이 발생하고, 적실한 탐구 질문을 구성하는 데도 어려움이 있다는 점이다.

먼저 교육학 용어 사전에서 탐구의 뜻을 찾아보았다. 탐구는 '어떤 가설 혹은 신념의 입증을 위하여 정보 수집, 질문 제기, 자료 조사, 이론 검토 등을 하는 행위'라고 한다.[3] 탐구는 학습의 한 방법으로도 기능한다. '문제 정의, 가설 설정, 자료 수집, 가설 검증, 결론 도출 및 적용'의 5단계로 구성되며 벤저민 블룸이 제안한 교육목표 분류의 항목인 분석, 해석, 종합 등의 인지 작용은 탐구의 거의 모든 단계에서 반복 수행된다고 한다.[4]

탐구가 일반 교과는 물론 역사과에서도 각광받게 된 것은 1973년 제정·공포된 제3차 교육과정 시기의 학문 중심 교육과정 논의와 연관이 있다. 기존의 암기·설명식 수업에서 벗어나고자 하는 내부적인 필요성과 미국에서 건너온 새로운 사조에 대한 교육계 전반의 관심이 맞물리면서 당시 다양한 논의가 진행되었다. 탐구는 역사를 암기과목으로 여기게 만든 전통적 수업 관행에서 벗어나고자 즉각 도입되었다. 사고하는 방법에 대해 체계적으로 훈련하고 합리적이고 분석적인 사고의 과정과 기능을 가르치는 것을 목표로 한다. 즉 학생들이 스스로 탐구의 과정에 참여하여 결론을 도출해 낼 수 있도록 가르치고 안내하는 것이다.[5] 특히 미국의 신(新)사회과 운동의 영향을 받았는데, 하나는 제롬 브루너의 '지식의 구조'로 대표되는 사회과학적 탐구 방식이고, 다른 하나는 20세기 초부터 미국 사회과교육계 내에 지속적으로 존재해 온 존 듀이의 '반성적 사고'를 강조하는 문제 해결형 탐구 방법이다.[6]

역사과에서 탐구를 환영한 것은 학생들이 역사 자료를 처리하는 탐구 과정을 겪음으로써 역사적 사실을 의미 있게 이해하고, 역사적 탐구 기능과 사고력을 신장시킬 수 있다는 역사교육의 목적에 부합하기 때문이었다. 이에 따라 역사 과목의 특성을 살린 대표적 수업 형태로 사료 학습에 탐구 과정을 적용하려는 노력이 계속되었다.[7]

역사 탐구의 필요성에 대한 논의는 해외에서도 많이 이루어졌다. 자유롭게 진행되는 것처럼 보이는 미국의 수업에서도 전국 혹은 지역 단위 학력평가에 얽매여 역사수업이 제대로 진행되지 않는다는 와인버그의 비판은 최근까지도 유효하다. 역사가처럼 읽기의 필요성이 날로 증가하고 있는데, 현실이 그렇지 못하다는 것이다.[8] 그와 다른 견지에서 역사수업을 보고 있는 키스 바튼도 탐구의 필요성을 강조하고 있다. 바튼은 탐구를 통해 학생들로 하여금 역사의 흐름이 절대적이지 않으며, 증거에 의거해 역사의 흐름을 다르게 평가할 수 있다고 했다. 역사가들이 서로의 해석에 동의하지 않는 경우도 많으며, 과거에 대해 다른 질문을 던짐으로써 또 다른 설명이 만들어질 수도 있음을 배우게 된다는 것이다. 나아가 탐구 활동은 지식 구성의 과정을 더 투명하게 만들어준다. 그는 질문, 증거, 결론 그리고 이 셋을 서로 연결하는 과정을 명확한 관점을 가지고 펼쳐나감으로써, 탐구 활동은 다른 사람들의 정체성이나 신념 체계를 공격하지 않으면서 그들의 생각에 도전할 수 있도록 해준다고 역사 탐구에 의미를 부여했다.[9]

2024년에는 역사 탐구를 주제로 국제적인 논의를 종합한 책자가 출간되었다. 미국을 위시해 캐나다와 영국, 벨기에, 스웨덴, 아르헨티나, 호주, 싱가포르 등의 연구 성과를 망라했다. 흥미로운 점은 역사 탐구의 정의와 실천 양상이 매우 다양하다는 점이다. 탐구를 간판으로 내걸고는 있지만, 나라마다 교육제도나 현장 상황이 다른 까닭이다. 또 많은 교사가 탐구의 개념부터 명확하게 인지하지 못하고 있는 데다 연구자들도 각기 다른 맥락과 강조점으로 탐구를 개념화하고 있기 때문이기도 하다.[10] 명칭도 문서 기반 수업(document-based lesson, Reisman, 2012), 역사 탐구(historical inquiry, Hartzler-Miller, 2001; Poitras & Lajoye, 2013), 역사하기(doing history, Barton & Levstik, 2011; Seixas, 1999) 등으로 다양하며 증거를 사용하여 역사적 질문에 대한 설명을 추구한다는 정도의 공통점이 있을 뿐이다.[11]

현재 국내에서도 역사 탐구와 유사하게 쓰이는 용어로 '역사하기', '역사 문해력 기르기'가 있는데, 대동소이한 학습 방안이라고 할 수 있다.[12] 저마다 학습의 과정, 실천성과 비판적 읽기에 중점을 둔다는 점에서 차이는 있지만, 학생들이 사료에 적실한 질문을 던지고, 분석하고 해석하여 나름의 역사 서술(표현)을 꾀한다는 지향과 과정이 유사하기 때문이다.

역사 탐구의 실천과 난점

국내외를 막론하고 탐구에 대한 상이 논자마다 다르고, 역사교사들도 이를 각기 다르게 받아들이는 까닭에 탐구의 명확한 개념, 효용성 높은 절차, 단계마다 필요한 교수학습 행위에 대한 설명이 모호한 상태이다. 그럼에도 원론적으로 탐구의 중요성은 지속적으로 강조되었다. 또한 역사 탐구는 곧 사료 학습이라고 이해한 결과, 사료 학습의 난점이 역사 탐구를 어렵게 하고, 역사 탐구는 역사수업에서 겉도는 현상이 반복되었다. 즉 사료만 제시한다고 유의미한 탐구가 되지 않으니, 사료를 잘 해독할 수 있는 질문과 길 안내가 있어야 했다.

상황이 이렇다 보니 국내에서 역사 과목의 탐구학습은 수업 현장에 그리 성공적으로 정착하지 못했다. 아직도 교사 중심의 설명식 수업이 주류를 이루고 있고, 역사를 암기 과목으로 여기는 학생들의 인식도 여전하다. 교육과정상의 수업 시수 대비 내용이 너무 많다는 구조적인 문제도 있고, 사료 학습을 충분히, 충실히 하기 쉽지 않다는 수업 운영의 문제도 있다. 더 중요한 점은 역사에서 탐구를 한다는 것이 무엇을 의미하며, 어떻게 구체화할 수 있는가라는 실질적인 난제와 직면하고 있는 것이다.

그렇다면 다소 복잡하고 정돈되지 않은 탐구 논의가 역사과 교육과정 문서에는 어떻게 진술되어 있는지 확인할 필요가 있다. 교육과정은 교과서 집필의 기준이고 현장 수업의 모델이 되므로, 탐구의 개념과 활용 양상을 알려주는 중요한 단서이기 때문이다. 오래전부터 논의되어 온 경과는 생략하고 가장 최근의 결과물인 2022 개정 교육과정 문서에서 탐구를 가장 소상하게 다룬 '중학교 역사' 과목의 한 대목을 살펴보자.[13]

〈교수학습 및 평가〉

(나) 역사 탐구를 통해 학습자는 자신의 역사 이해를 형성하고 이를 표현한다.

• 역사 탐구는 탐구할 역사적 사건이나 주제를 선택하고 질문을 만드는 데서 출발한다. 학습자는 탐구 주제 및 탐구 질문에 연관되거나 판단하는 데 중요한 정보 및 자료를 수집하고 그 가운데 신뢰할 만한 자료를 선정한다. 이를 뒷받침하는 증거 또는 상반되는 증거를 분석 및 해석하고, 역사 해석의 다양성과 역사의 논쟁성을 이해한다. 이를 통해 학습자는 탐구 주제에 대하여 역사적으로 추론하며, 자신의 역사 이해를 형성한다. (밑줄-필자)

이 문서에서 질문으로부터 탐구가 시작된다는 점이 재차 드러나고 역사의 논쟁성을 강조한 것 외에는, 탐구에 대한 새로운 의견이나 확충된 진술은 보이지 않는다. 역사적 질문-자료 수집-분석 및 증거 추출-해석의 단계를 소개하고 있는 것이다. 교육과정 문서에 구체적인 단계와 절차까지 서술할 필요는 없지만, 탐구에 대한 설명이 다소 막연해서 탐구 개념과 실상의 혼란을 덜기에는 부족해 보인다.[14] 이는 성취 기준 진술에서 더 많이 드러난다.

〈중학교 《역사1》 1단원 성취 기준의 일부〉

(2) 문명의 발생과 고대 세계의 형성

[9역02-01] 선사 문화 및 문명의 형성을 이해하고, 문명의 특징을 비교한다.

[9역02-02] 서아시아, 지중해 세계에서 등장한 여러 정치체를 비교하고 종교 및 문화를 탐구한다.

[9역02-03] 중국과 인도의 정치적 변화와 종교·사상 성립의 관계를 이해하고, 유라시아의 상호 교류를 탐색한다.

(3) 세계 종교의 확산과 지역 문화의 발전

[9역03-01] 수당 시기 동아시아 국제 질서의 특징을 이해하고, 동아시아 문화를 탐구한다.

[9역03-02] 인도, 서아시아, 지중해에서 진행된 정치적 변동 과정과 각 종교의 특징 및 영향을 파악한다.

[9역03-03] 크리스트교 세계의 정치와 종교의 상관성을 이해하고, 이슬람 세계와 크리스트교 세계의 충돌 및 교류의 결과를 탐구한다. (밑줄-필자)

성취 기준 곳곳에 탐구라는 표현이 등장한다. 그런데 탐구라는 포괄적인 학습 방법과 '비교한다', '파악한다' 등의 구체적인 수행동사가 같은 위상으로 진술되고 있다. 그렇다면 '탐구한다'도 수행동사의 하나로 간주해야 하는지 의문이다. 탐구와 탐색은 무슨 차이가 있는지도 모호하다. 사실상 같은 의미인데, 탐구를 남발하는 듯하여 표현을 달리한 것인지, 말 그대로 검색의 의미를 강조한 것인지 불분명하다. '탐구한다'를 반복적으로 사용하는 대신에 다양하고 구체적인 수행동사를 사용할 필요가 있다. 2022 역사과 교육과정 공청회안(2022년 9월 30일)에 제시된 '조사한다, 분석한다, 비교한다, 추론한다, 평가한다' 외에도 이를테면, '찾아본다, 확인한다, 검토한다, 검색한다, 의미를 묻는다, 비판적으로 해석한다, 해결책을 모색한다' 등등의 표현을 다채롭게 활용할 필요가 있다.

이렇듯 탐구의 정의가 막연하고 절차가 구체적이지 않은 까닭에 2022 개정 교육과정에 의거하여 개발된 교과서에도 탐구에 대한 개념의 혼란이 드러난다. 아무런 자료도 없이 던지는 단순한 질문에도 탐구라는 명칭을 붙이는가 하면, 본문과 사료의 내용을 연계하는 질문도 탐구 질문이라 칭하고, 수행평가 수준의 다소 복잡한 얼개를 지닌 것에도 탐구 질문이라는 이름을 부여했다. 대체 어떤 것이 제대로 된 탐구인지 묻지 않을 수 없다. 여러 질문과 절차를 포괄하는 탐구의 개념과 이를 뒷받침하는 수행동사, 그에 따른 하위 질문 등의 위계가 명료하지 않고 뒤섞여 있는 탓이다.

이제 과목명 자체에 탐구가 들어가 있는 고등학교 선택 과목인 '역사로 탐구하는 현대 세계' 개발진의 입장을 살펴보자.

> **역사 탐구를 탐구 과정이나 활동에만 집중하기보다 학습자가 현재 상황에서 탐구의 필요성을 인식하고 탐구 대상을 선정하며 탐구 과정을 거쳐 이를 표현하고 성찰하는 단계를 합한 '총체적 경험의 과정'을 상정했다. 이 같은 과정을 통해 학생 스스로 탐구 주제의 역사성과 자기 삶과의 관련성을 인식하는 중요한 계기가 될 수 있으리라 생각했다.**[15] (밑줄-필자)

탐구의 의도와 양상, 경과가 다양하므로 한 문장으로 진술하기 어렵다는 점은 인정하지만, 여기서도 탐구를 총체적 경험의 과정으로 규정하면서 탐구 개념의 막연함을 덜어주지 못하고 있다. '총체적'이 함의하는 바가 너무 크고 다양하기 때문이다. 이렇듯 막연한 진술로 인해 역사 교과서와 현장 수업에서 탐구의 실체는 더욱 혼란스러워질 수밖에 없다. 범교과적으로 환영받는 교수학습 방안이라는 탐구에 대한 기대감 이상을 보여주지 못하고 있다.

역사 탐구의 특징과 요소

그렇다면 역사과의 문법에 맞는 탐구란 어떤 것인가? 선행 연구를 살펴보면서 구체적인 탐구의 개념과 양상, 접근법 등을 되짚어 보자. 역사 탐구는 어떤 절차에 의한 수업 전개 방식에 따라서 교과서의 내용을 습득하거나 역사가가 자료를 다루는 외적인 절차를 경험하는 것이 아니다. 역사교육계에서는 역사가의 특징적인 사고방식을 학생들이 스스로 경험하고 내면화하는 과정이 되어야 한다는 데 대체로 합의하고 있다. 그리고 교실 역사 탐구의 모형을 역사가의 연구 방법과 역사적 사고방식에서 가져와야 한다는 데도 동의하고 있다.[16]

의사결정을 중시하는 사회 탐구는 주제 선정을 학생의 수준에 맞출 경우, 그 결과물을 개방적인 상태로 둘 수 있고, 또 그래야 한다. 이에 비해 역사 탐구의 주제는 본질적으로, 왜곡 없이 학생들의 수준에 맞추기가 어려우며, 학생들의 자율적인 학습의 결과를 개방적으로 방치할 수 없다. 예컨대, 역사는 과거를 다루는 것이기 때문에 '만약 ~라면'을 허용하지 않는다. 또 일정한 배경지식 없는 학생들에게 과연 학문적인 역사 탐구가 가능한가라는 회의적인 의견도 있다.[17]

또 교육학 일반의 탐구에서 강조하는 가설의 의미도 살펴볼 필요가 있다. 가설이 일종의 '잠정적 결론'이라고 할 때, 이는 연역적 사고의 접근이다. 반면에 역사 탐구의 경우 '문제'의 인식을 바탕으로 그에 따른 자료로부터 증거를 수집하는 활동을 통해 일반화 혹은 결론에 도달하는 '귀납적' 사고의 과정을 거친다. 역사 탐구에서 중요한 것은 '가설'이라기보다는 학생들에게 유의미하고 의문시되는 문제의 제기이며, 그에 따른 자료의 수집과 증거의 선정이다. 과학 탐구의 경우 가설의 검증을 위해 관련된 증거를 수집하고, 증거들이 가설을 입증하지 못하거나 혹은 가설과 상반된 증거가 나오면 가설은 기각된다. 반면 역사 탐구의 경우 수립한 문제를 바탕으로 자료와 증거를 수집하고, 혹여 그 과정에서 상반된 입장의 자료들이 나오더라도 그것은 해석의 문제가 되며 그 자체가 새로운 문제의 출발점이 될 수도 있다.[18]

위 논의를 바탕으로 역사 탐구의 차별성을 문답식으로 정리하면 다음과 같다.

첫째, 역사 탐구와 교육학 일반의 탐구는 얼마나 유사하고 어떻게 다른가? 교육학에서는 문제 해결과 일반화를 중시하지만, 역사 과목은 사료를 읽으며 역사적으로 사고하는 데 중점을 둔다. 교육학에서는 텍스트에 질문을 던지면서 먼저 가설을 세운다. 이를 검증하기 위해 자료를 조사하고 비교하며, 의미를 파악하고 나름의 해석을 토대로 결론을 내린다. 결론은 여러 사실을 포괄하는 하나의 개념이 되기도 하고, 사회 현상이나 특정 실험의 결과를 일반화하는 근거가 된다. 그러나 역사 과목에서는 가설을 설정할 수도 있고 하지 않을 수도 있다. 역사가들은 사료를 읽고 나름의 가설을 세워 자신의 연구 성과를 학설로 만드는 과정을 거치지만, 역사 과목에서는 반사실적 가정이나 개방적인 접근이 학생들의 빈약한 배경지식과 수업 진도라는 여건 때문에 반드시 유리하지 않을 수 있다.

둘째, 사회/과학 탐구와의 차별성은 무엇인가? 사회/과학과의 가설은 잠정적인 결론이며 입증되면 하나의 법칙성을 띠고 일반화되지만, 역사 과목에서 가설은 입증되더라도 하나의 해석일 뿐 개연성을 띠지만 법칙성을 갖지 않는다. 심지어 그 가설이 논쟁적인 경우가 많아 명료하게 입증하기 어렵다. 또 해석의 기초가 되는 사실의 경우, 사회/과학과의 사실은 지식의 기초적인 블록의 하나일 뿐이지만, 역사 과목에서 사실은 역사가의 선택과 의도가 담긴 사실을 토대로 서술한 것이다. 일정한 해석이 반영된 사실이고, 새로운 발상과 발견에 따라 다르게 해독될 수 있는 유동적인 사실이다.

김한종은 역사를 탐구가 가능한 마지막 인문학이라고 칭했다. 기본적으로 탐구 수업이라는 개념이 자연과학에서 나온 것이고, 역사교육에서 사용되는 탐구 모형 또한 사회과학을 전제로 만든 것이기 때문이다. 문학이나 미학, 철학과 같은 인문학 과목에서는 탐구 모형을 적용하려는 시도를 찾아보기 어렵다. 그 이유는 확실한 결론보다는 오히려 학습자의 판단이나 정서에 관심을 두는 인문학적 특성 때문이다. 그런데 역사학은 한편으로 사회과학적 성격이 있고, 다른 한편으로 인문학적 성격도 있다.[19] 역사 탐구 논의가 쉽지 않은 것은 이런 복합적 성격 때문이고, 과거에는 종합 학문으로서의 위상을 지녔기 때문이다.

셋째, 역사가의 탐구와 학생의 탐구는 무엇이 닮았고 어떻게 다른가? 사료를 읽고 당대의 맥락을 살피며 합리적인 해석을 도모하려는 점은 역사가와 학생이 비슷하나 중요한 차이점이 있다. 역사를 해석하고 판단하는 '권력자'로서 역사가가 수행하는 역사적 사고와 역사 지식이 구성되는 정치사회적 맥락에 영향을 받는 역사적 사고는 학생들이 경험할 수 없다.[20] 또 학생들이 역사가처럼 직접 사료를 선정하는 경우는 극히 드물다. 학생들이 조사한 자료의 출처를 확인하고 교차 검증하는 일은 교사의 안내에 따라 이루어지며, 문제 제기 능력도 교사의 권유와 안내를 통해 점차적으로 향상되는 특징이 있다. 이를 통해 역사학의 특징을 경험하고, 해석의 다양성과 탐구의 역동성을 체득하는 것이 더욱 중요한 요소이다.

상기한 차별성 외에 역사 탐구가 그 자체로 갖는 특징도 주목할 만하다. 역사수업의 개선을 도모할 때 방향타 구실을 하며, 이 특징을 잘 살려야 역사다운 수업을 구현할 수 있기 때문이다.

첫째, 학생들은 대체로 역사적 결과를 알고 탐구를 시작한다. 역사가 일종의 예고편, 스포일러 구실을 하기 때문에 자칫 학생들이 뻔한 결과에 대해 흥미를 갖지 않을 수도 있다. 자신이 바꿀 수도 없고 현실에서 경험할 수 없는 역사적 상황을 매력으로 느끼도록 학생과 연결시켜야 한다.[21] '그래서 어쩌라고'에서 '이래서 현재에도 의미가 있구나' 하는 생각을 하도록 이끌어야 한다. 이를 위해 교사가 분명한 목표를 제시하고 친절하게 탐구 절차를 안내해야 하며, 잘 가공된 자료와 예시 질문을 제공할 필요가 있다. 그 과정에서 탐구를 견인할 깊게 보기, 다르게 보기, 따져보기, 내 삶과 연관 짓기 등의 질문으로 흥미를 유발하고 긴장을 유지하게 해야 한다.

둘째, 실제로 무슨 일이 벌어졌는지 찾아본다는 점이다. 역사 탐구의 시작은 사실관계 파악이므로 기록에 남아 있는 사실의 신빙성을 따져보기 위해 출처를 확인한다. 저자 자체의 특성과 기록의 정확성, 의도성, 구체성 등에 대한 비판적 읽기를 반드시 해야 한다. 물론 과거 사실을 그대로 복원할 수는 없지만, 복수의 자료를 비교하거나 다른 목소리를 내는 당대인들의 행위 등을 포착하여 최대한 실상에 접근하는 것이다. 과거의 제한된 기록을 살피는 것인 만큼, 어떤 과목보다 비판적으로 읽는 문해력이 필요한 과목이 역사이다.

셋째, 왜 그렇게 진행되었는지 알아보는 것이 탐구의 본질이다. 역사 탐구는 역사의 기본 인식 방법인 인과관계를 밝히는 데 주력해야 한다. 별 의미 없이 보이는 연대기를 살펴보면서 사건의 기승전결을 파악하고 전개 과정과 결과를 동시에 그려보면서 인과관계를 따지되, 어느 것이 근본적인 원인이고 어느 것이 촉발 동기인지 등을 분별하여 사건의 흐름을 설명한다. 다원인과 다요인의 스펙트럼에서 배경과 원인, 도화선 등을 가늠하여 나름의 서사를 그리는 기초가 되는 것이다.

넷째, 다른 전개 가능성은 없었는지 따져본다. 인과관계를 파악했더라도 여러 가능성을 검토하면서 사건의 또 다른 실마리나 다른 인물의 주장이 있는지를 조사한다. 역사학의 설명은 인과성을 기초로 한 개연적인 것이기 때문에 다른 전개의 가능성을 늘 내포하고 있다. 이를 감안하여 당대의 상황을 면밀히 살펴보는 것이 바로 맥락화의 과정이며, 때로는 추체험이나 감정이입적 이해를 통해 역사 탐구에 생기를 불어넣는 과정이 필요하다. 결과적으로 역사가 된 사실 외에도 다양한 가능성과 경로가 있음을 배우는 것이 사고의 확장을 불러오고, 창의적 대안을 모색하는 디딤돌이 될 수 있다.

다섯째, 사건이나 인물이 이후에 어떤 영향을 미쳤는지 살펴본다. 역사는 과거-현재-미래가 연속되는 과정이며, 인과관계가 지속되면서 다양한 결과를 낳는다. 우리는 사건이나 인물이 이후 역사 전개에 미친 영향을 놓고 그 역사적 중요성을 가늠하며, 현재에도 계승되고 있는지, 어떤 변화를 겪고 있는지, 그것이 우리 사회에 남긴 유산은 무엇인지 등을 살펴 종국에는 역사적 판단과 윤리적 가치를 따진다. 이렇게 보면, 역사 탐구는 일련의 절차라기보다 사고의 과정이며, 개방적인 태도로 검토하고 자신의 문제로 성찰하는 깊은 사유의 방안이기도 하다.

일찍이 방지원은 이런 특성을 반영하여 역사 탐구의 실천 방안을 구체적으로 제시한 바 있다. 첫째, 역사의 연구 방법이나 사고방식 중에서 교육적으로 의미 있고 학생들이 경험 가능한 요소를 선별한다. 둘째, 선별된 사고방식들을 경험하도록 수업 상황에 적용할 구체적인 학습 모형을 개발한다. 셋째, 탐구학습과 사료 학습이 효과적으로 결합될 수 있도록 다양한 형태의 사료를 개발한다.[22]

이에 따르면, 일반적인 탐구 절차에 더해 사료 학습에 있어서 역사과의 특성을 반영할 필요가 있다. 예컨대 ① 사료 읽고 질문하며 기본적인 사실 확인하기 ② 인과, 선후, 비교, 대조 등 사실 간의 관계 이해하기 ③ 당대 상황에 부합하도록 이해하는 맥락화하기 ④ 자신의 관점으로 해석하기 ⑤ 자신의 해석을 글이나 이미지 등으로 표현하기와 같은 학습 과정을 자세하게 제시할 필요가 있는 것이다.

이러한 사료 탐구가 가능하려면 교사가 교육과정을 재구성하고 학생의 수준에 맞게 사료를 선별하여 가공하며, 이에 대한 적절한 질문을 학생에게 던져야 한다. 탐구가 '조사한다, 비교한다' 식의 수행동사에 그치는 것이 아니라 역사수업의 모든 단계에 걸쳐 있기 때문이다. 왜 이 주제를 탐구하는가, 어떤 사

[표1-10] 탐구 유형과 역사적 사고의 연계

구분	탐구 유형	수행 동사	역사적 사고(력)
사실 확인 차원	진술형	(주어진 빈칸을) 완성하라, (알게 된 내용을) 말해보라, (주요 사실을) 열거하라	사실 여부 점검
	서술형	(조사한 내용을) 적어보라, (보기 좋게 요령껏) 정리하라	
탐구 과정 경험	조사형	(주제 관련 내용을) 조사하라, (다양한 자료를) 살펴보라, 검색하라	출처 확인, 교차 검증 (확증)
	분석형	(수집한 자료를) 분류하라, (공통점과 차이점을) 비교하라, (선후/인과관계를) 따져보라	
역사 인식 심화	제작형	(지도, 도표, 그래프를) 그려보라, (역사신문, 연극 대본 등을) 완성하라	맥락화, 감정이입적 이해
	추론형	(사실 간의 관계를) 짐작하라, (당대 상황, 인물의 의도 등을) 추측하라	
가치판단 추구	토의·토론형	(해결책을) 토의하라, (주제, 인물에 대한 찬/반 의견을) 주장하라	증거에 기반한 잠정적 결론, 함께 공유하기
	결론 제시형	(타인과 다른 해석을) 제시하라, (역사적 의미/중요성을) 평가하라	

료(자료)를 다루는가, 수업의 어느 시점에, 어떤 비중으로 제시하는가, 사료를 분석할 수 있는 단계적 질문을 어떻게 구성하는가 등은 이론으로 제시할 수 없는 현장 교사의 몫이다.

상기한 탐구 개념의 문제를 보완하고, 탐구의 목적과 절차, 효용에 대한 좀 더 실질적인 논의를 촉진하기 위한 역사 탐구와 역사적 사고의 관계를 [표1-10]과 같이 도표로 정리해 보았다. 탐구의 다양한 유형과 그것을 뒷받침하는 수행동사를 연결하고, 이를 역사적 사고력으로 연계한 것이다.[23] 다소 분절적으로 이해되고 있는 세 가지 요소를 하나의 틀에 담아 유의미한 활동을 구성하는 작업이 가능하리라 본다.

위의 논의를 토대로 필자는 역사 탐구를 이렇게 정의하고자 한다. '역사 탐구는 역사 자료에 대한 비판적 읽기와 구성적 쓰기의 과정이다.' 역사 자료, 주로 사료를 비판적으로 읽는다는 것은 사실인지 아닌지 저자의 의견이 섞여 있는지를 가려내고, 사료에 등장하는 복수의 사실이 어떤 관계인지 사료의 내용이 당대의 상황을 잘 보여주고 있는지를 파악하고 자기 나름의 판단을 한다는 의미이다. 구성적으로 쓴다는 것은 생각으로 그치지 않고 글을 쓰거나 이미지 등으로 드러내는 것을 뜻한다. 구성적이라는 말에서 유추할 수 있듯이 자신의 견해와 해석을 서사의 형태로 표현하는데, 구술, 서술, 사진과 그림, 영상 등의 매체로 만드는 것을 포함한다. 이때도 자신의 견해가 앞뒤가 맞는지, 상식에 부합하는지 또는 상식을 뛰어넘는 참신함이 있는지, 근거가 합당한지, 주장에 설득력이 있는지를 살핀다.

역사 탐구의 정의에 대한 국내외의 논의가 분분하다는 점을 앞에서 언급했지만, 비판적 읽기와 구성적 쓰기라는 작지 않은 공통분모가 있다. 탐구의 기본 요소로 사료 연구, 역사적 질문, 지식 변환(학생의 언어로 진술)을 손꼽는다거나 학문적 출처 살피기, 질문 형성하기, 협업, 진정한(authentic, 타당한, 삶과 연관된) 수행 과제를 제시하고 있다.[24]

탐구, 즉 비판적 읽기와 구성적 쓰기의 전 과정에 걸쳐 교사가 구안한 질문이 개입된다. 주어진 자료를 정밀하게 분석하기 위해서나 자기 서사의 충실함과 논리성을 점검하기 위해서 성찰적인 질문을 던지는 것이다. 나아가 개인적인 탐구에 머물지 않고, 비판의 예리함과 구성의 풍부함을 더하기 위해 동료 학생이나 모둠의 구성원들과 함께 토의·토론하면서 역사적 사고력을 제고하는 방식도 가능하다.[25]

위의 제안은 역사 탐구에 대한 필자 개인의 아이디어에 불과하지만, 이를 계기로 더 확장된 역사 탐구 논의가 이루어지기를 기대한다. 특히 국가 단위에서 정리된 교육과정 문서가 중요하다. 교육과정에서 역사 탐구의 기준과 원칙, 방향성을 제시하는 것이 교과서 집필이나 현장의 역사수업에서 탐구가 충실해지는 지름길이라는 점에서 각별한 관심과 토론이 필요하다.

역사 탐구의 실천 양상 검토

역사 탐구의 여러 양상과 적잖은 혼란을 고려해 보건대, 탐구를 실천하는 과정에서 다양한 방식과 경로가 있을 수 있음을 쉽게 짐작할 수 있다. 이는 텍스트의 내용과 성격에 따라, 교사가 설정한 학습 목표에 따라, 학생의 수준과 성향에 따라 다양한 탐구 활동이 가능하기 때문이다. 다만, 비판적 읽기와 구성적 쓰기라는 큰 틀에서 어떤 경향성을 보이며, 저마다 어떤 특성이 있고, 수업 적용 가능성은 어떠한지를 가늠해 볼 필요가 있다.

기존의 역사 탐구 사례는 크게 4가지 정도로 구분해서 살펴볼 수 있다. 크게 가설을 설정하는 경우와 설정하지 않고 탐구를 진행하는 경우로 나뉘며, 각각 두 갈래의 방식이 존재한다. 첫째, 가설을 설정한 채 사료 학습에 집중하는 방식으로 가설 검증을 꾀하는 방식이 있고, 둘째, 가설 설정을 중시하지만, 가설이 없이 진행되는 가능성을 열어 두는 방식이 있다. 셋째, 가설 설정 없이 글쓰기를 하되 질문을 도출하고 분류하면서 초점을 잡아 문제를 해결하는 데 중점을 두는 방식이 있고, 넷째, 자료 읽기에 그치지 않고 글 쓰는 과정 자체를 탐구의 핵심으로 보고 중시하는 방식이 있다.

먼저 가설 설정을 통해 사료를 면밀히 분석하고자 하는 경우는 김세윤, 방지원의 방식이다. 기존의 사료 학습에 새로운 발상과 구체적 단계 설정에 도움을 준다. 김세윤과 방지원은 사료 학습을 두고, 사료를 읽고 내용을 분석하여 나

[표1-11] 질문 중심의 사료 탐구 활동 단계

역사적 사건에 대한 학습	→	사료 읽기: 사료 내용 명시적으로 이해하기, 의문점 추리기	→	의문점을 사료 탐구 질문으로 구성하기	→	사료 읽기: 질문을 의식하고 깊이 읽기 (가설 설정하고 검증하기)	→	사료의 증거 능력에 대한 종합 평가
'만적의 난'에 대한 학습		'만적의 난' 사료 전체 읽기 (한자 해석, 용어 해설, 시대 배경 이해 등)		'만적의 난' 사료에 대한 질문 구성하기		질문에 대한 가설적 답변 구성하고, 검증하기		사료를 평가하고 마무리 활동하기

름의 해석에 이른다는 막연한 이해에 그친 까닭에 역사수업에서 원활하게 적용되지 않았다고 지적했다. 그래서 교사가 나름대로 수업계획을 세워 사료 학습에 도전할 수 있도록 배경지식을 다진다거나 사료를 적극적으로 분석하기 위해 먼저 가설을 세우고, 가설을 의식하면서 내용을 파악하고, 의미를 설명하는 경로를 염두에 두었다. 다소 단순하게 이해하고 있는 만적의 난을 예로 들어 [표1-11]과 같은 절차를 제안했다.[26]

일상적인 수업으로 사건의 배경을 학습한 후 실제 사료를 보면서 궁금한 점을 찾고, 이를 질문으로 명료하게 정리한 다음 그럴듯한 가설을 설정하고, 이에 대한 답을 구하는 과정이다. 이는 섣불리 학생들에게 사료를 들이밀었다가 오히려 부정적 효과만 낳는 폐해를 극복할 수 있도록 하는 현실적인 제안이다. 가설적 답변을 정리하고 검증하면서 사료를 충실히 이해하고 사료의 증거 능력을 평가하는 방식도 구체적이다. 이를 통해 그저 고려 시대의 독보적인 신분상승운동으로 혹은 돌출적인 사건으로 보고 있는 만적의 난을 사료에 입각해서 생동감 있게 읽어내는 과정이며, 사료를 살펴보던 수준에 머물던 역사수업에 구체성을 부여했다.

다만, 가설을 설정하되 가설이 제기된 질문에 대한 잠정적인 답변이기 때문에, 가설의 수립 활동이 성공적이기 위해서는 먼저 타당하고 유효한 질문을 제기해야 한다고 밝히고 있다. 아울러 부족한 자료를 더 찾아서 검증 활동을 확장해 갈 수도 있지만, 현실적인 여건상 적정한 선에서 가설 검증을 마무리하고 잠정적인 결론을 바탕으로 탐구 결과를 정리하는 글쓰기로 이행할 것을 권하고 있다.[27]

김세윤과 방지원은 가설 설정을 사료 분석의 중요 단계로 보고 사료 읽기의 지렛대로 삼는 방식을 채택했다. 그런데 학생들의 역사 읽기에서 과연 가설 설정이 필수적이며 실제로 가능한가에 대해서는 논의가 더 필요하다. 과연 한 차시 정도의 배경 설명으로 학생들이 가설 설정 수준까지 도달할 수 있는지는 더 많은 사례를 점검해 봐야 알 수 있을 것이다.

또 역사 연구에서 가설의 성격과 역할을 보는 관점이 다양하다는 사실도 고려해야 한다. 가설을 검증하여 얻은 결론은 연구를 위한 수단이라고 하지만, 실제로는 가설 자체를 밝혀야 역사적 사실로 여기는 역사학자도 많다. 이런 학자들은 가설이 확인되면 연구를 마무리 짓는다. 연구 과정에서 새로운 과제를 인식하더라도, 이를 해결하는 것은 별도의 연구로 넘긴다. 그러나 가설을 검증하여 결론을 내리는 것을 역사 연구의 중간 단계라고 보는 학자들도 있다. 이들은 결론을 내리는 과정에서 새로운 과제를 인식하면, 이를 추가하여 연구를 계속 진행한다.[28]

가설이 역사 연구에서 갖는 위상이 다른 과목의 탐구와는 격이 다르고 쓰임새도 다양하며, 심지어 가설 설정 여부가 크게 중요하지 않을 수 있음을 알 수 있다. 실제로 김미리의 연구에서는 가설 설정을 중시하지만, 현실적인 여건과 학생들의 탐구 성향 때문에 가설 없이 탐구하는 사례를 볼 수 있다.

김미리는 논술형 수행평가로 익산 왕궁리 유적에서 발굴된 구덩이 세 개의 용도를 추론하는 과제를 제시하고 학생들이 제출한 글을 분석하여, 역사 탐구 과정을 네 가지 유형으로 구분한 바 있다. A 유형은 가설을 설정하지 않고 탐구를 진행했다. 자료 수집 및 분석-결론 도출의 과정을 거쳤다. B 유형은 애초 세운 가설을 확인하는 데 중점을 두었다. 가설 설정-자료 수집 및 분석-결론 도출의 과정을 밟았다. C 유형은 처음의 가설을 수정하여 확인했다. 가설 설정-자료 수집 및 분석-가설 수정-새로운 자료 수집 및 분석-결론 도출의 과정을 겪었다. D 유형은 결론을 새로운 과제 해결에 적용했다. 가설 설정-자료 수집 및 분석-결론 도출-새로운 탐구 과제 설정의 순서로 탐구했음을 보여주었다.

김미리는 A 유형 학생들이 가설 설정 없이 탐구를 실행한 것에 대해 역사 탐구를 '정답'을 찾는 과정이라고 생각했다고 보았다. 오답이 될 수 있는 가설을 굳이 세울 필요를 느끼지 못한 것이다. 혹은 가설을 세우는 과정이 비효율적이라고 생각했을 수도 있다. 그래서 가설 설정을 생략하고 곧바로 자료를 찾았다. 또 이 학생들이 가설을 설정하지 않고 탐구를 진행한 것은 이런 탐구 활동에 익숙하지 않았기 때문이라고 분석하며, 평소 수업에서 다양한 자료에 열린 질문을 던질 수 있도록 해야 한다고 제안했다.[29] 이를 통해 학생들의 역사 탐구 과정은 다양하며, 학생들마다 중요하게 생각하는 단계가 서로 같지 않음을 알 수 있다.

이하의 사례들은 아예 가설 설정 단계를 거치지 않고 사료 읽기에 들어가며, 글쓰기로 탐구를 이끌어가는 방식이다. 역사수업에서 탐구를 한다는 것은 사료를 비판적으로 읽는 것에서 더 나아가 사료에 대한 자신의 해석을 담아 표현하거나 구성적인 글쓰기를 해야 완결된다고 보는 것이다. 국내 연구로는 강태원이 탐구 활동의 절차를 [표1-12]와 같이 제시한 것이 주목할 만하다.[30]

[표1-12] 강태원이 제시한 역사 탐구 과정

질문 하기	➔	분류 기준 만들기	➔	질문 분류하기	➔	조사하고 생각 적기	➔	발표 토론	➔	보고서 작성

첫째, 사료를 보고 의문을 제기하는 활동이다. 이 단계에서는 가지고 있는 궁금한 점을 모두 쏟아내어 많은 질문을 만드는 것이 중요하다. 어떤 질문이라도 허용되는 이른바 브레인스토밍 활동이라 할 수 있다. 여기에는 사진 자료, 그림 자료, 실물 자료 등 다양한 자료가 사용될 수 있다. 이 단계에서는 역사를 비판적으로 읽거나 다양한 시각에서 역사를 보는 능력이 요구된다.

둘째, 분류 기준을 세우는 활동이다. 여기서는 모둠을 구성하며 글쓰기의 체제를 구성하는 활동이라 할 수 있다. 이 단계에서는 질문에 대한 비교와 대조, 원인과 결과에 대한 기준을 일관성 있게 세우는 논리적 사고가 요구된다.

셋째, 제기된 의문 내용을 분류하는 활동이다. 제기된 질문을 기준에 따라 분류한다. 이는 질문의 내용에 대한 해답 혹은 보고서의 짜임을 구성하는 과정으로 볼 수 있다. 글쓰기의 단계로 본다면, 글의 체제에 따라 서술해야 할 내용을 정하는 활동이다.

넷째, 질문에 답하는 활동이다. 이 단계에서는 인터넷 검색이나 참고자료, 인터뷰, 답사 등 다양한 경로를 통해 자료를 수집하고 이를 바탕으로 자신의 역사상을 재구성한다. 또한 질문의 답을 찾는다. 이때 자기 생각이나 주장은 근거에 의거해야 한다.

다섯째, 학생들이 분류하여 질문에 답한 내용을 발표하고 토론하는 활동이다. 이 단계에서는 모둠별로 세운 체제와 내용의 일관성 여부, 내용에 따른 분류, 질문 내용의 중복성 여부 등을 검토한다.

여섯째, 지금까지 모둠별로 진행된 활동을 끝내고 개인별로 보고서를 작성한다. 이때는 분류 기준에 따라 목차를 만들고 질문에 답한 내용을 바탕으로 자기 나름의 보고서를 작성하면 된다. 보고서 작성 시 모둠별로 만든 체계(분류 기준)를 창의적으로 재구성할 수 있으며, 분류한 내용도 재구성할 수 있다.

강태원은 역사 탐구의 시작과 끝이 곧 질문이라고 보고, 역사 자료를 보고 질문을 만드는 과정을 가장 중요하게 생각했다. 자유롭게 질문을 던지는 과정에서 비판적인 독해도 가능하고, 호기심을 갖고 다른 각도에서 혹은 새로운 측면에서 사태를 바라볼 수 있다. 아울러 쏟아낸 질문들을 동료 학생들과 함께 분류하면서 역사적 사고를 심화, 확장할 수 있음을 말한다. 질문이 정리되면 탐구의 초점이 명료해지므로, 이에 대한 조사를 하고 분석 결과를 발표하고 토론하는 과정에서 정리한 내용을 객관화하고 부족한 점을 보완하여 최종적으로는 글쓰기 형태로 정리하는 과정을 거침으로써, 비판적 읽기와 구성적 쓰기를 경험해야 한다고 제안한 것이다.

사료 읽기에 그치지 않고 글쓰기로 탐구를 구체화하는 시도는 해외의 사례에서도 확인할 수 있다. 샘 와인버그의 동료 연구자인 촌시 몬테사노는 읽기의 연장선이자 구체화 과정으로 쓰기를 중시하여, '읽기, 탐구, 쓰기(Read, Inquiry, Write)'를 하나의 탐구 프로세스로 정의했다([표1-13]). '역사가처럼 읽기'가 학생들이 처음부터 자연스럽게 수행하기 힘든 면이 있고, 읽기 자체로는 정확히 사고의 실체를 파악하기 어려우며, 토론이나 대화는 휘발되는 성격이 있기에, 학생들의 탐구를 온전하게 추적하기 위해서는 이를 실질적으로 드러내는 글쓰기가 필요하다고 본 것이다. 그는 역사교사들이 수업 상황에서 탐구를 효율적으로 이끄는 것이 쉽지 않다고 판단하여, 상세한 과정을 안내하고 절차를 제시했다.

[표1-13] 몬테사노가 제시한 역사 탐구 과정[31]

<table>
<tr><th>영역</th><th>6학년(세계지리)</th><th>7학년(세계사)</th><th>8학년(미국사)</th></tr>
<tr><td>①
조사연구
절차</td><td colspan="3">
</td></tr>
<tr><td rowspan="2">②
논증
글쓰기
진전 모형</td><td colspan="3">
</td></tr>
<tr><td>해석하는 글쓰기
자기 해석을 지지하는 논증 글을 작성한다. 학생들은 사료를 읽고 해석함으로써 주장을 만들고 증거에 대해 추론한다.</td><td>비평하는 글쓰기
다른 사람의 해석을 비평하는 논증 글을 작성한다. 학생들은 사료를 읽고 해석함으로써 어떤 주제에 대한 다른 사람들의 주장과 증거, 추론을 비평한다.</td><td>반증하는 글쓰기
자기 해석을 지지하는 논증 글을 작성하는 동시에 다른 해석의 가능성을 인정하고 반박한다. 학생들은 사료를 읽고 해석함으로써 자기 입장을 옹호하고 다른 사람이 할 만한 주장에 반론을 제기한다.</td></tr>
<tr><td>③
논증글
구성 요소</td><td colspan="3">• 주장: 강력한 중심 질문에 대한 글쓴이의 입장
• 증거: 주장을 뒷받침하며 논증을 구축하기 위한 사료, 예시 등의 활용
• 추론: 증거가 주장을 어떻게 지지하는지, 주어진 질문에 비추어 증거가 얼마나 신뢰할 만한지에 대한 설명</td></tr>
</table>

[표1-14] 역량 함양 사회교과군 교육과정 재구조화 연구 역사 영역 내용 체계(안)

<table>
<tr><th>구분</th><th colspan="2">내용</th></tr>
<tr><td rowspan="6">역사적 과정</td><td rowspan="4">역사 탐구</td><td>역사적 질문</td></tr>
<tr><td>신뢰할 수 있는 자료(정보) 선택과 분석</td></tr>
<tr><td>역사적 추론</td></tr>
<tr><td>역사 쓰기 및 재현하기</td></tr>
<tr><td colspan="2">역사 지식 성찰 및 확장과 역사 토론</td></tr>
<tr><td colspan="2">역사 지식의 사회적 활용</td></tr>
</table>

학습할 내용 소개부터 성찰하기에 이르는 전 과정에서 가장 중요한 장면은 사료 분석과 작문하기로 보인다. 글쓰기도 두루뭉술하게 제안하는 것이 아니라 해석하는 글쓰기, 비평하는 글쓰기, 반증하는 글쓰기 등의 3단계로 구분하여 더 많은 역사적 사고를 유도하고 있으며, 읽기와 쓰기, 특히 성찰적인 글쓰기를 통해 탐구가 완료된다는 사실을 보여준다.

상기한 여러 역사 탐구 논의를 종합하여, 2022 개정 교육과정을 만들 무렵에 기초 연구로 진행된 작업에서는 탐구를 [표1-14]와 같이 제시했다.[32]

기초 연구에서는 역사 탐구를 역사적 과정의 핵심으로 상정하고, 가장 먼저 역사적 질문→자료의 선택과 분석→역사적 추론→역사 쓰기와 재현하기로 단계를 제시하고 있다. 여기에도 가설 설정은 없다. 역사수업의 현실을 생각하면, 가설 설정이 쉽지 않고 효율이 높지 않음을 고려한 것으로 보인다. 무엇보다 사료를 보면서 질문을 잘 던지는 것을 가장 먼저 제시하고 중요하게 여기고 있다. 좋은 질문이 있고, 그것을 의식하면서 사료를 읽어야 유의미한 선택과 설득력 있는 분석이 가능하기 때문이다. 추론의 타당성 역시 질문에 대한 잠정적 답을 구하는 과정에서 근거를 갖추면서 성립되며, 이에 대한 글쓰기를 통해 학생의 생각이 객관화되고, 이후 토론과 연계하면서 사고를 심화, 확장하는 경로를 보여주는 것이다.

역사 탐구의 방안과 경로

지금까지의 논의를 토대로 필자의 역사 탐구 방안을 정리해 보려 한다.

첫째, 교사가 제시한 주제나 학생이 수행할 과제에 대한 역사적 질문을 제기하는 단계를 둔다. 역사적 질문이 있어야 사료를 목적의식적으로 살피고, 질문에 대한 답을 구하며, 나름의 논리를 구성하여 자신의 견해를 정리할 수 있기 때문이다. 다만 전제가 필요하다. 학생이 역사적 질문을 제기하려면 최소한의 배경지식이 있어야 한다. 김세윤과 방지원의 경우도 한 차시 정도 내용 설명 단계를 두었고, 김미리는 수행평가 차원에서 여러 차시를 설정했다. 강태원의 경우도 한 차시에 6단계를 거칠 수 없기 때문에, 당연히 질문을 충분히 도출하고 분류하여 초점화하는 단계를 두었다. 몬테사노 역시 가장 먼저 주제와 관련된 내용을 소개하여 필요한 사전 지식을 확보하는 수업 단계를 두었음을 알 수 있다.

둘째, 사료를 조사 또는 선택하는 단계를 둔다. 사료 학습 초기에는 역사교사가 사료를 제시하겠지만, 차츰 학생들이 주제나 질문에 걸맞은 사료를 찾아보는 활동을 염두에 두어야 한다. 사료를 찾는 과정이 곧 역사가의 연구 과정을 경험하는 것이고, 사료에 익숙해지면서 역사에 대한 흥미나 매력을 느낄 수 있으며, 역사를 역사답게 공부할 수 있는 지름길이 될 수 있기 때문이다. 간혹 사료 발굴 자체를 사료 학습의 최초 단계로 보는 이도 있으나, 이는 역사가가 하는 일이고 역사교사도 쉽지 않은 상황이므로 학생 수준에서 사료를 발굴하는 것은 필수가 아니라 선택사항으로 둔다. 사료 학습을 다수 경험하여 학생 스스로 발굴하는 수준에 이른다면 충분히 장려할 만하다.

셋째, 사료를 비판하는 단계를 둔다. 사료를 곧이곧대로 받아들이지 않고 사료의 신뢰성과 정확성을 따져보고 저자의 입장을 여러 각도로 살펴보는 과정이다. 사료 비판 역시 학생들이 역사를 제대로 경험하는 일이 될 수 있다. 교과서에 서술된 정제된 이야기나 교사의 계몽적 설명, 심지어 참고서나 학습지의 요약된 기승전결만 접하던 학생들이 사료의 사실 여부부터 따지는 활동을 하게 되면, 마치 탐정이 된 것처럼 사료를 면밀하게 분석하는 동력을 가질 수 있다. 이때 비판에 앞서 문해력이 낮은 학생들을 고려해야 한다. 통으로 된 긴 글을 학생들이 소화하기 어렵기 때문에 단락별로 끊어 읽기나 내용 요약하기, 저자의 의견에 대해 댓글 달기 등의 분석적 읽기를 시도한다. 이 과정에서 사료의 신뢰성, 저자의 입장 등을 파악하고, 다른 사료와 견주어 보도록 한다. 사료 간의 관계를 선후, 인과, 비교, 대조 등으로 이해하도록 한다.

넷째, 사료를 맥락적으로 이해하는 단계를 두어야 한다. 맥락화란 사건이 일어나고 자료가 생성된 물리적, 사회적 상황을 상상하면서 사건과 자료의 내용을 이해하는 것이다.[33] 학생들은 사료를 검증하는 활동을 하되 당대의 규범, 언어, 예법, 분위기, 정서와 감수성, 윤리적 가치 등을 고려한다. 이를 토대로 인물에 감정이입적 이해를 하거나 사건에 대한 추체험을 시도한다. 다분히 상상력이 필요한 과정이지만, 문학적 상상이나 비역사적 가정에 머물지 않도록 주의를 기울여야 하며, 분석 못지않게 상상에도 나름의 근거를 갖출 수 있도록 안내할 필요가 있다. 이를 통해 간접적으로나마 시대상을 경험하거나 개연성 있게 그려보는 작업을 하는 것이다.

다섯째, 학생의 의견이나 해석을 정립하는 단계이다. 사료와 사료 사이에, 사실과 사실 사이에 존재하는 미세한 틈을 발견하고 이에 대해 소박한 견해를 떠올리되, 동료 학생과의 대화나 토의를 통해 서로의 공통점과 차이점을 알아차리도록 한다. 이 과정에서 자신의 견해에 대해 확신을 갖기도 하고 일부를 수정 보완하여 자신의 역사 해석을 정립하는 것이다.

여섯째, 위의 모든 과정을 거쳐 자신의 견해를 글로 쓰거나 이미지, 영상 등으로 표현하는 단계를 둔다. 질문에 대한 답을 구하기 위해 조사, 비판, 토의 등의 단계를 거쳐 형성된 자신의 생각을 논리적 근거를 갖추어 글로 옮기는 과정은 읽기의 과정과는 또 다른 정리된 사고를 요한다. 글을 쓰는 과정에서 외부에서 주어진 문구나 표현을 자신의 언어로 변환하여 온전한 자신의 결과물로 만드는 경험을 하게 된다. 글쓰기는 앞선 여러 단계를 종합하고 의미를 명료하게 정리하는 활동으로, 학생들의 역사적 사고의 진전을 객관적으로 확인하는 근거가 되기도 한다.

아울러 글쓰기는 역사수업에서 가장 일상적으로 실천할 수 있으나 가장 원초적이고 가장 강력한 사고의 견인차가 될 수 있다. 물론 글쓰기 외에 다양한 표현도 가능하나 글로 정리된 바를 다채롭게 표현하는 경우가 많기 때문에 대표적인 활동으로 글쓰기를 최종 단계에 두는 것이다.

그밖에 역사수업의 여러 상황을 감안하여 단계마다 세밀하게 다양한 작업을 추가할 수 있다. 예컨대 사료를 읽을 때, 사료 끊어 읽기, 소리 내어 읽기, 검색하며 읽기 등을 꾀하거나 의미 파악을 위해 핵심어 찾기, 주제 찾기, 한 줄 요약하기 등을 시도할 수도 있다. 최초의 문제 제기를 의식하면서 사료나 사실을 비교하고, 의심하기를 한다거나 확인된 내용을 유목화하고, 순서를 매기고, 비중을 가늠하는 활동을 소개하는 등의 비계 설정을 한다면, 교사의 안내가 효율적인 사료 학습으로 이어지는 성과를 기대할 수 있을 것이다.

3

역사 탐구 질문 만들기

역사 탐구 질문의 정의

탐구의 개념과 절차가 모호한 것은 역사 과목만의 문제는 아니다. 특히 탐구에 대한 미진한 설명을 전제로 질문의 필요성을 강조한 '탐구 질문'이라는 개념이 상당히 많이 유통되고 있다. 다른 교과의 논의가 역사 탐구 질문의 성격을 밝히는 데 간접적으로 도움이 될 수 있으므로 몇 가지 살펴보도록 하자. 논문 검색 사이트에서 탐구 질문을 키워드로 입력했을 때, 여러 교과에서 검색되는 사례들을 추려보았다.

먼저 탐구를 가장 많이 강조하고 활용하는 과학과의 사례다. 말 그대로 탐구가 가능한 질문의 의미로 쓰거나 탐구는 곧 실험이라는 인식을 드러내는 경우가 있다. 논문의 서론에서 밝히는 탐구 질문의 정의를 보면, "학생들의 주도적인 탐구 과정을 끌어낼 수 있는 질문으로, 간단한 지식이나 검색만으로 쉽게 해결할 수 없고 지속적으로 학생들의 호기심을 자극하며 단계적 사고와 탐구 실험을 거쳐 목표에 다다를 수 있는 복합적 질문을 의미한다"라고 진술하고 있다.[1] 또는 "학교 현장에서 탐구 실험의 중요성이 강조되고 있으며, 실험과 조사가 가능한 탐구 문제를 생성할 수 있는 능력은 과학 탐구의 출발점으로 알려져 있다"라거나 "과학자는 데이터 모델링 과정에서 자연현상에 대한 데이터를 관련된 과학 개념 지식으로 구조화하여 해석하고 그 메커니즘을 설명하려고 할 때, 이해의 격차를 의문화하여 탐구 문제로 발전시킨다"라며 탐구 질문을 탐구 문제로 풀이하고 있다.[2]

추측하건대 과학과에서는 탐구 질문을 상정하기를, 기본 사실을 넘어서 탐구 과정을 이끌어가는 물음, 탐구의 가능성을 높이는 질문, 탐구를 전개하기 위해 던지는 질문 등으로 보고 있는 것이다. 후자의 경우 탐구 과제, 문제, 질문을 혼용하고 있는데, 특히 문제는 구체적 문항의 의미인데 질문처럼 사용하고 있는 것으로 보아 명확한 개념 규정이라기보다는 탐구를 하기 위한 질문 정도의 의미로 정의하고 있음을 알 수 있다.

과학과 못지않게 수학과에서도 탐구 질문이라는 용어가 많이 등장하는데, 통계 관련 논문에서 자주 볼 수 있다. 역시 논문의 서론에서 밝힌 바를 살펴보면, "본 연구에서는 통계적 탐구 과정, 통계적 방법, 통계적 문제 해결을 '통계적 탐구 과정'이라는 용어로 통칭하고, 통계적 탐구 과정에서 제기되는 질문을 '통계적 탐구 질문'이라는 용어로 지칭한다"라고 하여 통계적이라는 표현이 추가되었을 뿐 탐구 질문에 대한 구체적인 설명은 없다. 개별 용어에 대한 특별한 의미 부여 없이 통상적 개념을 연결한 조어로, 탐구 과정에 필요한 질문이라는 의미로 사용하고 있다.[3] 또 다른 수학과 논문에서도 "탐구 목적 질문은 문제, 계획, 자료 수집, 분석, 결론의 모든 단계에서 올바르게 통계적 문제 해결을 진행하고 있는지를 확인하기 위해 사용하는 질문이다. 좋은 탐구 질문은 자료를 풍부하게 탐구할 수 있게 하고 통계적으로 사고하게 하는 것이다"라고 정의했다. 논문 저자의 설명대로 탐구를 진행하기 위해 단계마다 제기되는 다양한 질문을 통칭하는 것이며, 별도로 탐구 질문을 정의하고 있지는 않고 통계적 의미를 추가하는 경향을 보인다.[4]

철학과의 용례도 살펴보자. 먼저 철학교육을 논하는 토론회에서 사용된 탐구 질문의 개념이다. '탐구 질문 형성하기'라는 항목 아래 'A vs B' 또는 '찬성 vs 반대' 형식의 질문을 제시한 다음, 딜레마 상황에 대한 메타적 질문이 필요하다고 주장했다. "어떤 가치가 왜 충돌하고 있으며 각 개인은 왜 특정한 가치를 다른 가치보다 더 중요하게 여기는 선택을 하게 되는지, 딜레마 상황이 근본적으로 어떻게 설정되어 있는지 등등을 검토하도록 해야 한다"라고 했다. 그러면서 이 딜레마가 우리에게 선택하도록 하는 가치들은 무엇인지, 가치 A를 B보다 중요하게 여기는 사람을 왜 그렇게 생각하며, 그 반대의 경우는 왜 그러한지, 나와 다른 선택지를 고른 사람의 입장을 어떻게 이해할 수 있을지를 추가적으로 묻는다.[5]

이 글에 따르면 탐구 질문은 딜레마적인 상황을 설정한 질문이며, 그 질문의 연장선에서 메타적 질문을 던져 깊이 있는 사고력을 제고하려는 것으로 짐작된다. 그렇다면 탐구 질문이 곧 딜레마적 질문인지 논의가 필요하며, 메타적 질문을 덧붙이면 탐구 질문의 요건을 갖춘 것인지 되묻게 된다.

또 다른 철학 논문의 서론에서도 탐구 질문을 거론하지만, 그에 대한 명쾌한 정의는 보이지 않는다. "이 논문은 '세 가지 유파의 철학자들(아리스토텔레스, 에피쿠로스, 스토아)은 대중을 상대로 하는 자신의 역할을 어떻게 이해했는가'라는 질문을 탐구 질문으로 삼는다"라고 했다.[6] 주요 논제로 내세우기는 하지만, 탐구 질문을 관용적 표현으로 사용한 것일 뿐 철학 논문임에도 명확한 정의도 구체적인 언급도 없다.

이렇듯 인문계, 이공계를 막론하고 탐구 질문이라는 용어와 개념이 불분명한 채로 사용되고 있다. 탐구 질문을 탐구와 질문의 결합으로 이해하거나 탐구

[표1-15] 교육청 배포 자료에 나타나는 수업에서 탐구 질문의 용례[7]

성취 기준		
《2국01-02》 바르고 고운 말로 서로의 감정을 나누며 듣고 말한다.		
의미를 생각하는 탐구 질문	가치를 생각하는 탐구 질문	방법을 생각하는 탐구 질문
'바르고 고운 말'이란 무엇인가요?	바르고 고운 말로 이야기하면 좋은 점은 무엇일까요?	자신의 감정을 상대방에게 표현하려면 어떻게 해야 할까요?

성취 기준	
《2국01-03》 상대의 말을 집중하여 듣고 말 차례를 지키며 대화한다.	
말하기(역량)에 초점을 맞춘 탐구 질문	듣기(역량)에 초점을 맞춘 탐구 질문
상대방과 이야기를 나눌 때는 어떻게 해야 할까요?	상대방의 이야기를 집중해서 들으려면 어떻게 해야 할까요?

가 질문의 성격을 보여주는 표현으로 이해하고 있다.

학문 영역이 아닌 수업 차원에서도 탐구 질문의 용례를 검토할 필요가 있다. 개별 교사나 특수한 상황에서 제작된 사례가 아니라 교육청 차원에서 배포된 자료를 살펴보자. 교육청 자료는 공식적인 것이며, 집단적으로 만들고 검토해서 제작한다는 점에서 중요하다. 자료집이 학교 현장에 보급되기 때문에 검토진을 꾸려 한 차례 이상 피드백을 받는다는 점, 현장 교사들의 반응을 통해 수정, 보완되기도 한다는 점에서도 주목할 만하다.

[표1-15]에서는 탐구 질문을 성취 기준을 토대로 추출한 의미, 가치, 방법, 역량 관련 질문 등으로 분류했는데. 자료집에 제시된 탐구 질문 역시 뚜렷한 정의 없이 관용적 조어로 사용되었다. 탐구의 절차나 단계의 구분도 없이 질문이 성취 기준을 뒷받침하는 구체적 물음으로 나열되고 있으며, 성취 기준을 포괄하거나 단원 전체의 학습 목표와 긴밀하게 연계된 '방향성과 의도를 지닌 질

문'으로 보기에는 다소 격이 낮아 보인다.

탐구 질문을 만드는 방법도 함께 제시하고 있는데, '학생들의 깊이 있는 학습이 가능한 탐구 질문을 구상한다'라는 구절을 보면, 탐구 질문을 만들기 위해 '○○하는 탐구 질문을 만든다'는 동어 반복에 그치고 있다.[8] 먼저 문장으로 만들고, 질문 형식으로 바꾸며, 학생들이 이해하기 쉬운 표현 쓰기를 제안하는 친절함을 보이고 있으나, 불분명한 개념을 보완하기는 어렵다.

지금까지의 용례를 보면 탐구 질문에 대한 엄정한 정의 없이 탐구와 질문을 병렬적으로 연결한 조어로 사용하는 경향이 많다. 논문에 따라 탐구'적' 질문, ○○ 과목 탐구 질문, 탐구 유도 질문, 탐구 절차를 반영한 질문 등의 용어가 혼재되어 있으며, 같은 글에서도 앞뒤에 탐구 질문에 대한 표현이 서로 다른 경우도 있다.

해외의 탐구 질문 논의에서 가장 주목할 만한 것은 국제 바칼로레아 교육과정(이하 IB 교육과정)이다. IB는 스위스에 본부를 두고 상당히 표준화된 교육과정을 전 세계적으로 운영하는 방식을 택하고 있다.[9] 여기서도 강조하는 것이 탐구 질문이다. IB 교육과정을 구축하는 데 위긴스와 맥타이가 관여한 바 있어서, 탐구 질문은 핵심 질문과 유사한 의미로 사용되고 있다. 구체적으로 살펴보면 [표1-16]처럼 핵심 아이디어, 탐구 질문, 전개 질문으로 위계를 갖추고 있으며, 실제 수업에서는 단원을 아우르는 포괄적 질문-소재적 탐구 질문-전개 질문으로 꾸려져 수업 장면 곳곳에 배치된다.[10]

IB 교육과정에서 탐구 질문은 3가지 유형으로 제시된다. 첫째, 사실에 기반한 질문이다. 정보, 사실을 내용으로 하되 증거로 뒷받침되며, 기억과 이해를 돕는 물음이다. 둘째는 개념에 기반한 질문이다. 사실과 주제를 연결하는 빅 아이디어 탐구를 장려하며, 분석과 응용, 타 교과와 통합이 가능하고, 상황과 문제, 맥락으로의 전이를 추구하는 물음이다. 셋째는 토론이 가능한 질문이다. 사실

[표1-16] IB 교육과정의 탐구 질문 용례

핵심 아이디어 국가 교육과정 수준	탐구 질문 성취 기준 수준	전개 질문 실행 과제와 차시 수준
• 영역을 아우르면서 해당 영역의 학습을 통해 일반화할 수 있는 내용을 핵심적으로 진술한 것	• 성취 기준을 깊이 있게 탐구하고, 단원에서 학습하는 모든 내용과 활동의 초점을 제공하는 질문 • 학생들이 단원의 내용 요소, 성취 기준을 깊이 있게 탐구하고 심층적 학습을 촉진시키는 질문 • 추론을 요구하는 개방형 질문의 성격을 지님.	• 성취 기준 수준의 탐구 질문을 해결하기 위하여 그에 대한 답을 찾는 데 수반되는 보조적인 역할을 하는 질문 • 교수·학습 과정에서 학생에게 제시하는 질문

포괄적 탐구 질문 영역(단원) 수준	소재적 탐구 질문 성취 기준 수준	전개 질문 수행 과제 혹은 차시 수준
전체 교과 학습구조 차원에서 중요하게 다뤄지는 핵심 아이디어를 지속적으로 탐구하는 질문	성취 기준 수준에서 학습하는 모든 내용과 활동의 초점을 제공하는 질문	소재적 탐구 질문을 해결하기 위한 수행 과제와 차시 수준에서 이루어지는 질문

과 개념을 사용하여 토론할 수 있게 하며, 다양한 관점을 통해 주요 아이디어와 주제를 탐구할 수 있고, 논의를 종합하고 평가하도록 안내하는 물음이다.

역사과의 탐구 질문 논의

IB에서 제창하는 탐구 질문의 위계와 절차는 단원을 포괄하는 큰 질문과 차시별로 제시되는 전개 질문이 조화롭게 연결되는 모습과 가장 유사하다. 사실과 그에 기반한 개념 형성, 이에 대한 해석과 평가를 담는 질문의 연쇄이므로, 역사과 수업에서 시사 받을 수 있는 부분이 많다. 하지만 아직 IB 교육과정은 도입 단계라 우리나라 역사수업에서 이에 기반한 탐구 질문을 던진 사례는 거의 없다. 게다가 국제적으로 통용되는 IB 역사과 과정에서 제시되는 질문은 통사 체제가 아니라 특정 단원이나 시기에 국한하여 다양한 자료를 투입하고 학생들이 탐구하는 방식으로 구성되어 있다. 우리나라보다 일본의 자료나 입장이 다수 소개된 질문도 있어 우리 나름의 질문으로 전면적인 재구성이 필요한 실정이다.[11]

그렇다면 국내 역사교육 연구에서는 탐구 질문을 어떻게 설명하고 있을까? 책자의 제목과 목차, 논문의 키워드와 논지를 중심으로 검토하자면, 세 연구자의 주장을 주목해 볼 수 있다. 먼저 이영효는《역사교육 탐구》라는 책에서 역사학에 기반한 탐구와 질문의 중요성을 강조했다. 그는 기존의 사회과학적 탐구를 차용한 역사 탐구가 기능만 남고 역사라는 내용과 긴밀하게 조응하지 못하고 있다고 비판했다.[12] 아울러 교사 중심의 질문 있는 수업에서 벗어나 학생 중심의 질문 있는 수업이 되도록 전환할 것을 제기했다. 그는 책의 두 번째 장에서 탐구와 질문을 나란히 논의하고 있는데, 이를 연계한 탐구 질문이라는 개념을 제시하지 않았고, 두 키워드를 함께 고려한 별다른 논의도 하지 않았다.[13]

방지원은 탐구가 역사과에 도입된 배경을 논하면서 역사 탐구에 대한 개념을 정립하려고 했으며, 역사 탐구 논의가 실제 수업에서 공전하지 않으려면 역사교사의 전문성이 더욱 필요하다고 짚었다. 이 과정에서 사료 학습이 역사 탐구의 가장 기본적인 방안이 될 수 있으며, 적절한 사료를 선정하고 이를 학생들이 독해하며 자신의 의견을 세울 수 있도록 디딤돌을 놓는 수업 방법을 개발해야 한다고 강조했다.[14] 또한 이후 고려 시대 만적의 난을 소재로 구체적인 역사 탐구 질문의 방안을 제시했다.[15]

이후 산발적으로 제기되었던 탐구와 질문의 문제의식을 포괄하는 연구는 김민정이 진척시켰다. 여러 논문 사이트에서 탐구와 질문이라는 키워드를 검색하면, 목록 대다수가 석사학위 논문이다. 이런 상황에서 그가 연구자로서 지속적으로 이를 연구해 왔다는 점에서 주목할 만하다. 특히 2010년대 초·중반에 역사 교과서의 탐구 질문을 다수 분석한 바 있으며, 2025년에도 진전된 연구를 내놓았다.[16] 한편, 고려 시대를 중심으로 탐구 질문의 유형과 용도를 고려한 분석 틀을 제시하는가 하면, 민족주의 내러티브가 강하게 작동하고 있는 교과서를 검토하여 '교과서 서사'로 명명하고, 사료 탐구의 관점에서 대안을 마련하고자 했다.[17]

김민정은 이러한 연구를 토대로 2024년에 '탐구 질문'이라는 키워드가 제목에 포함된 글을 쓴 바 있다. 탐구 질문의 중요성과 구성 절차, 교사 공동체의 실천 사례와 이에 대한 분석을 통해 탐구 질문 논의의 진전을 꾀했다. 그는 "효과적인 탐구 질문은 학생들이 다양한 역사 사건을 비판적으로 평가하고 다원적 관점을 이해하며, 역사적 증거를 바탕으로 논리적인 주장을 펼칠 수 있도록 돕는다"라고 그 중요성을 언급하는 과정에서 탐구 질문의 개념을 제시했다.

이를 구체화하여 좋은 탐구 질문의 기준으로 두 가지를 거론했는데, 역사적 사고를 활용하고 익힐 수 있어야 하고, 학문적인 정합성과 함께 학생과도 관련성을 가져야 한다는 것이다. 역사적으로 중요하고 지속적인 아이디어나 사건 또는 상황과 관련된 질문인지, 학생들의 삶과 관련된 질문인지 고려해야 한다는 것이다.[18]

유사한 맥락에서 마이클 라일리는 탐구 질문의 세 가지 핵심 기준을 제시했다. 그는 학생들의 흥미와 상상력을 사로잡을 수 있어야 하고(학생 삶과의 관련성), 어떤 역사적 사고나 개념 혹은 과정을 최우선으로 생각하게 만들며(역사학적 중요성), 탐구 질문에 진정으로 답할 수 있는 활기차고 실질적인 결과 활동으로 이어져야 한다(교육학적 단계 설정)고 했다.[19]

이제 다양한 과목의 용례와 역사교육계의 선행 연구를 토대로 필자가 생각하는 탐구 질문의 개념을 정의해 보려 한다. 역사수업에서 벌어지는 탐구와 질문, 이를 결합한 탐구 질문의 난맥상을 조금이나마 해소하기 위해 최소한의 조작적 정의가 필요하기 때문이다.

역사 탐구 질문의 가장 기본적인 정의는 '역사 자료의 읽기, 분석, 해석 및 표현의 과정에서 필요한 단계적, 다각적, 과정적 질문'이다. 역사 자료는 사료 학습에 편중되어 진행되어 온 탐구 대상을 확장하여 문자 사료 외에 이미지, 동영상 등 다양한 자료와 급증하고 있는 미디어 텍스트를 포괄한다. 읽기, 분석, 해석 및 표현의 단계는 역사 문해력에 기반한 비판적 읽기와 역사의 구성성을 확인하고 자기 내러티브를 갖는 탐구의 핵심적 절차이다.

'단계적'이라 함은 사고의 진전 과정에서 필요한 3층위의 질문, 즉 연간계획에 따른 큰 질문, 대단원·중단원 수준의 질문, 개별 차시의 질문의 위계를 갖는다는 뜻이다. 또 개별 차시에서도 도입-전개-정리의 단계를 고려해야 한다. '다각적'이라 함은 동시대에 수평적으로 존재하는 다양한 주체와 특정 시대에 수직적으로 존재했던 여러 신분, 계급, 입장 등의 다층적 주체를 포괄하려는 뜻이다. '과정적'의 의미는 역사 자료를 탐구하는 과정에서 새로운 자료와 새로운 질문을 발견하게 되고, 교사의 안내, 동료 학생과의 논의에서 색다른 시선과 문제 제기를 겪으며 계속해서 질문이 변형되고 보완되기 때문에 그 역동성을 반영하고자 붙인 이름이다.

위의 정의를 좀 다르게 서술하면, 역사 탐구 질문은 역사수업의 기본적인 학습 단계와 사고의 절차를 따르되, 다양한 주체와 관점을 고려하고 탐구 과정에서 다양하게 변주되는 질문이라고 할 수 있다. 이를 통해 다소 형식화되었던 사료 학습의 문제점을 덜 수 있을 것이다. 단순 단답식의 답을 구하거나 해설 위주이거나 본문 입증용으로 제시된 사료를 놓고 비판적인 사고를 유도하는 것이다. 절차적 합리성을 이행하면서 학생의 긴장과 집중을 유지한 결과, 해석의 잠정성과 상대성을 경험하도록 이끄는 질문을 구성할 수도 있다. 사료를 보고 크고 작은 질문을 던지면서 하나씩 답을 찾는 과정에서 해석의 실마리를 마련하게 한다. 이를 통해 실질적인 사료 학습이 가능하며 역사다운 탐구가 실현될 수 있을 것이다.

요컨대 탐구 질문이란 사료(문자, 비문자 자료)를 비판적으로 읽고, 문제를 인식하는 것에서 출발하여 질문에 맞는 답을 구하기 위해 추가로 다양한 자료를 찾고, 비교 검토하여 사료에 대한 학생 나름의 해석을 내리고 이를 표현하는 과정에서 필요한 물음이다. 다소 거창하고 막연하게 들리는 핵심 질문이나 중심 질문보다 좀 더 과정적, 단계적 의미를 부여하고, 탐구를 통해 규명하려는 의도를 담을 수 있다고 본다.

역사 탐구 질문의 층위

역사 탐구 질문은 크게 세 가지 차원에서 논의할 수 있다. 첫째, 역사교사가 연초에 교육과정을 재구성하면서 수업의 큰 틀과 원칙을 만들 때 던지는 근본적인 질문이다. 둘째, 대단원, 중단원 수준에서 단원 전체를 관통하는 문제의식을 담보하는 질문이다. 셋째, 구체적인 수업 장면에서 학습 목표를 달성하고 학생과 상호작용을 원활하게 하며, 역사적 사고를 촉발하는 질문이다. 이 세 가지 질문은 각각 수업의 방향타 역할, 단원의 주요 서사 구성, 실제 수업의 매개 구실을 하면서 서로 긴밀하게 연관되어 있다.

이와 관련하여 국내외 역사수업에서 실천한 탐구 질문의 사례를 살펴보면 탐구 논의의 새로운 시사점을 얻을 가능성이 있다. 사례 선정의 기준은 국내외를 막론하고 출판된 책자일 것, 개인보다는 집단적인 연구 성과를 우선할 것,

개인의 연구 성과일 경우 다년간의 수업 경험과 이를 정리한 자료가 공적인 웹사이트(전국역사교사모임 등)나 자격 연수 등에서 검증된 것으로 정했다.

먼저 살펴볼 자료는 연구자와 역사교사의 집단적 실천 사례로서 2019년에 출간된《역사수업, 함께 궁리하고 더불어 성장하다》에 실린 단원 수업계획([표 1-17])으로 탐구 질문의 방안을 담고 있다. 또 여러 역사교육 관련 논문에 인용되고 있으므로 어느 정도의 공공성을 확보했기에 소개한다.

이 자료는 특정 테마에 대한 개별적인 질문을 나열하는 방식을 지양하겠다는 문제의식과 자료와 질문이 긴밀하게 연계된 탐구를 실천하겠다는 목표에 따라 한 단원을 아우르는 수업계획을 세우려는 시도에 따라 작성되었다. 고려 시대를 최소 8차시, 여기에 수행평가를 더하면 10차시 정도로 계획하고, 여러 주제로 고려의 다양한 면모를 담아내되, 개별 수업에서 탐구할 주제에 맞는 질문을 던지고 일관성을 가지려 했다.

이 단원 구성표는 주제부터 중심 질문까지 차시 내의 일관성을 갖추고, 주제마다 문제의식을 명확히 하려는 의도가 엿보인다는 점에서 진일보한 측면이 있다. 하지만 여전히 대단원을 관통하는 문제의식이 선명하지 않다는 점이 걸린다. 고려 시대에 대한 사학사적 논의를 토대로 하는 큰 질문이 보이지 않는 것이다. 고려 시대 수업에서 학생들과 나누고자 하는 탐구의 지향점이 명확하지 않은 까닭이다.

예컨대, 고려는 종교적인 측면에서 볼 때 불교 국가인가 아니면 다양한 사상이 혼융된 국가인가 하는 문제는 아예 고려하지도 않았다. 고려가 어떤 정치 원리로 운영되었는지를 살피는 데도 부족한 면이 있다. 귀족제와 관료제 논쟁이 끝나지 않았고, 역사 교과서에는 애매하게 서술되어 있지만, 이 구성표에는 귀족제 논리를 기반으로 내용이 구성되어 있다. 한때 풍미했던 대로 고려를 다양성과 역동성, 지방성, 개방성을 지닌 벌집 구조의 사회로 볼 것인가, 고대 귀

[표1-17] **고려 시대 단원 구성표**[20]

주제		단원	수업 의도	내용 요소	자료	중심 질문
1	왕건 동상의 비밀	고려의 후삼국 통일	후삼국 통일의 의의 조명	후삼국 통일, 왕건의 정책	왕건의 혼인 가문 도표, 호족 귀부 사료, 왕건 동상과 기림 행위	삼국통일과 후삼국통일의 차이점은?
2	최승로의 시무 28조	문벌 사회의 형성	6두품, 호족이 귀족으로 변하는 과정	광종의 개혁, 귀족의 삶의 조건	과거제·노비안검법 사료 및 시무 28조, 귀족 가계	특권층의 형성은 당연한 것인가?
3	고려를 살린 두 사람	요와 항쟁	민족주의, 영웅주의 탈피	요와 세 차례의 항쟁	서희 담판 사료, 귀주 대첩 관련 지도	서희의 외교 협상을 어떻게 볼까?
4	가자, 서경으로	서경 천도 운동	내치와 연결된 외교적 판단	이자겸의 난, 묘청의 난	이자겸·김부식의 논리, 동아시아 형세도	고려의 외교, 최선의 선택은 무엇?
5	이 땅에 천민을 없애자	농민, 천민 봉기	고려 민의 저항 조명	무신정변, 망소이·만적의 난	무신정변 사료, 만적의 난 사료	오늘날에도 신분제는 존재하나?
5-1	만적의 난 극화 학습					
6	몽골에 맞선 고려인들	대몽 항쟁	대몽 항쟁의 주체와 활약 파악	강화 천도, 민의 항쟁, 충주성 전투	처인 부곡·충주성 전투 사료, 몽골에 끌려가는 참상, 황룡사 터 사진	내가 당시 충주성의 민이었다면 어떤 선택을 할까?
7	개혁의 깃발, 그러나	공민왕의 반원 자주 개혁	공민왕 개혁의 배경과 실상 파악	권문세족의 횡포, 공민왕의 개혁	전민변정도감·공민왕의 개혁 관련 사료	공민왕의 개혁을 어떻게 볼까?
8	고려를 지키는 방법	신진 사대부의 선택	고려 말 사대부의 입장과 노선 이해	사대부의 성장, 신흥무인 세력의 등장	당시 외교관계 지도, 신진 사대부의 활동과 입장을 드러내는 자료	고려를 어떻게 바꿀 것인가?
8-1	수행평가: 고려 문화유산 광고 만들기					

족사회에서 조선 관료제 사회로 넘어가는 과도기로 볼 것인가 하는 문제도 마찬가지다. 연구자에 따라서는 원 간섭기부터 조선 초기까지를 하나의 시대로 설정하고, 두 왕조의 단절보다는 연속성과 유사성에 주목하기도 한다.

위의 논의를 다 담지는 못했지만, 필자들은 단원 구성표에서 최소한 민족주의 서사의 과잉은 줄이려 한 것으로 보인다. 여전히 '서희의 담판'이라는 표현을 쓰고 공민왕의 반원 자주 개혁'이라고 했지만, 예전처럼 국난극복사의 맥락에서 서술하지 않고 비판적 시각에서 문제를 제기하려고 했다.

물론 이런 정도로 탐구 질문을 배열해도 역사 교과서 서술의 아쉬운 점을 단박에 해결하지는 못한다. 현행 교과서에도 여전히 '서희의 담판'이라고 쓰고 있다. 외교관계에서 상대가 바보가 아닌 이상 그냥 양보하는 법이 없으니, 담판보다는 협상이라는 말이 더 타당한데도 말이다. 공민왕의 반원 자주 개혁도 일관된 것이 아니라 원의 반응에 따라 모순된 태도를 보이고, 그마저도 공민왕 5년(1356) 무렵에 그치는 일인데, 마치 재위 기간 내내 굳건한 대응을 한 것처럼 서술되어 있다.

역사수업에서 탐구를 제대로 하려면 역사학의 논의가 어느 정도 정리되어 교과서나 교사용 지도서에 실려 있어야 하는데, 그것이 부족하니 탐구를 디자인할 지향점도 애매해진다. 다시 말해, 고려가 갖는 역사적 의미에 대한 판단이 뚜렷하지 않은 채로 재구성하려고 노력한 단원 구성표인지라, 이 실천 사례 역시 다방면의 질문을 조합하여 배치하는 데 그친 아쉬움이 있다.

이제 해외 자료로 브루스 A. 레시를 살펴보자. 그는 탐구 질문 관련 책을 두 권이나 집필했을 만큼, 이 주제에 문제의식을 갖고 주목해 왔다. 그는 [표 1-18]과 같이 3가지 층위로 탐구 질문을 분류하고 구체적인 사례와 내용을 제시했다.[21]

그 역시 연간 질문(역사수업의 목적에 의거하여 도출), 단원 수준 질문(해당 단원을

[표1-18] 브루스 A. 레시의 질문 유형

질문 유형	정의	사례	출처
연간 질문	학생들이 시간과 지리적 범위에 걸쳐 광범위한 내용을 조직하는 데 도움을 준다. 검토를 위한 조직자로 사용될 수 있으며, 연속성과 변화의 정도를 평가할 수 있다.	정치와 권력 • 다양한 사회적·정치적 집단이 미국의 사회와 정부에 어떤 영향을 미쳤는가? • 정치적 신념과 제도는 시간에 따라 어떻게 변화했는가?	AP 미국사 프레임워크
단원 수준 질문	수업 질문보다 넓지만 연간 질문보다는 좁다. 이러한 질문은 학생들이 하나의 단위에서 모든 사건, 아이디어, 사람을 하나의 조사 렌즈를 통해 고려하도록 돕는다. C3 Teachers 웹사이트의 조사를 이끄는 질문들은 단원 질문으로 잘 작동한다.	프랑스혁명은 성공적이었는가?	C3 교사 탐구
수업 수준 질문	90분을 넘지 않고, 조사연구를 이끄는 좁은 질문들이다.	폭동, 반란 혹은 봉기: 1960년대 도시 불안은 어떻게 기억되어야 하는가?	레시의 수업

관통하는 문제의식에 따른 큰 질문, 일종의 핵심 질문)을 설정하고, 이어 수업 수준 질문(개별 혹은 1~2차시 질문을 포괄하는), 즉 구체적 질문, 전개 질문, 과정적 질문으로 분류했다. 비유하자면 2022 개정 교육과정에서 핵심 아이디어에 해당하는 것이 연간 질문이고, 단원별 성취 기준에 버금가는 것이 단원 수준 질문이며, 수업 상황의 질문이 그 아래 배치되는 격이다. 이를테면 혁명은 연간 질문의 테마이며, 프랑스혁명은 단원 수준 질문의 뼈대이고, 혁명기 개별 사건의 경과나 영향 등은 수업 수준 질문이 될 수 있다.

다만 레시는 수업 수준의 탐구 질문에 관심을 더 많이 갖고 있었다. 연간 및 단원 수준 질문은 큰 질문이고, 타당하면서도 많은 사건을 포괄하게끔 구성하는 것이 쉽지 않다는 점, 그것을 구성하더라도 결국 수업 장면에서 던지는 질문을 통해 구체화되며, 학생들에게 실제로 묻고 해답을 찾는 과정은 수업 수준 질문에서 이행된다는 점에서 현실적인 여건을 고려한 것으로 보인다. 연간 또는 단원 수준 질문이 큰 힘을 지니고 있지만, 레시의 초점은 수업 수준의 탐구 질문 개발에 맞춰져 있다. 그가 수업 수준의 탐구 질문을 설계할 때 몇 가지 주요 지점이 두드러진다. 역사적 문제를 '문제화', 실질적인 역사 딜레마를 탐구, '인지적 불일치'를 창출, '인지적 퍼즐'을 제시, 학생들을 '역사적 문제 공간'에 배치하는 등의 구절이 그 예이다. 이러한 구절은 해석적 성격이 강한 역사의 핵심에 다가가는 질문 선택을 장려한다.[22]

위의 3층위 탐구 질문은 학생들의 시선으로 점검할 필요가 있다. 연간 역사수업의 큰 그림을 학생이 어느 정도 이해했는지, 재구성된 대단원·중단원에 담긴 문제의식을 통해 학생이 어떤 역사 인식을 갖게 되었는지, 개별 차시의 탐구 질문에 대해 학생이 어떤 노력을 기울이고, 그것을 어느 정도 해결했는지를 파악해야 한다. 이를 위해 [표1-19]과 같은 질문을 상정해 볼 수 있다.[23]

역사 탐구 질문의 구성

지금까지 논의한 바를 토대로 역사 탐구 질문을 어떻게 구성해야 하는지 실효성 있는 방안을 정리해 보려 한다. 역사수업의 여건을 고려하여 3가지 선행 작업부터 논의하겠다.

첫째, 탐구의 주체인 학생을 고려하는 교사의 선제적 고민이 필요하다. 교사 역시 자신의 탐구 경험이 부족함을 인정하는 데서 출발해야 한다. 교사들도 학창 시절에 탐구 활동을 제대로 경험하지 못했고, 사료 학습에 대한 낯설고 불편한 기억이 상당하다. 수업 상황을 염두에 두고 주제와 내용에 연관된 사료를 선정하고, 수업의 특정 시점에 제시하며, 적절한 발문을 던져 학생의 사고를

[표1-19] 3층위 탐구 질문 수업을 점검하는 질문들

연간	일 년간의 역사수업에서 얻은 것	• 그동안 배운 내용 가운데 자신의 삶이나 사회의 현상이 역사적 개념과 어떤 관련이 있다고 생각하는가? • 역사수업을 통해 성장한 부분이 있는가? 구체적으로 어떤 부분이 달라졌는가? • 탐구할 때 주로 어떤 방법을 활용했는가? 자신만의 독특한 방법이 생겼는가?
단원	특정 단원을 공부하면서 느낀 것	• 단원의 탐구 과정에서 내가 가장 의미 있다고 생각한 것은 무엇인가? • 탐구를 제대로 하기 위해서 어떤 노력을 했는가? 그 노력은 어떤 결과를 가져왔는가? • 이 단원에서 탐구한 내용을 실제로 내 생활에 적용한 적이 있는가?
차시	한 시간의 수업에서 노력한 것	• 탐구한 내용 중에서 개인적으로 궁금증을 갖고 더 찾아본 경험이 있는가? • 탐구 과정에서 참고한 책이나 영상, 인터넷 자료 등에는 무엇이 있는가? • 탐구하면서 어려웠던 점은 어떤 것이었는가? 그 어려움을 어떤 방식으로 해결했는가?

일깨우는 일은 경험이 많이 쌓여야 원활하게 진행할 수 있다. 또 학생의 문해력이 갈수록 부실해져 교사의 애초 계획대로 진행되지 않을 수도 있다. 학생의 선수 학습 상황을 진단하고, 문해력의 수준을 가늠하여 사료를 가공한다거나 주요 역사 용어를 풀어 설명하거나 각주를 달아주는 등의 배려가 필요하다.

게다가 역사수업의 구조적 문제라고 할 수 있는 것은 없는지 미리 따져보아야 한다. 수업 내용이 시수에 대비해 많다거나 다양한 탐구를 겪었는데도 입시나 평가의 측면에서 왜곡되거나 굴절되는 경우 등이 그것이다. 교과서에 제시된 탐구가 빈약하거나 장식성에 불과한 경우도 있는데 이 같은 난관 등도 극복해야 한다.

둘째, 교사의 전문성을 적극 발휘해야 한다. 교사의 전문성은 계몽적 설명의 유려함에 있지 않다. 수업의 상대이자 또 다른 주체인 학생이 스스로 탐구하도록 친절하게 안내하고 과정마다 적절한 피드백을 주어 방향을 잘 찾아갈 수 있도록 도와야 한다. 여기에 반드시 필요한 것이 질문이다. 내용을 잘 알고 학생을 잘 아는 상태에서 교사가 유효하고 연계성 있는 질문을 던질 때 전문성이 있다고 판단하기 때문이다. 특히 탐구의 초기에는 학생들이 힘들어하고 막막한 느낌을 호소하는 경우가 많으니 최대한 친절하게 안내하되 유효적절한 질문을 던져야 한다.

교사는 교재를 깊이 연구해 내용을 숙지해야 함은 물론이고 주요한 연구 성과를 토대로 역사적 관점을 형성하여, 이를 학생 수준에 맞게 질문으로 변환해야 한다. 본인의 충실한 연구에서 비롯된 효율적인 비계 설정과 학생 스스로 좋은 질문을 던질 수 있도록 방향을 제시하고 본을 보이는 질문 모델링이 매우 중요하다. 이를 위해 탐구 질문을 꾸준히 던지고 성패와 이유를 반추하며, 더 나은 질문을 구성하기 위해 동료 교사들과 질문을 공유하고 탐구를 세련되게 만드는 일련의 과정을 거쳐야 실질적인 전문성을 확보할 수 있다.

셋째, 해외에서 진행된 탐구 질문과 관련된 주요 논의를 참고해야 한다. 2010년대 초반에 한국 교육계에 영향을 끼친 사토 마나부의 '배움의 공동체'와 맥타이와 위긴스의 핵심 질문을 비롯하여, 역사과 논의로서 샘 와인버그와 키스 바튼의 탐구 질문 논의를 세밀하게 검토할 필요가 있다. 배움의 공동체에서 중시하는 '점프 과제'는 학생의 사고를 도약시키는 질문이라는 뜻에서 붙인 이름이다. 다만 해당 차시 수업에서 한 단계 나아가는 질문들이 대부분이어서 연간 질문이나 단원 수준 질문이 아니라 수업 수준의 다양하고 참신한 질문이라는 특징이 있다. 탐구 질문에 앞서 소개한 맥타이와 위긴스의 핵심 질문은 IB를 통해 탐구 질문이라는 형식으로 변주되어 알려지고 있다. 그런데 1장에서 살펴본 바와 같이, 핵심 질문 논의대로 역사적 사건 몇 개를 묶어 하나의 핵심 개념으로 부를 수 있을지 우려되며, 그래서 더 많은 논의가 필요하다. 역사 과목에서 비교적 잘 알려진 샘 와인버그의 '역사가처럼 읽기'는 중심 질문 아래 출처 확인, 교차 검증, 맥락화 등의 과정을 준용하면서 탐구를 진행하는 것으로 되어 있다. 다만, 이 3단계는 역사 고유의 사고방식이라기보다는 다른 학문에서도 활용되고 있기 때문에 역사학습의 효율을 높이는 비판적 읽기 방식으로 간주해야 할 것이다.[24]

이제 역사 탐구 질문에 필요한 원칙을 정리해 보겠다. 역사 탐구에서 가장 중요한 기준은 역사적 질문인가, 역사다운 질문인가, 또는 역사적 의미가 있는 질문인가, 그리고 결과적으로 볼 때 역사수업에 필요한 질문인가 여부가 될 것이다. 탐구가 단순히 자료조사-분석-해석 등으로 이어지는 기능적 행위가 아니라면, 탐구라는 그릇에 담을 내용이 역사적으로 중요하고 의미가 있는지 파악하는 것이 필수적이다.

역사적 의미가 있는 질문이란 먼저 사학사적으로 중요한 질문인지를 따져 보아야 할 것이고, 교육과정 및 교과서에서 중시하는 질문인지도 분별해야 한다. 질문을 제시하는 방식도 중요하다. 기본 사료와 밀착한 질문이라야 역사적 의미를 규명할 수 있을 것이고, 기본 사실에서 의미 해석까지 세밀하게 접근하는 질문이라야 학생들이 큰 혼선 없이 효율적으로 탐구를 수행할 수 있다. 한두 번의 탐구로 그칠 것이 아니므로, 장기적 관점에서 볼 때 학생들의 역사 문해력을 향상시킬 수 있는 질문이라는 조건도 충족해야 하며, 역사학습을 통해 자연스럽게 학생들의 역사의식을 제고할 수 있는 질문이면 더욱 좋을 것이다.

두 번째 기준은 학생의 삶과 연관 있는 질문이다. 탐구의 목적이 학생 스스로 자료를 비판적으로 읽고 구성적으로 표현하는 것이라면, 탐구 질문의 수준과 해결 방식은 학생이 감당할 수 있는 것이라야 한다. 일차적으로 학생 수준에 맞는 탐구를 돕는 질문이라는 자격이 필요할 것이고, 어떤 과제든 흥미와 집중을 유지하려면 학생의 일상생활과 관련 있는 질문이 호소력이 높다. 일상 속에 역사적 흔적이 있거나 해외 토픽에 나오는 현실의 문제들을 놓고 그 역사적 연원을 거슬러 가보는 활동을 기획해야 한다. 현대 사회의 논쟁이나 이슈와 연관된 질문이면 더 많은 참여가 가능할 것이며, 교사 및 동료 학생과 함께 생각하도록 이끄는 질문일수록 집단지성의 도움으로 해답이 충실할 가능성이 크다.

세 번째 기준은 교육학적인 완성도이다. 앞선 두 가지 요소, 즉 역사학적 중요성과 학생 삶과의 관련성은 김민정과 레시의 주장을 소개한 바 있다. 필자 역시 여기에 동의하며, 하나 더 추가하여 질문의 완성도를 논하고자 한다. 역사적 의미 및 학생과의 연관성을 충족했더라도 질문의 기본적인 외양이나 조건을 갖추지 못하면, 학생들이 질문의 요지를 이해하고 순리적인 절차에 따라 단계적으로 탐구를 이행하지 못하는 결과를 초래할 수 있다.

질문이 수업 상황에 따라 유동적이지만, 기본 요소와 단계를 갖춘 질문, 자료 및 교과서 본문과 유기적 연관을 지닌 질문, 다양한 해석이 열려 있는 질문 등의 속성이 꼭 필요하다. 여기에 위긴스와 맥타이가 강조한 지속적으로 회자될 수 있는 질문과 전이 효과가 높은 질문을 구사하면, 하나의 주제 아래 여러 개의 유효한 질문들이 연속체를 이루면서 학습 효과를 극대화할 수 있다.

위의 3원칙을 동시에 의식하면서 질문을 구성할 때 고려할 요소를 짚어보면, 아래와 같이 다양한 질문이 가능하다.[25]

- **질문이 과거와 현재를 연결하는가?**
- **질문이 학생들이 과거의 자신만의 이해를 구성할 수 있도록 하는가?**
- **질문이 역사적 사고의 한 측면을 수업의 중심에 위치시키는가?**
- **질문이 학생들이 진정으로 대답해야 하는 가이드 질문에 따라 활기차고 실질적인 활동을 하도록 하는가?**
- **질문이 학생 자신의 신념을 검토하도록 도전하는가?**
- **질문이 적절한 양의 내용을 대표하는가?**

- 질문이 중·고등학생들의 지속적인 관심을 유지하는가?
- 질문이 학생들에게 나이, 학년, 주제에 적합한 인지적 도전을 제공하는가?
- 질문이 아이디어를 의미 있게 탐구할 수 있게 하는가?
- 질문이 학생들이 증거 기반의 총괄적인 논증을 구성하게 하는가?

한편, 김민정은 브래드 포고의 견해를 인용하여, 탐구 질문을 선정할 때 유의할 점을 다음과 같이 제시했다.[26] ① 중심 질문은 역사학 연구 성과와 논쟁 위에 기초해야 하고, ② 다른 해석에 열려 있어야 하며, ③ 학생들이 수업이나 짧은 차시의 수업시간 이내에 다룰 수 있어야 하고, ④ 학생들에게 탐구의 목적을 제시하고 관련 증거를 문서에서 찾도록 지시하며, ⑤ 해석적이고 개방적이고, 평가적이며 판단을 유도해야 한다.

특히 관심이 가는 부분은 ③의 조건이다. 한 차시 수업이나 설정한 시간 안에 해결 가능한지 여부는 역사 탐구를 실천하는 데 중요한 고려 사항이다. 질문이 너무 크거나 사료의 양과 수준이 맞지 않거나 학생의 문해력이 뒷받침되지 않는 경우를 미리 살펴야 한다. 탐구를 실천하고 그에 따른 결과물을 낳고 성공 경험으로 쌓아갈 때, 역사 탐구를 학생들이 주도적으로 실천하는 모습을 그려볼 수 있기 때문이다.

이와 관련하여 브래드 포고와 조엘 브레이크스톤은 역사 문서 세트를 선정할 때 유의할 점을 다섯 가지로 꼽았다. ① 문서는 중심 질문을 언급해야 한다. ② 그 출처 정보나, 그 자료가 작성된 맥락의 측면에서 역사 내용이 풍부한 문서를 찾는다. ③ 문서 세트는 상이한 관점을 제시해야 한다. ④ 학생들은 서로 충돌하거나 관련된 논쟁을 제시하는 여러 종류의 증거들을 다루어야 한다. ⑤ 내러티브를 채워나가는 문서 세트가 아니라, 오히려 학생들이 주장, 증거 및 관점을 평가할 수 있도록 하는 문서 세트를 만드는 것이 중요하다.[27]

여기서도 주목할 지점이 두 가지 있다. ③의 조건처럼 교과서에 제시된 내용을 입증하는 사료와 그에 반하는 사료를 제시하여 교과서의 서술을 상대화하고, 어떤 근거를 바탕으로 서로의 주장이 경합하는지 확인하고, 더 합리적으로 진술된 자료를 학생들이 증거로 삼도록 하는 작업의 필요성을 환기시켰다. 또 ⑤의 조건처럼 적당히 내러티브를 따라가는 게 아니라, 다양한 주장, 증거, 관점이 제기되는 가운데 자신의 눈으로 판단하고 사료의 의미를 평가하는 과정을 중시하고 있다. 교사는 이와 같은 문서 세트를 연초부터 신중히 선정하고, 자료를 가공해 그를 순서대로 배열하고, 교과서 본문과 연관성을 갖게 하고, 때로는 수행평가로 기획하여 학생들의 집중도를 높이는 등의 치밀한 궁리가 필요하다. 일상적인 역사 탐구가 쉽지 않기 때문에 잘 고안된 질문 연속체를 구성하여 학생들에게 친절하게 제시해야 한다.

아울러 역사 탐구가 제대로 진행되려면, 교과서 본문을 탐구의 관점에서 새롭게 진술한다거나 잘 구성된 탐구 질문을 예시로 보여주는 작업이 선행되어야 한다. 최근까지도 교과서를 살펴보면 탐구를 표방하지만 탐구답지 않은 경우가 많이 눈에 띈다. 자료가 부실하게 주어지거나 의미가 모호한 질문, 탐구의 타당성과 필요성에 의심이 가는 부적절한 질문, 때로는 비역사적인 질문에 이르기까지 탐구에 대해 주의하고 개선해야 할 지점이 많기 때문에 적절한 샘플이 필요한 것이다.

그런데 탐구하는 사료마다 이렇게 많은 질문을 던져야 할까 하는 고민이 문득 생길 수 있다. 나열된 질문들의 순서와 위계는 어떠해야 할까? 이 질문들을 한두 차시 안에 다 소화할 수 있을까? 한 차시 내내 사료 하나를 두고 씨름하는 것이 얼마나 의미가 있을까? 등등 고려해야 하는 지점이 많다.

더 현실적인 문제는 학생들이 사료를 비롯한 역사 자료를 보면서 역사적으로 의미 있는 질문 혹은 핵심 질문(중심 질문)을 쉽게 떠올릴 수 있는가 하는 점이다. 역사 탐구의 출발점이 질문을 제기하는 것이지만, 수업에서 간단한 질문조차 오가지 않는 현실에서 학생들이 질문을 자연스럽게 떠올리기 쉽지 않을 것이다. 질문은커녕 사료 읽기에 대한 낯섦과 두려움이 있는 학생들이 스스로 질문하기를 바라는 것은 그저 역사교사의 희망 사항일 가능성이 크다.

앞에서도 역사 탐구를 기획하는 과정부터 실제 수업 장면까지 역사교사의 역할이 중요하다는 점을 언급한 바 있다. 교사가 먼저 중요한 사료를 선택하고, 다양한 각도로 살펴볼 수 있도록 준비할 필요가 있다. 탐구의 전형적인 순서를 따르자면, 학생들이 스스로 역사적으로 의미 있는 질문을 제기하며 관련 사료를 찾아 나서야 하겠지만, 처음부터 가능한 일이 아니다. 사료 학습에 익숙해지기까지는 교사가 먼저 시대의 흐름을 파악할 수 있는 사료를 찾아 꼼꼼히 분석하고, 행간을 읽으며 상상하기 좋도록 정돈해서 학생들에게 제시해야 한다.

이 과정에서 학생들이 사료를 잘 이해할 수 있도록 (의미가 훼손되지 않는 범위 내에서) 가공해야 한다. 긴 글은 문맥을 살펴 중간중간에 문단을 나눠 학생들이 쉽게 흐름을 파악할 수 있도록 해주고, 형식도 줄글 형태가 아니라 필요에 따라서는 인터뷰, 연극 대본, 웹툰의 말풍선 속 대사 등으로 다양하게 구성하면 학생들의 몰입도가 높아진다.

여기서 또 한 번 교사의 역할이 필요하다. 사료에 걸맞은 적절한 질문에 대한 모델링을 해줘야 한다. 사료의 종류 그리고 수업 속 비중과 역할에 따라서 어떤 것은 기초적인 육하원칙 정도의 질문을 하게 하고, 또 어떤 것은 특정 인물이나 사건에 대해 꼬리에 꼬리를 무는 질문을 하도록 이끌 수도 있기 때문이다. 이 부분은 교사의 수업 전문성에 해당하는 영역에 속한다. 배경-경과-결과-의의 식의 수업을 탈피하고자 한다면, 혹은 비현실적이고 이상적인 사료 학습의 원론에서 벗어나고 싶다면, 역사교사들이 반드시 이런 작업을 하면서

[표1-20] 중등학교 과정에서 실행할 수 있는 4가지 탐구 수준[28]

1수준	2수준	3수준	4수준
확인 탐구 (Conflanation Inquiry)	구조화된 탐구 (Structured Inquiry)	지도된 탐구 (Guided Inquiry)	열린(진정한) 탐구 (Open/True Inquiry)
학생들에게 탐구를 소개하고 익숙하게 하는 데 초점이 있다. 사료를 분석하여 사전에 정해진 결론에 도달하는 것과 같은 필수적인 기술을 배운다.	학생들의 탐구 경험을 강화하는 데 초점이 있다. 특정 기능을 연습하고 사료를 분석하여, 자신만의 결론에 도달한다. 학생들은 탐구 가능한 질문 목록에서 선택할 수 있다.	학생들이 자신의 질문을 설정하고 계획을 세우고 탐구를 수행하여, 자신만의 결론에 도달하도록 돕는 데 초점이 있다.	학생들이 자신의 질문을 설정하고, 개방된 절차를 통해 설계하고 따르며, 결과/발견 사항을 소통하는 데 초점이 있다.

노하우를 쌓아야 한다.

이렇게 교사가 탐구 질문을 정련한다고 하더라도, 역사 탐구의 초기에는 학생들이 역사적 질문을 던지고 사료를 찾는다기보다 먼저 일상 수업에서 사료를 갖고 탐구하는 것을 충분히 연습할 필요가 있다. 교사의 질문 모델링과 학생의 탐구를 몇 차례 반복하면서 사료 학습에 익숙하게 만들어야 한다. 이후 대단원 마무리 차원에서 사료 학습을 본격적으로 진행하거나 수행평가와 연계하여 학생들이 자기 주도적으로 사료를 탐구하는 과정으로 수업을 디자인할 수 있을 것이다.

역사 탐구 질문에 대한 논의를 하면 할수록 떠오르는 생각은, 탐구가 손쉽게 학생이 수업을 주도하는 방안이고 질문이 그저 학생들에게 생각을 열기 위해 던지는 행위가 아니라는 점이다. 학생들에게 지나치게 많은 해석적 자유를 허용할 경우, 그들은 '지나치거나 근거 없는 과거에 대한 관점을 구축하거나 강화할 위험'이 있다. 따라서 역사수업이 탐구 공동체로 작동하려면 교사의 '능숙한 지도'가 필수적이며, 교사는 학생들이 해결하려는 질문이 역사학자들에

의해 어떻게 다뤄지고 있는지 이해해야 한다.[29]

개별적 질문의 나열에는 분명한 한계가 있기 때문에, 단원을 관통하는 탐구 질문을 상정할 때 그것이 단원 전체에서나 개별 차시에도 두루 의미 있게 제시되어야 한다. 그리고 질문은 사실관계 이해로부터 의미 부여까지 나아갈 수 있는 탐구의 추진체이므로 탐구의 성격을 살릴 수 있어야 한다. 무엇보다도 역사적 비중을 따져 역사수업에서 꼭 필요한 내용인지를 되묻고 내용에 가장 걸맞은 방식으로 탐구를 진행하는 질문으로 다듬는 것이 중요하다.

2장

세계사 수업의 탐구 질문 성찰

세계사 수업 논의에서 지속적으로 제기된 쟁점은 내용 구성의 기본 틀에 유럽중심주의가 강력하게 작동해 왔다는 사실이다. 유럽을 우월한 존재로 보고 보편적 세계로 여기며 근대화를 창출한 지역으로 서술하는 관행은 갈수록 줄어들고 있다. 그럼에도 전체적인 구성과 서술 기조에 뚜렷한 변화를 체감하기 어렵다.

2007 개정 교육과정 이후 유럽 중심의 강력한 서사가 약해지고, 그동안 주목받지 못했던 지역의 역사가 다수 포함되면서 좀 더 풍부하고 세계사다운 내용을 담고자 했다. 하지만 학생들이 배워야 할 '기타사' 지식이 크게 늘어난 반면 이를 꿰어주는 일관된 체계가 없기 때문에, 과도하게 세계 역사를 아우르려 한다는 점에서 이른바 망라주의라는 지적을 받았다.

세계사 수업의 또 다른 쟁점은 여성주의의 등장이다. 2015 개정 교육과정(2018년 수정)에서 새롭게 도입되었고, 2022 개정 교육과정에도 포함된 여성주의 요소에 대한 검토는 꼭 필요하다. 갈수록 사회적으로 민감한 이슈가 되고 있는 페미니즘 문제를 제대로 바라보고, 역사 속에 존재했던 여성의 이야기를 역사 서술에 자연스럽게 담아내는 작업이 절실하다.

유럽중심주의 지양, 기타사의 비중 확대, 여성주의를 품은 역사는 곧 생동감 있는 탐구 질문의 소재가 될 수 있다. 신항로 개척, 인도사, 여성 참정권 등의 수업 사례를 탐구 질문의 관점에서 성찰하면서 쟁점 해결의 실마리를 찾아보자.

1

신항로 개척 수업을 돌아보며

신항로 개척과 유럽중심주의

신항로 개척을 대표적인 주제로 선정한 이유는 유럽의 우위를 상징하는 사건이자 세계사 전개상 중요한 분기점이라는 일반의 인식이 여전하기 때문이다. 여러 차례의 교육과정 개정 과정에서 신항로 개척의 비중은 많이 낮아졌고, 과거처럼 이를 세계사의 전환점으로 보지 않지만 여전히 교과서 서술 곳곳에 유럽 중심적인 시선이 남아 있다. 심지어 2015 개정 교육과정(2018년 수정)《역사 1》교과서의 특별 코너에 아직도 '신대륙 발견'이라는 표현이 있을 정도다.

2000년 당시 미국《뉴욕 타임스》에서 서기 1000년부터 2000년까지 1,000년 사이에 벌어진 사건 중에 가장 중요한 사건을 선정했는데, 크리스토퍼 콜럼버스가 서인도제도에 도착한 것이 2위를 차지했다(1위는 구텐베르크의 인쇄술 발명이었다). 서구인들에게 콜럼버스는 매우 중요한 인물임을 다시금 확인할 수 있었다.

일찍이 데이비드 흄은 "인간은 수렵과 어로에서 농업 단계로, 그리고 다시 상업이 지배하는 단계로 발전해 나가며, 상업이 지배하는 단계는 오직 유럽만이 주로 지리상의 발견 덕분에 도달했다"라고 말했으며, 애덤 스미스는 "검은 아프리카와 북아메리카의 미개한 수렵 채취인들은 제1단계에, 중앙아시아의 유목민들은 제2단계에, 오리엔트 대부분은 농업 단계에 속하고(봉건적 단계로 불리기도 했다), 서유럽만이 제4단계, 즉 상업 단계의 완전한 발전에 도달했다"라고 주장했다.[1]

연구가 거듭되면서 신항로 개척의 의미가 실제보다 많이 부풀려졌으며, 서구의 약진을 신화화하는 등 문제가 많다는 비판이 이어졌다. 한승동의 지적을 들어보자. "18세기까지 경제적으로 우위를 차지한 것은 유럽이 아니라 여전히 아시아였다. 유럽은 그때까지 '프롤레타리아 대륙'이었고, 그들이 15세기 이후 다른 세계로 돌진해 간 것은 힘이 넘쳐서라기보다는 그들에게 부족했던 것을 찾아 나선 결과였다. 그 과정은 결코 평화로운 상호 교류의 수평적인 확대가 아니었다. 오히려 지나치게 폭력적이었다. 그것은 끊임없는 무력 충돌과 전쟁, 무자비한 경제적 착취, 환경 파괴, 종교적 탄압을 동반한 수직적 구조의 세계 형성으로 귀결된 비극의 역사였다. 유럽을 꼭대기에 앉힌 위계적 근대 세계의 형성은 바로 '폭력의 세계화'였고 '불평등의 구조화'였다."[2] 그에 따르면, 콜럼버스 항해 이후 곧바로 유럽의 우위가 확정됐다고 보는 것은 착각이며, 그런 시각에는 지금의 유럽 우위의 역관계가 투사되어 있다는 것이다.

유사한 맥락에서 1500년 무렵을 유럽의 흥기와 세계 지배의 전환점으로 보는 시각은 교정되어야 한다는 주장도 있다. 이영효는 "당시 경제의 선진지역은 명·청 시대의 중국, 인도의 무굴제국, 페르시아의 사파비왕조, 튀르키예의 오스만제국이었는데, 이 지역들은 모두 유럽보다 강한 경제력, 정치력, 군사력을 지니고 있었다. 16세기의 포르투갈이, 17세기의 네덜란드가, 18세기의 영국이 세계무역을 좌지우지했다는 것은 어불성설이다"라고 주장하며, 유럽이 세계 경제의 패권을 거머쥔 것은 지난 2세기 정도이며 긴 역사에서 보자면 단막극에 불과하다고 강조했다.[3]

케네스 포메란츠는 "1800년 이전 서유럽이 다른 구세계보다 자본을 더 많이 보유했다거나, 유럽이 자본 축적에서 상당한 우위를 점하게끔 만든 일련의 증거는 거의 없다. 유럽의 우위는 식민지에서 획득한 지식 덕분에 촉진되었다. 아울러 어느 정도는 아주 중요한 특정 자원(석탄)의 발견이라는 뜻밖의 행운 덕택에 가능했다"라고 짚었다.[4]

여기에 더해 주경철은 "유럽에서 일어난 군사혁명은 결과적으로 전 세계에 폭력이 더욱 넘쳐나도록 만들었다. 근대 초기는 역사상 가장 호전적인 시기였다. 군사상의 혁신이 일어난 곳은 유럽이지만 장기적으로 보면 그 결과는 유럽 바깥에서 더 크게 나타났다. 유럽 내의 폭력성이 바깥으로 넘쳐난 것이라 할 수 있다. 해외로 나가 벌인 전쟁은 적들을 완전히 지배하고 정치제도를 항구적으로 변경시키고 또 가능한 한 많은 재산을 강탈하는 식으로 치러졌다"고 유럽의 약진 배경을 설명했다.[5]

요컨대 유럽의 결핍이 해외로 나선 배경이고, 내부적으로 강력한 제국이 없는 상황에서 엇비슷한 세력들이 겨루다 보니 무기와 전법 등의 군사혁명이 일어났다. 이를 바탕으로 외부 지역을 폭력적으로 차지하고 지배했는데, 현재의 세력 구도를 놓고 거꾸로 과거 역사를 설명하고 합리화한다는 것이다.

이제 필자의 신항로 개척 수업을 되짚으면서 수업의 주요 서사를 살펴보고, 그에 대한 학생들의 질문을 분류할 것이다. 또 탐구 질문의 관점에서 필자의 글쓰기 평가를 '평가'하고 대안을 생각해 보려 한다. 아울러 한 해 수업이 끝나고 학생들에게 받은 설문에서 신항로 개척에 대한 학생들의 생각에 어떤 변화가 있었는지 음미할 것이다.

수업 지상 중계: 신항로 개척 수업

우선 신항로 개척 수업의 활동지와 콜럼버스에 대한 교사의 설명 일부를 소개한다.

10-1 신항로 개척의 빛과 그림자

뭐 했더라? ▶ 지난 시간에 배운 내용을 더듬어 봅니다.

1. □□제국은 스스로 몽골의 후손임을 강조했으며, 인도에 이슬람교를 전파했다.
2. 힌두-이슬람 문화가 융합된 대표적인 건물로 샤자한 황제가 황후를 기리기 위해 만든 것은?

미리 보기 ▶ 오늘 공부할 내용을 낭독합니다.

1. 신항로 개척의 배경과 전개 과정을 말할 수 있다.
2. 신항로 개척의 결과를 설명할 수 있다.

역사 속으로 ▶ 교과서를 읽으세요.(119~120쪽)

개념 잡기! ▶ 오늘 배울 핵심어를 교과서에서 찾아 빈칸을 채워보세요.

1. 배경
   - 동방에 대한 관심 : 십자군 전쟁 이후 동방 무역 활발 (동양의 향신료, 비단, 차 등이 유럽에서 인기), 마르코 폴로 - (   ) 관심
   - 경제 : 오스만제국과 이탈리아 도시 국가들을 거치지 않고 동방과 직접 무역을 추구
   - 종교 : 크리스트교 전파에 열정
   - 과학기술 : 조선술, 항해술 발달, 나침반 등 지리 지식과 도구 보급
   - 정치 : 대서양 연안에 중앙집권 국가 성립 → 탐험 후원

2. 전개 과정

포르투갈	디아스	희망봉 발견 (1488)
	가마	희망봉을 거쳐 (　　　　　)로 가는 항로 개척 (1498)
에스파냐	(　　　　　)	대서양을 횡단하여 아메리카 대륙(서인도제도) 도착 (1492)
	마젤란	최초로 세계 일주 성공 (1519~1522)

3. 결과

- 무역의 중심지 이동 : 지중해 → (　　) 연안 → 포르투갈, 에스파냐 번영 → 이후 영국, 프랑스, 네덜란드 등이 식민지 확보 적극 추진
- 가격 혁명 : 아메리카에서 다량의 금, 은 유입 → 물가 상승, 화폐 가치 하락 → 화폐로 토지세를 받던 귀족층 몰락/상공 시민 계층 성장
- 상업 혁명 : 유럽은 넓은 해외 시장 확보 → 상공업 발달, 경제적 번영 → 주식회사 등 근대적 기업 등장, 상업 자본 성장 ⇒ 근대 자본주의 바탕 마련
- (　　　) 무역 : 유럽(무기, 면제품) ↔ 아프리카(흑인 노예) ↔ 아메리카(사탕수수, 담배, 커피)

한 걸음 더 ▶ 앞서 배운 내용을 바탕으로 모둠원들과 의논하여 과제를 해결합니다.

1. 아래의 글을 읽고 서로의 생각을 말해보자.

(가) 포르투갈은 브라질을 식민지로 삼았고, 아시아의 향료무역을 독점했다. 중·남부 아메리카를 침략한 ㉠□□□□는 원주민과 아프리카 흑인을 노예로 삼아 광산 개발과 대농장 경영에 이용했다. 이들 나라는 막대한 양의 금과 은을 챙겨 부자 나라가 되었고, 이것이 유럽으로 흘러들어가 유럽 경제를 크게 바꿔놓았다. 물가가

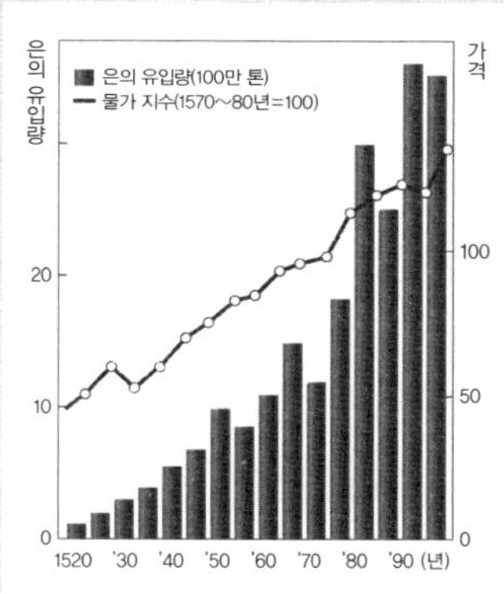

크게 올라 토지세에 의존하던 지주와 귀족이 몰락하고, 상공 시민 계층이 큰돈을 벌었으며, 상업이 눈부시게 발달한 덕분에 주식회사와 같은 근대적 기업이 나타나 자본주의가 발달할 수 있었다.

(나) ㉡□□□ 회사는 네덜란드, 영국, 프랑스 등이 아시아 지역과의 무역을 위해 만든 회사로, 정부로부터 허락을 받고 군대를 거느리고 다른 나라와 조약을 맺을 수 있는 강력한 권한을 갖고 있었다. 이를 통해 유럽 국가들이 아시아 시장에 진출하면서 은을 주요 화폐로 삼아 세계적인 교역망을 갖춰 나갔다.

1) 빈칸 ㉠과 ㉡에 들어갈 말은?
2) (가)의 밑줄 친 사실을 일컫는 말은?
3) 그래프에서 제시한 은의 양으로 미루어볼 때, 유럽 경제에는 어떤 변화가 생겼을까?

2. 아래의 글을 읽고 내 생각을 정리한 다음 친구들과 나누어 봅시다. (유럽인, 원주민, 한국인의 입장 고려)

유럽과 미국에서 콜럼버스는 자신이 옳다고 믿는 것에 목숨을 내던지는 도전 정신과 위기를 극복하는 리더십, '콜럼버스의 달걀' 일화 등이 부각되어 영화나 위인전에서 영웅으로 소개되고 있다.

또한 미국, 에스파냐, 아메리카 몇몇 국가들은 콜럼버스가 아메리카에 처음 도착한 10월 12일을 '콜럼버스의 날(Columbus Day)'로 기념하고 다채로운 행사를 벌이기도 한다.

반면 과테말라의 원주민 인권운동가 리고베르타 멘추(1959~)는 유럽의 라틴아메리카 침략 이후 계속되어 온 인디오에 대한 억압과 차별에 맞서 싸워왔다. 그녀는 자신의 책에서 "콜럼버스의 신대륙 발견은 백인에게는 축제이지만, 우리 원주민에게는 바로 억압의 시작일 뿐입니다. 백인들이 이 아름다운 아메리카 땅에 발을 들여놓은 이후, 우리는 언제 죽을지 모르는 공포와 고통 속에서 살았습니다. … 과테말라의 민주주의와 소수 민족의 인권을 위해 함께 투쟁합시다"라고 호소했다. 콜럼버스가 이른바 '신대륙'에 도착한 지 500주년 되는 해인 1992년, 그녀는 노벨 평화상을 받았다.

- 유럽인 입장 :
- 원주민 입장 :
- 한국인 입장 :
- 의견 정리 :

교사: 에스파냐는 영어로 스페인이라 부르는 나라입니다. (지도에 콜럼버스의 항로 표시) 포르투갈이 동쪽으로 갔으니까 그들은 서쪽으로 갑니다. 여기에 아메리카 대륙이 있다는 사실을 몰랐기 때문에 동쪽으로 가는 포르투갈과 반대로 서쪽으로 계속 가면 인도가 있을 거라 생각한 거죠, 누가 갔냐 하면?

학생: (씩씩하게) 콜럼버스~~

교사: 네, 콜럼버스가 갔는데, 그건 영어식 이름이고 원래 이탈리아 사람이라 꼴론입니다. 어디에 도착했냐 하면 오늘날 서인도제도의 산살바도르였어요. 그다음엔 쿠바, 그다음엔 몇 차례 지진이 났던 아이티 같은 데를 둘러봤지요. (지도에 '서인도제도 도착') 그런데 콜럼버스는 여기가 인도라고 철석같이 믿었어요. 그래서 거기 살고 있던 사람들을 덮어놓고 '인디언'이라고 한 거죠. 꽤 오랫동안 그렇게 불러왔기 때문에 원래 인도 사람들(인디언)과 구별하기 위해서 이곳 원주

H. 벤조니의 《아메리카 대륙의 발견》(1596)에 수록된 테오도르 드 브리의 동판화 〈콜럼버스의 첫 신세계 상륙〉

민을 서인도제도 인디언, 아메리카 인디언, 이라고 구별해 부른답니다.

그가 이곳에 도착한 1492년은 여러모로 기억해둘 만한 시기인데, 내가 이 연도를 외우려고 굉장히 많이 노력했어요. 거짓말과 상상을 보태서 이렇게 외웠습니다. 콜럼버스가 항해를 시작하고 70여 일 만에 처음 육지를 봤어요. 너무 흥분해 배에서 뛰어내리다 그만 구두가 벗겨져 바닷물에 빠졌죠. 그래서 콜럼버스는 이렇게 소리쳤어요. 아이(1), 내(4) 구두(92)!

학생: (웃음)

교사: (ppt에 '이 항해를 신대륙 발견이라 불러야 할까' 제시) 그런데 처음에는 콜럼버스가 서인도제도에 도착한 것을 '신대륙 발견'이라 불렀어요. 이 말은 맞는 말일까요, 틀린 말일까요?

이 그림은 콜럼버스가 산살바도르에 도착했을 때 모습이에요. 콜럼버스가 원주민들에게 금이 있는지를 손짓과 발짓으로 물으니까 원주민들이 순진하게도 금을 가지고 왔대요. 그런데 콜럼버스 일행은 총을 들고, 칼도 차고, 십자가도

세우고 있지요. 뭔가 느낌이 이상하죠? 얼마 뒤에 에스파냐인들이 이곳을 식민지로 만들었습니다. (사진 위에 '식민지로 전락' 제시) 아메리카에도 나름대로 문명이 있었지만, 이 사람들은 총이나 대포, 말 같은 것을 처음 봤어요. 그래서 소수 침략자에게 속절없이 당하게 됩니다.

그런데 아메리카의 토착 문명, 원래 있던 문명 중 혹시 들어본 게 있나요?

필자의 주요 서사는 밑줄 친 부분이다. 동방 무역 길을 개척하기 위해 에스파냐 배를 탔지만, 콜럼버스는 이탈리아 태생이다. 당시에는 다양한 국적의, 욕망을 가진 해양 탐험가들이 많았음을 일러주었다. 지도상으로 인도와 서인도를 구별해 주고, 그가 도착한 해인 1492년을 꼭 기억하게 하려 했다. 이어 '신대륙 발견'이라는 용어에 문제를 제기하면서 (선량한) 원주민의 존재를 밝히고, 그들이 서양의 침략으로 비극적 운명에 빠졌음을 설명한다. 아울러 원주민의 문명을 아는 게 있는지 질문하고, 학생들의 답을 통해 나름의 뛰어난 문화가 발달했음을 상기시키면서 수업 후반부에 나오는 라틴아메리카-아프리카로 연결한다.

이 수업 말미에 학생들이 쓴 평가를 보면서 학생들이 교사의 수업 의도를 어떻게 받아들였는지, 새롭게 알게 된 점은 무엇인지, 추가로 더 궁금한 내용은 무엇인지 피드백을 받을 수 있었다. 수업 후 알게 된 점은 대체로 교사의 의도에서 벗어나지 않았으며, 학생들은 그동안 잘못 알고 있었던 점을 바로잡거나 신항로 개척 이후의 역사적 변화를 이해하는 경향을 보였다.

■ 수업 후 새롭게 알게 된 점

– 유럽에서 아시아로 도달하기 위해 엄청난 노력을 했고, 그 과정에서 우연히 아메리카 대륙을 발견했다.

– 콜럼버스가 신대륙을 최초로 발견한 것이 아니다. 콜럼버스 이전에도 항해한 사람이 있었다.
– 콜럼버스가 원주민에게 못된 짓을 했다.
– 신대륙 발견이 아니라 신항로 개척이 올바른 용어이다.
– 유럽인들이 원주민들을 무시했으며, 삼각무역, 노예무역 등으로 많은 원주민이 희생되었다.
– 유럽은 신항로 개척 이후 가격 혁명으로 사회가 변화하고, 상업 혁명으로 엄청난 성장을 했다.

관심이 가는 것은 학생들의 심화 확장된 질문인데, 교사의 수업 의도를 이해했어도 기존의 관성대로 묻는 경우가 있었다. 유의미한 질문은 대략 5가지 정도로 유목화할 수 있었다. 콜럼버스 자신을 포함한 당대 유럽인, 원주민 등 다양한 주체의 시선으로 궁금한 지점을 말하거나 오늘날의 평가에 관심을 많이 보였다. 또 다른 역사의 가능성을 생각해 보는 질문도 흥미로웠고, 교사가 생각하지 못한 질문도 있어서 하나의 수업에도 다양한 결의 자기 서사와 질문이 생길 수 있음을 깨달았다.

■ 궁금한 점, 헷갈리는 점, 더 알고 싶은 점

– 콜럼버스 자신

• 콜럼버스가 자신이 발견한 땅이 인도가 아니라는 것을 언제, 어떻게 알았나?
• 콜럼버스는 자신의 만행에 대해 죄책감을 느끼지 않았을까?
• 콜럼버스가 신항로 개척 이후 돈을 얼마나 벌었을까?
• 콜럼버스가 처음부터 아메리카를 지배하려고 했을까?
• 신항로 개척과 그 피해에 따른 책임이 콜럼버스에게 얼마나 있을까?

– 당대의 유럽 상황

• 콜럼버스 부하들 중 아메리카를 식민지화하는 것을 막은 사람은 없었나?

• 콜럼버스가 아메리카를 발견한 후, 콜럼버스에 대한 유럽인의 민심은 어땠나?

• 콜럼버스가 아메리카에서 유럽으로 들여온 것들이 유럽에 어떤 영향을 미쳤나?

• 많은 흑인이 노예무역으로 고통받을 때, 이를 해결하려 한 유럽인은 없었을까?

• 당시 유럽인들은 원주민(유색인종)을 유인원처럼 봤는가?

• 당시 유럽인들은 흑인, 원주민에 대해 일말의 죄책감도 없었을까?

• 유럽인들 중에서 아프리카인들을 불쌍히 여겨 도움을 준 사람이 있을까?

– 원주민의 시선

• 원주민들은 왜 콜럼버스에게 거센 저항을 하지 않았을까?

• 만일 콜럼버스가 원주민들과 협상을 시도했다면 결과는 달라졌을까? 서로 협상을 통해 양쪽 모두 좋은 결과를 맞이한 역사적 사례가 있는가?

• 당시 노예로 끌려갔던 원주민들의 후손에게 유럽인들이 공식 사과를 했을까?

• 아프리카 흑인들이 노예로 끌려갈 때 배에서 식사와 화장실 문제는 어땠을까?

• 현재 라틴아메리카인들은 자신들의 역사를 자랑스러워할까?

• 신항로 개척으로 라틴아메리카가 어떤 긍정적인 영향을 받았을까?

• 신항로 개척 이후 현재 라틴아메리카인들의 삶은 어떤 상태인가?

• 신항로 개척 직후 라틴아메리카인들은 어떤 억압과 지배를 받았나?

• 아프리카인의 관점에서 신항로 개척의 영향은 무엇인가?

– 오늘날의 평가

• 현재 아메리카에서 생각하는 콜럼버스의 이미지는?

• 선생님이 보시기에 콜럼버스는 영웅이 아닌가?

- 전 세계의 관점으로 보면 신항로 개척은 좋은 일이었나?
- 신항로 개척은 아메리카에 좋은 영향을 미쳤을까, 나쁜 영향을 미쳤을까?
- 노예무역과 문명 파괴는 콜럼버스에 의해 일어난 것인가, 신대륙을 이용하려는 유럽인들에 의해 일어난 것인가?
- 수많은 식민지를 소유했던 제국주의 열강들에게 콜럼버스는 위인인가 아닌가?

– 다른 가능성

- 콜럼버스가 아닌 다른 사람이 먼저 성공했다면, 그 사람은 아프리카를 착취하지 않고, 노예무역도 벌어지지 않았을까?
- 아메리카 원주민들을 굳이 노예로 만들어야 했을까, 다른 방법은 없었을까?
- 콜럼버스가 아메리카 대륙을 발견하지 않았다면, 미국 역사는 어떻게 됐을까?
- 신대륙을 발견하지 않았다면 현재의 세계는 어떤 상태일까?
- 만약 신항로 개척에 실패했다면 17, 18세기 유럽은 어떤 모습일까?

– 색다른 질문

- 우리나라에서 신항로 개척을 긍정적으로 보는 사람과 부정적으로 보는 사람의 비율이 어떻게 될까?
- 보스턴 차 사건처럼 아메리카인들이 유럽인에게 경제적으로 큰 피해를 준 사건이 있을까?

질문을 보면 학생들이 당대 유럽인이나 원주민이 일방통행적 관계가 아니라 온정적인 유럽인과 저항하는 원주민을 상상하는 지점이 눈에 띈다. 또 한국인의 입장에서 이 사태를 바라보려는 질문도 주목할 만하다.

이와 관련하여 학생들이 학년 초에 신항로 개척에 대해 가지고 있었던 기존

관념이 1년간의 수업을 거쳐 어떻게 변화했는지 알고 싶어서 필자가 설문을 한 바가 있는데, 이를 참고로 제시하려 한다. 학생들에게 3월 초 첫 수업시간 그리고 한 해 동안 진행한 수업에 대한 마무리 차원에서 12월 마지막 수업시간에 신항로 개척에 대해 질문했다.

먼저 3월 초의 질문은 앞으로 배울 세계사 수업에서 계속 등장할 유럽 국가와 식민지의 관계를 어떻게 볼 것인가에 대한 물음이었다. 마젤란의 필리핀 상륙 기념비와 그를 무찌른 라푸라푸 추장 기념비를 두고 제삼자인 우리는 어떻게 생각할 것인가를 물었는데, 3월 초의 생각이 연말에 달라졌는지 그대로인지 알아보려는 것이었다.

중학교 2학년 역사 1 첫 수업에서 이 질문을 던졌을 때, 학생들의 반응을 보면 필리핀 옹호가 8, 에스파냐 지지가 1, 중립/유보가 1 정도의 비율이었다. 우리도 식민 지배를 겪었다는 점에서 마젤란이 다녀간 이후 필리핀이 에스파냐의 침략을 받은 것을 안타깝게 생각하는 의견이 많았다. 실제로 에스파냐가 필리핀을 지배한 식민지 시절이 길었다는 점에서 단지 마젤란이 다녀간 사실만으로 이를 기념하는 건 좋지 않다는 생각이 다수였던 것이다.

전반적인 경향은 학기 말에도 크게 달라지지 않았다. 그런 점에서 필자의 역사 1 수업이 학생들의 생각을 바꿔놓거나 반전시키는 역할을 했다고 볼 수는 없을 것이다. 그렇게 믿는 것도 교사로서 과도한 자신감이 아닐까 싶다. 그런데 개인적인 생각의 변화는 좀 궁금했다. 다행히 3월 초에 꽤 답변을 충실히 쓴 학생들의 생각을 정리해둔 게 있어서, 소수의 학생이긴 하지만 생각의 변화가 있는지 살펴보았다. 대표적인 글 하나만 소개한다.

> **3월 초: 필리핀과 에스파냐 각 나라에서 중요하게 생각하는 점이 다르기 때문에 제삼자로서 어느 한쪽으로 확실하게 판단하기는 어려운 것 같다.**

↓

12월 말: 필리핀 입장에서 더 생각해 줘야 한다고 생각한다. (에스파냐는) 세계 일주라는 좋은 결과를 얻었지만, 그 과정에서 어떤 한 나라 국민의 인권과 생명이 파괴되었기 때문에 마냥 축하할 수 없고, 필리핀 사람들의 아픔과 대처를 잊으면 안 된다고 본다.

이 학생은 성적이 중위권이며 착실히 수업에 임하는 학생으로 역사에 애정이 많다거나 사전 지식이 많은 편이 아니었다. 그는 3월 초에는 유보적인 입장으로 어디까지나 제삼자임을 거론하면서 신중한 태도를 보였다. 그런데 12월 말에는 응답이 조금 달라졌다. 유럽사 외에 이른바 기타사를 비중 있게 배우면서 감정이입이 된 걸까. 세계 일주의 의미를 인정하면서도 필리핀의 입장에서 바라보려 한 것이다. 필자가 모든 학생의 답을 기록해둔 게 아니어서 답변의 스펙트럼을 다 알 수는 없으나 수업의 기조가 일정한 영향을 미쳤을 가능성도 있는 것 같다.

수행평가 유감: 문제의 콜럼버스 모의재판 판결문 쓰기

신항로 개척을 주제로 수업할 때, 대개 교사들은 다양한 관점을 소개하고, 글쓰기나 수행평가로 이어가는 경향이 있다. 거기에 자주 등장하는 것이 '콜럼버스 모의재판 또는 판결문 쓰기'이다. 일단 콜럼버스라는 인물이 학생들에게 잘 알려져 있고, 모의재판 형식이 흥미롭기 때문에 매력적으로 보인다. 교과서를 훑어보면 양쪽의 논리가 제시되어 있고, 판결문 양식도 나와 있으니 금세 평가 기준까지 작성할 수 있어서 교사들이 쉽게 평가 아이디어로 떠올린다.

필자는 3차시에 걸쳐 '신항로 개척-라틴아메리카-아프리카'를 이어서 수업하고 모의재판 판결문 쓰기를 수행평가로 제시하기로 했다. 신항로 개척을 3주체의 시선으로 보고 글을 쓰게 하면 충실한 판결문이 나오지 않을까 기대했다. 그런데 중대한 착오가 있었다.

첫째, 콜럼버스 개인에 대한 모의재판인지 콜럼버스로 대표되는 유럽인에 대한 재판인지 두 차원의 이야기와 논리가 섞이는 결과를 초래했다. 수행평가에서 모의재판의 판결 대상은 콜럼버스였는데, 교과서나 학생들에게 나눠준 각종 자료에는 대부분 삼각무역 이야기가 제시되어 있었다. 사정이 이렇다 보니 콜럼버스에 관한 이야기는 10분의 1도 나오지 않았고, 대부분은 유럽에 관한 이야기로 채워졌다. 한마디로 '명실상부'하지 않았던 것이다.

그런 까닭에 학생들의 판결문을 훑어보면, 콜럼버스가 라틴아메리카를 정복했다거나 삼각무역을 주도한 것처럼 오해하는 학생도 있었고, 과테말라의 원주민 인권운동가 리고베르타 멘추를 동시대인으로 여기는 학생도 있었다. 콜럼버스를 간판으로 앞세우면서도 읽을 자료는 콜럼버스 사후에 벌어진 일들을 나열했기 때문에 논거가 뒤섞인 까닭이다. 심지어 콜럼버스가 아프리카로 가서 노예를 잡아 온 것처럼 쓴 답안을 보고는 필자가 민망할 지경이었다. 교과서 특별 코너에 기대서 손쉽게 수행평가를 하려다 낭패를 본 셈이다.

학년 초에 수행평가 계획을 짜다보면, 교사들의 구상이 다소 막연한 상태여서 서류를 갖춰내기 바쁜 나머지 세밀하게 기획하지 못하는 경향이 있다. 실제 평가 시점에 이르러서야 서둘러 보완하거나 평가하면서 놓쳤던 것들을 발견하는 경우가 종종 있다. 평가 구상이 미진하거나 수행 과정이 매끄럽지 않거나 평가 기준(루브릭)이 모호하거나 피드백을 제대로 못 해주거나 등등 아쉬운 대목이 자꾸 드러난다. 필자의 경우는 수행평가의 출발부터 문제가 있었던 탓에 나름의 기준을 세워 보완하기는 했으나, 두고두고 곱씹어야 할 평가로 기억할 것 같다.

둘째, 글쓰기에 임하는 학생들의 문해력 수준에 대한 고민이 부족했다. 학생들이 서술식으로 답을 써야 하는 서·논술형 과제나 수행평가의 경우 학생들의 글쓰기 결과물이 예전 같지 않다는 생각이 드는데, 필자만 그렇게 느끼는 것 같지는 않다. 이번 '콜럼버스 모의재판 판결문 쓰기' 수행평가는 오픈북 테스트로 진행했다. 학생들이 역사를 암기과목으로 치부하는 것이 싫었고, 암기 테스트가 아니라 다양한 자료를 활용하며 자기 생각을 정리해서 피력하기를 기대했던 까닭이다.

한 시간 내내 자유롭게 자료를 읽고 글을 쓰게 했는데, 학생들의 답지를 걷어보니 여백이 너무 많았다. 심지어 세 가지 논거를 쓰는데 달랑 한 줄만 적은 것도 있었다. 45분 동안 그 학생은 단 3줄의 답을 적었을 뿐이다. 교과서, 활동지, 배움책, 참고자료 등 4가지 이상의 자료를 제공했는데도 읽고 쓰는 것 자체가 훈련되지 않은 것 같았다.

필자 주변의 교사들에게 확인해봐도 문해력이 떨어져 제시된 자료를 잘 읽지 못하는 학생이 많다. 의미를 파악하지 못한 나머지 기본적인 내용 정리도 잘 못 하거니와 자기 생각을 쓰는 것은 더욱 버거워하는 학생이 늘어나고 있다. 책을 잘 읽지 않는 풍조가 어제오늘의 일이 아닐뿐더러 유튜브를 비롯한 동영상 보기가 대세를 이룬 탓이다. 코로나로 인해 원격수업이 펼쳐지면서 골똘히 생각하고 자기 손으로 뭔가를 써내는 작업은 훨씬 낯설어졌다. 급기야 2020년에는 '유튜브는 책을 집어삼킬 것인가'라는 제목의 책이 출판되어 우리의 문해력에 대해 물은 적도 있었다.[6]

태어나면서부터 휴대폰이 손에 쥐어져 있다는 점에서 '포노사피엔스(Phono Sapiens)'라고도 불리는 학생들을 어떻게 마주해야 할까?[7] 2021년 경제협력개발기구(OECD) 회원국 학생을 대상으로 사실과 의견을 구분하는 테스트를 한 결과, 한국 학생들의 문해력 수준은 회원국 평균 47퍼센트에 한참 못 미치는 25.6퍼센트를 기록했다.[8] 학생들이 빠르게 스쳐 지나가는 이미지나 영상을 좋아하니 그에 맞춰야 할까, 학생들의 호응이 적더라도 고전적인 방법으로 글을 읽혀야 할까? 어떤 선택이든 교사가 학생들의 능력과 성향, 여건 등을 고려하여 소신껏 진행할 일이지만, 의사소통의 기본을 생각할 필요가 있다. 어린 시절 우리는 먼저 들은 다음 말하게 되었고, 말한 것을 글로 적고, 글을 읽으며 서로의 생각과 감정을 나누는 과정을 거치며 성장했다. 그렇다면 글쓰기는 기본 중의 기본에 속하며, 그 전제인 읽기는 필수적인 과정이다. 글쓰기를 피하기보다 평소에도 활동지에 짧은 글을 쓰게 하여 차츰 익숙해지도록 하는 작업이 필요한 것이다.

셋째, 콜럼버스 모의재판 판결문 쓰기의 또 다른 패착은 '답.정.너' 질문이었다는 점이다. 학생들이 필자의 수업을 충실히 따라왔다면 결코 콜럼버스를 두둔하기 어려웠다. 실제로 절대다수가 콜럼버스를 비판했다. 그런데 이런저런 논리를 펴가며 콜럼버스를 무죄로 판결하는 학생들을 보면서 내 마음이 편하지 않았다. 학생들에게 모든 걸 허용하는 듯한 태도로 평가 과제를 제시했고, 모의재판에는 당연히 찬반의 논리가 있을 수 있음에도 필자는 왜 불편한 생각이 들었을까? 되짚어 보니 결론이 뻔한 재판을 한 까닭이었다.

우선 무엇이 계속 마음에 걸렸나 따져보니 '신대륙 발견'이라는 표현이었다. 필자는 학생들에게 '발견'이라고 부르는 것 자체가 원주민의 존재를 무시하는 유럽인의 입장이며, 바이킹이 콜럼버스보다 400여 년 전에 아메리카를 다녀간 기록이 있으니 이래저래 '발견'은 잘못된 표현이라고 설명했다. 그럼에도 일부 교과서에는 '신대륙 발견'이라는 표현이 버젓이 있고, 초등학교 때 본 세계사 만화책에도 더러 같은 표현이 있어서 그런지 학생들은 무심코 '발견' 운운했다. 콜럼버스를 두둔한 학생들은 어김없이 '발견'이라고 표현하며 유럽인의 입장에 섰다. 교사가 한 차례 수업에서 '발견'에 대해 비판한다고 해서 학생들의 생각이 금세 바뀌지 않는다는 사실, 학교 밖에서 교사보다 먼저 만난 매체의 강렬한 인상이 쉽게 가시지 않는다는 사실도 새삼 되짚어 보게 되었다.

그런데 학생들의 진술 가운데 콜럼버스의 발견으로 '우리가' 잘살게 되었다는 취지의 답이 있어 궁금증을 자아냈다. 해당 학생에게 물어보니 별생각 없이 썼다고는 하는데, 심리적으로 유럽의 편에 서 있다는 생각을 지울 수 없었다. 그 학생의 답변이 짧았기 때문에 깊이 있게 분석하기 어려웠지만, "콜럼버스의 발견으로 유럽이 잘살게 되었고, 콜럼버스의 행동은 우리에게 좋은 영향을 더 많이 끼쳤다"라는 답을 읽다보면 유럽을 따라 배운 우리도 잘살게 되었다는 추정이 가능하다. 혹은 원주민에게 해가 되었을지라도 우리한테는 좋은 영향을 미쳤다는 논리로 보인다.

또 하나 걸리는 지점은 유럽에 의해 '발견'되었기 때문에 수준 낮은 라틴아메리카도 덕을 보았다는 주장이다. 4만 년 전부터 원주민들이 이곳에 살며 나름의 문명을 발전시켜 왔다는 필자의 설명은 별 호소력이 없었던 모양이다. 학생들에게는 현재 라틴아메리카의 국제정치적, 경제적 위상이 투사되어 예전에도 별 볼 일 없었던 동네로 인식된 것인지, 일제의 식민지 근대화론처럼 '개발'시켜 주었다는 논리에 동조하는 것인지는 알 수 없으나 유럽을 편드는 논리로 제시된 것은 확실하다.

채점하면서 요즘 학생들과 필자는 정서나 인식 면에서 상당히 다르다는 생각이 여러 번 들었다. 필자만 하더라도 부모님이 일제강점기를 겪었고, 간접경험이긴 하지만 그때의 이야기에 공감하면서 역사를 공부했다. 요즘 학생들은 태어나보니 대한민국이 이미 선진국 반열에 올라와 있고, 사회 양극화가 갈수록 심해지며 혐오와 배제가 공공연한 현실에서 자라다 보니, 약자에 대한 공감은 적고 강자에 대한 선망만이 있는 것은 아닌가 싶다.

실제로 학생 답변을 살펴보면, '힘이 곧 정의'라는 사회진화론에 가까운 생각도 드러나고, 라틴아메리카인이나 아프리카인에게는 안 됐지만 역사는 승자의 것이니 억울하더라도 별로 보상해줄 것이 없다는 반응도 여럿 있었다. 심지어 약한 자를 누르는 것은 인간의 본성이라고 과감하게 주장하는 경우도 있었다. 필자와 함께 2학년 역사수업에 들어가는 동료 교사가 해당 학생에게 정말 그렇게 믿냐며 인간됨에 대해 이야기했더니 학생이 "그건 선생님 생각이죠, 생각은 서로 다를 수 있잖아요"라며 심드렁하게 대꾸했다고 한다.

역사적 판단이 곧 도덕적 판단은 아니다. 하지만 역사교육에서 도덕과 정의를 논외로 하고 무중력 상태의 판단을 허용한다면 비현실적인 공허한 주장이나 상대주의로 귀결되고 만다. 친일파에 대해 단선적으로 판단하는 것은 바람직하지 않지만, '어쩔 수 없었다, 누구나 그럴 수 있다'로 결론 맺을 수는 없지 않은가.

탐구 질문의 대안들

여기서 학생의 태도를 나무랄 생각은 없다. 그건 그것대로 깊이 있게 논의해야 할 과제로 두고, 필자가 되짚어 볼 것은 명실상부하고 학생의 문해력 수준을 고려하면서도 '답.정.너'가 아닌 어떤 질문을 던졌어야 하는가이다.

그래서 떠올려 본 탐구 질문의 대안은 콜럼버스 동상 앞에서 동상 철거 시위가 벌어지고 있는 사진을 제시하고, 나라면 시위자의 피켓에 어떤 문구를 넣을 것인가를 묻는 것이다. 미국 뉴욕의 센트럴파크 한 편에는 아직도 콜럼버스 동상이 있고, 철거 요구 시위가 계속 벌어지고 있다. 콜럼버스 개인이 문제가 아

뉴욕 센트럴파크의 콜럼버스 동상과 동상 철거 요구 시위대

니라 유럽의 반성이 필요한 상황에서 기념 동상이 여전히 서 있다는 점에 대해 시위자의 입장에서 글을 써보게 하는 것이다. 가벼운 문제 제기를 하는 학생도 있을 것이고 엄중하게 책임을 묻는 경고도 있을 것이며, 이런 과제가 마땅찮은 콜럼버스 지지자들은 그들 나름의 표현을 하겠지만, 큰 틀에서 비판적인 사고를 하게 될 것이다.

혹은, 콜럼버스를 앞세운 과제는 개인과 유럽인의 상징이라는 점에서 혼동을 불러올 수 있으므로 '삼각무역의 빛과 그림자'라는 주제로 카드 뉴스를 만들어 보게 할 수도 있겠다. 긴 글쓰기에 어려움을 느끼는 학생들, 이미지에 반응하는 학생들을 두루 고려하여 사진이나 그림 같은 이미지를 제시하고 그에 대한 설명이나 의미 부여를 하게 하는 절충의 방식을 떠올려 본 것이다. '빛과 그림자'라는 제목 탓에 유럽의 빛을 드러내는 학생도 더러 있겠지만, 엄연히 존재했던 노예무역의 실상을 화면에 담지 않을 수 없을 것이다. 이렇게 사건의 다양한 면모를 보면서 나름의 맥락과 서사를 만드는 작업을 하면 일도양단을 요구하는 것보다는 많은 생각을 하게 할 수 있지 않을까. 모둠으로 활동을 하도록 하면 내부에서 토의가 벌어지고, 서로의 생각이 넓어지고 깊어지는 효과를 기대할 수 있을 것이다.

탐구 질문의 전제가 되는 자료의 활용에도 돌아볼 지점이 있다. 자료를 가독성 있게 손질하고 좋은 탐구 질문을 던지는 작업 이전에 적합한 자료를 찾아내고 서로 상반된 입장에서 생각해 보게 하는 것이 필요하다. 특히 상반된 자료일 경우 동시대성이 중요하다. 대개의 교과서에는 콜럼버스와 인권운동가 리고베르타 멘추의 자료가 함께 제시되고 있는데, 시대착오를 불러일으키기 쉬운 배치이다. 필자의 수행평가도 이 둘을 함께 배치하고 질문을 던지면서 시대성이 휘발되고 말았다. 그렇다면 동시대성을 갖춘 자료 배치에는 어떤 방안이 있을까?

신항로 개척의 경우, 크게 세 시기를 논할 수 있다. 콜럼버스의 신항로 개척 무렵과 에스파냐의 라틴아메리카 침략 시기 그리고 현대로 설정하는 것이다. 첫 번째로는 콜럼버스 생존 시기이다. 콜럼버스의 항해 일지에 나오는 기록과 당시 원주민 추장과 추장 부인 이야기를 나란히 제시할 수 있다.

> **원주민들은 우리가 말해주는 것을 아주 빨리 따라하기 때문에 그들은 재주 있는 훌륭한 하인들인 것 같다. 이 사람들은 무기를 사용하는 데 전혀 재주가 없다. 내가 붙잡아온 7명을 보내드리면 여왕 폐하께서 직접 아시게 될 것이다. 우리 말을 가르친 뒤 그들을 다시 데려오겠다. 50명의 병력으로 원주민 전체를 굴복시키고 아무것이나 시키는 일을 하게 만들 수 있다.**
>
> — 안드레아스 벤츠케, 《콜럼버스》[9]

그들은 무기도 없을 뿐만 아니라 싸울 수 있는 능력도 없습니다. 모두 벌거벗고 돌아다닙니다. 매우 겁이 많은데, 선원이 3명만 나타나도 1,000여 명이나 되는 인디오들이 모두 도망칠 정도입니다. 따라서 그들을 명령에 따르게 하는 일은 쉬운 일이므로 작물 재배를 비롯해 필요한 여러 가지 일을 시킬 수 있을 것입니다.

— 크리스토퍼 콜럼버스, 《항해일지》[10]

콜럼버스 일행을 처음 맞이했던 과카나가리 추장처럼 원주민 대부분은 그들에게 식량과 금을 주면서 호의적으로 대했는데, 돌아온 것은 겁탈과 약탈뿐이었으니 우리가 어떻게 그런 악행을 참을 수 있겠소. 내 남편 카오나보 추장은 결국 콜럼버스의 2차 항해 때 대거 몰려온 에스파냐인에게 사로잡혀 배에 실려 에스파냐로 끌려가던 도중 풍랑을 만나 죽고 말았소. 콜럼버스는 우리 땅에서 금이 거의 나지 않는다는 것을 알게 되었소. 그러자 에스파냐인들은 우리를 더는 공격하지 않겠다는 조건으로 식량과 목화를 제공할 것을 요구했고, 우리는 그에 응했지요.

— 아나카오나(원주민 추장 부인)의 항변[11]

두 번째로는 16세기 중반에 벌어진 '바야돌리드 논쟁'을 인용하는 것이다. 에스파냐의 가혹한 원주민 수탈이 문제가 되자 1550년 9월에서 1551년 5월까지 에스파냐 바야돌리드에서 논쟁이 벌어졌다. 여기서 인디오는 인간인가, 동물인가를 놓고 설전이 벌어졌다고 한다.[12] 세풀베다는 아리스토텔레스의 자연적 노예제(natural slavery) 이론이 인디언에게도 그대로 적용될 수 있다고 생각했다. 즉, 인디언은 천성적으로 열등하기 때문에 우월한 사람들의 지배를 받는 것이 당연하다는 것이다.

인디오들은 인신 공양을 하고 인육을 먹으며 문자도 없고 자신의 문화를 보여줄 변변한 건축물도 없으며 뚜렷한 종교가 없다. 그러므로 이들은 인간이 아니거나 다른 문명인의 지배를 받도록 태어난 열등한 인간이다.

— 후안 기네스 데 세풀베다

이 40년 동안 그리스도교도들의 포악하고 잔학하며 극악무도한 사업 때문에 남녀와 아이를 합해 1,200만 명 이상이 잔인하게 살해당했습니다. 아니, 저는 인디오 1,500만 명 이상이 희생당했다 해도 결코 틀리지 않다고 생각합니다. … 용감한 남자들은 모두 살해되고 살아남은 사람들을 노예로 만들어 … 일찍이 어떤 인간도, 심지어 금수조차 겪어본 적이 없는, 말할 수 없이 가혹하고 무서우며 견디기 어려운 상태에 빠트려 압박하는 방법입니다.

— 바르톨로메 데 라스 카사스, 《인디아스 파괴에 관한 간략한 보고서》[13]

세 번째로는 현재 상황을 놓고 자신의 관점에서 콜럼버스의 항해를 평가하는 것이다. 2017년 10월 10일에 방영된 KBS 프로그램 〈특파원 리포트〉의 기사에 나온 같은 공간의 두 모습을 나란히 놓고 보자.

〈콜럼버스 데이 … 맨해튼 최대의 기념 퍼레이드 펼쳐져〉

미국에선 10월 둘째 주 월요일을 콜럼버스 데이로 정해 기념한다. 지금부터 520여 년 전, 에스파냐 배를 타고 지구 끝으로 떠나는 모험을 감행한 크리스토퍼 콜럼버스가 이른바 "신대륙"을 발견했다고 일컬어지는 1492년 10월 12일을 기리는 날이다. 미국 내 상당수 주에서는 공휴일로 정해 사람들은 3일 연휴를 즐기고, 대형 기념 퍼레이드도 펼쳐진다.

〈도심 곳곳에서 벌어진 시위 … "콜럼버스는 학살자?"〉

축제 분위기로 들떠 있을 것 같은 뉴욕 맨해튼 중심의 콜럼버스 서클에 한 시위대가 등장했다. 콜럼버스가 신대륙 원주민을 학살하고 노예화하거나 전염병을 전파했다며 재평가가 필요하다는 주장을 담은 성명을 발표하고 시위를 벌였다. 이들은 콜럼버스 서클의 중심에 우뚝 서 있는 콜럼버스 동상을 즉시 철거해야 한다며 목소리를 높였다.

좋은 탐구 질문의 출발점은 해당 주제의 논점을 잘 잡고 적합한 자료를 찾는 것이다. 특히 같은 시대에 있었거나 시차가 덜 나는 시기에 존재했던 상반된, 혹은 서로 결이 다른 사료(혹은 텍스트)가 학생들에게 제공되어야 한다. 그래서 한쪽 면만 보고 있던 학생들에게 의문을 제기하도록 하고 통념처럼 알고 있던 내용에 인지적 균열을 일으켜, 학생들이 호기심을 갖고 찾아보도록 하는 것이 탐구의 출발이 될 수 있다.

탐구 분위기를 조성하기 위해 사료를 학생 눈높이에 맞게 제시하여, 학생들이 그것을 꼼꼼히 읽은 뒤 인과관계를 찾거나 비교하면서 생각을 키울 수 있도록 하는 것도 중요한 과정이다. 이렇게 탐구 질문에서는 논점을 바로 세운 뒤, 자료와 질문이 적절하며 서로 유기적 연결성을 갖도록 하는 것이 탐구의 중요한 전제라고 할 수 있다.

수업과 평가 사례 속 질문의 고민들

신항로 개척 외에도 세계사 수업에서 유럽사의 비중이 높지만, 근현대사는 실로 압도적이다. 교사 입장에서는 전면적으로 재구성하기도 어렵고, 재구성하더라도 근현대사는 유럽을 빼놓고 설명하기는 어렵다. 그렇다면 교사가 학생들로 하여금 주어진 내용을 비판적으로 읽고 자신의 의견을 세울 수 있도록 안내하는 탐구 질문을 구안할 필요가 있다. 아래에서는 두 가지에 초점을 두고 탐구 질문을 던지는 사례를 검토해 보았다.

먼저 무엇을 겨냥할 것인가이다. 1929년 대공황과 전체주의의 대두를 다룬 수업은 다양한 방식으로 꾸려갈 수 있다. 영상이나 사진 자료가 많아서 학생들이 흥미롭게 수업에 참여할 수 있으며, 자본주의 경제의 모순이 드러나고 제2차 세계대전과 연결되므로 역사적 의미도 자못 크다.

그런데 논점이 무척 많고 다양한 사건들이 연속되므로, 교사가 내용을 잘 다루기 어려운 면이 있다. 적어도 산업혁명 이후 자본주의 경제의 변화를 어디까지 어떻게 설명하느냐, 전체주의라고 통칭하는 나치즘과 파시즘, 일본 군국주의의 차이를 설명하느냐 마느냐 등 고민이 필요하다. 설명이 깊어지면 어려워지고, 얕으면 인과관계가 잘 이해되지 않는 주제이기도 하다.

특히 대공황은 자본주의 경제의 구조적인 모순에서 비롯한다. 그 원리를 학생들이 이해하기 어렵고 전개되는 양상도 복잡해서 설명이 간단치 않다. 다양한 이야기를 간명하게 구성하기 어려워 초보 교사일수록 마음이 분주해진다. 교사가 서두르다 보니 수업 초반에 학습 목표를 따로 언급하지 않거나 선명하게 제시하지 않아서, 학생들이 많은 내용을 배웠지만 갈피를 잡지 못하는 일도 생긴다.

예컨대, 본시의 경우에는 '대공황의 발생 배경과 각국의 극복 노력을 설명할 수 있다, 전체주의 국가의 특징을 비교할 수 있다' 등의 학습 목표를 제시할 필요가 있다. 이 목표가 적절한지는 또 다른 논의가 필요하지만, 학생들이 학습 목표를 확실히 인지한 수업이 대체로 효율적이라는 점에 동의하리라 본다. 수많은 사실 중에서 무엇을 겨냥할 것인지를 수업 초반에 제시하고(오늘 이걸 배울 거야), 중간에 강조하고(지금 이거 중요한 거야), 말미에 환기한다면(오늘

뭘 배웠지?), 학생들에게 학습 목표와 중요 내용을 더 확실히 인식시키는 효과가 있을 것이다.

물론 학습 목표 설정에 대한 비판도 몇 가지 있다. '역사는 다양한 사실을 바탕으로 역사가가 나름의 내러티브로 구성한 것이므로 학습 목표 한두 개로 단순화하는 행위는 역사의 특성을 살리지 못한다', '꼭 교과서에 제시된 목표만이 옳다고 할 수 없다', '개별 교사의 역사관에 따라 목표를 다르게 진술하거나 아예 안 할 수도 있다' 등등. 역사 해석의 다양성이나 교사의 수업 의도를 중시하는 측면에서 이런 문제 제기가 타당하지만, 어떤 해석이나 소신이든 무엇을 알고 가야 하는지에 대한 선명한 과녁 세우기는 꼭 필요한 과정이다. 바쁘더라도 무엇을 배울지를 명확히 한 다음에 어떻게 배울지를 안내하는 것이 순서일 것이다.

다음은 무슨 자료에 어떤 질문을 던질까이다. 대공황과 전체주의 수업에서 필자가 가장 주목한 부분은 자료의 활용이다. 앞에서도 말했지만, 대공황과 전체주의 관련 영상, 사진, 이미지 자료는 무수히 많다. 인터넷으로 검색하면 금세 괜찮은 이미지 자료를 찾을 수 있다. 필자 역시 이 수업에서 많은 사진 자료를 제시했다. 개중에는 학생들의 눈높이를 고려한 것도 있고, 대공황의 충격을 보여주는 것도 있고, 전체적인 사건의 전개를 짐작할 수 있는 것도 있었다.

그런데 자료를 많이 나열한다고 해서, 하나하나의 이미지가 당시 상황을 잘 보여준다고 해서 학생들이 잘 이해할지 장담하기 어렵다. 오히려 너무 많은 이미지는 학생들의 집중력을 흩트리고, 영상의 경우 사전에 주요 부분을 편집해 제시하지 않으면 학생들이 핵심을 놓칠 수 있다. 문제는 교사의 문제의식이며 학습의 효율성이다. 교사의 수업 의도에 부합하는 자료를 선택해서, 학생들이 잘 이해하고 탐구할 수 있게 제시하는 것이 관건이 아닐까.

마거릿 버크화이트, 〈세계 최고의 삶의 기준〉, 1937년

필자의 경험상 사진 한 장이면 충분했다. 위의 사진은 마거릿 버크화이트가 1937년 뉴욕에서 찍은 것이다. '세계 최고의 삶의 기준', '미국의 길 외에 다른 방법은 없다'라는 미국인의 자신감을 보여주는 문구가 눈에 띈다. 대공황 전에 약속한 장밋빛 미래와 대공황 이후 배급받기 위해 줄 선 사람들의 모습을 극명하게 대비시켰다. 사람들은 자본주의의 무한한 성장을 꿈꿨지만, 과잉생산과 실업, 불황으로 이어지고야 마는 구조적 모순 때문에 불행한 현실과 맞닥뜨린 것이다.

이런 사진을 골라 질문을 만들면 된다. 가장 먼저는 학생들이 눈에 보이는 대로 찾아보게 한다. 몇 명의 사람이 서 있나, 어디에 서 있나, 그들의 옷차림은 어떠한가, 손에 무엇을 들고 있는가 등 간단하고 바로 대답할 수 있는 것들을 묻는 것이다. 그 후, 인종과 남녀와 노소를 나눠보게 하고, 뒤에 광고판이 보여주려는 것은 무엇인지, 지금 광고판 앞에 서 있는 사람들은 어떤 심정일지를 묻는다. 특히 화면 왼쪽 끝에 있는 소녀에 감정이입해서 대답해 보게 하는 것도 하나의 방법이다. 이처럼 여러 개의 이미지를 나열하는 것보다 전형적인 혹은 인상적인 이미지를 제시하고 꼼꼼하게 들여다보게 하는 것도 효율적인 수업 방안이다.

이 사진을 수업 초반에 제시하여 동기유발 도구로 활용하고, 대공황의 비참한 현실, 나락으로 떨어진 생활 등을 설명할 때 다시 제시하고, 수업 말미에 점프 과제(심화 질문)로 삼아 위의 질문들을 제시하고 글쓰기를 하는 방안도 있겠다.

이처럼 적절한 자료를 선정하고, 학생의 눈높이를 고려하여 가공하고, 사실 확인부터 맥락 살피기를 거쳐 의미 부여에 이르는 과정에 도움이 되는 탐구 질문을 섬세하게 던지는 과정의 출발점은 교사의 문제의식이고 탐구 질문에 대한 이해이다. 자료와 질문을 구성하는 안목, 탐구 질문의 목적과 성격을 고려한 수업 디자인, 단계적·다각적 질문을 제시하는 것이 역사적 사고력 제고의 지름길이 될 수 있다.

2

인도사, 수업부터 평가까지

기타사를 가르치자

이른바 '기타사'는 유럽 중심, 중국 부중심으로 그려진 세계사에서 '나머지'로 치부되는 지역의 역사를 가리키는 말이다. 굳이 따져보면 서아시아, 인도, 러시아, 아프리카, 라틴아메리카, 동남아시아 등이 해당한다.

서아시아가 동서양의 중심에서 문물 교류의 가교 역할을 했을 뿐 아니라 일찍부터 독자적인 문화를 형성했다는 사실은 알지만, 대수롭지 않게 여긴다. 메소포타미아 문명이 최초의 문명이라는 사실, 페르시아제국이 동서양 모든 제국의 모델이 되었다는 점, 불과 200년 전만 해도 오스만제국이 3대륙 20여 개 민족을 거느렸다는 존재감 등등도 그렇다.

러시아는 지구 육지 면적의 6분의 1에 이르는 영토를 가졌고 러시아혁명 이후 미국과 맞선 강대국임에도 불구하고, 교과서에는 전근대 역사에서 동유럽의 변화를 다룰 때 4, 5줄 남짓 나온다. 이후 농노해방 전까지는 나폴레옹이 러시아 원정을 갔다가 실패했다는 이야기, 표트르 대제가 강력한 왕권을 세웠다는 정도만 나올 뿐이다. 아프리카는 여전히 검은 대륙으로 남아 빈곤과 내전으로 허덕이고 있는 곳으로, 라틴아메리카는 신비스러운 잉카 문명의 옛 터전으로 기억될 뿐이다. 동남아시아는 현재 우리나라와 인적, 물적 교류가 가장 많은 지역이며 해외 여행지 혹은 한류 문화를 즐기는 곳으로 손꼽으면서도 아는 게 별로 없다.

인도는 또 어떤가. 면적이 한반도의 17배이고, 북으로 히말라야의 만년설부터 남으로 열대우림까지 존재하는 사실상의 대륙으로서 서유럽과 맞먹는 크기이다. 일찍부터 바닷길을 통한 무역이 발달하여 아라비아 반도와 교류했는데, 인도를 드나든 아라비아 상인들을 신드바드(신밧드, 신드=힌두, 인도, 바드=뱃사람)라 불렀다. 오대양 중에 나라 이름이 들어간 곳은 인도양밖에 없다. 바닷길을 통해 인도에서 수출된 향료, 면화, 금 등이 유럽을 매료시켰다. 그럼에도 인도는 종교의 나라, 명상의 나라, 덩치는 크지만 수준이 낮은 나라 등의 이미지로 그려진다.[1]

일반의 인식이 이렇다 보니 수업 연간계획을 짤 때, 기타사는 가장 먼저 '버려지는' 경향이 있다. '진도가 빠듯하다', '가르칠 필요성을 못 느낀다', '교육과정 재구성 차원이다' 등등 저마다 이유가 다르지만, 잘 안 가르치기는 매한가지이다. 2007 개정 교육과정에서 기존의 유럽 중심-중국 부중심의 역사 서술을 바꾸겠다며 제안한 체계가 오히려 학습량 과다로 받아들여진 까닭이 아닐까 싶다. 이런 반응은 교직 경력이 많든 적든 비슷하다. 한국사, 동양사, 서양사로 나뉘어 기타사는 거의 가르치지 않는 우리네 대학 교육도 하나의 원인일 수 있겠다.

문제는 기타사가 우리에게 종종 질문을 던진다는 점이다. 식민 유산 극복, 난민 수용, 종교 갈등, 이주 노동 등 주류사보다 기타사에서 배우고 오늘날 한국 사회와 연관 지어 살펴볼 것들이 더 많다. 2015년 시리아 난민의 제주도 입국이나 뉴스에 자주 나오는 동남아시아 노동자에 대한 인권 침해, 이슬람 사원이나 할랄 음식점에 대한 노골적 반대 등은 우리 사회에서 벌어지고 있거나 앞으로도 계속 드러날 문제인데, 이에 대한 기본적인 인식이 매우 부족한 실정이다.

하여 필자는 어떻게든 기타사를 가르치고, 이를 주류사와 엮어보려고 동료 교사와 고민을 거듭해 왔다. 2021년부터 3년간 주류사와 기타사를 나눠서 가르치면서 진도를 대략 맞추어 가는 방안을 떠올렸다. 교육과정상 주당 3시간으로 배정된 중학교 역사 1 수업을 어떻게 운영할지 의논한 끝에 역사 A, B로 구분하여 2 대 1 비율로 시간을 나누기로 했다. 주당 2시간은 역사 A로 주류사인 중국사와 유럽사의 내용을, 주당 1시간은 역사 B로 기타사에 해당하는 서아시아, 인도-동남아시아, 라틴아메리카, 아프리카 등의 역사를 가르치기로 했다. 임용고사 지식이 살아 있는 후배 교사는 역사 A를, 임용고사 지식으로도 감당이 안 되는 역사 B는 필자가 맡았다. 처음으로 세계사를 가르치는 후배 교사에게는 임용고사 지식을 실제 수업의 교수 내용 지식으로 변환시킬 수 있는 계기였고, 필자는 그간의 얄팍한 공부 내공(?)을 살려 역사교사들조차 낯선 지역사에 도전해 볼 기회였다.

수업 진행의 흐름은 비교적 간단하다. 지역별 연대기를 따라가는 것이다. 이는 역사 A도 마찬가지여서 중국사와 일본사를 먼저 하고, 유럽사로 건너간다. 역사 B에서는 서아시아를 먼저 다루고, 인도-동남아시아를 가르치기로 했다. 이슬람 세력을 중심으로 한 문물 교류가 동·서양사에 계속 등장하는데, 이에 대한 설명이 먼저 필요했다. 시기적으로도 최초의 제국인 페르시아와 이슬람교 정립이 연결되는 게 자연스럽다고 보았다. 인도의 불교가 조금 걸리기는 하는데, 불교는 동아시아사에 연결되는 것이어서 순서를 뒤로 미뤘다.

두어 가지 눈에 띄는 대목은 러시아와 영국혁명과 산업혁명을 다룬 것이 아닐까 싶다. 러시아는 선진국은 아니지만 17세기 이후 강대국으로 존재해 왔다. 그런데 별다른 배경 설명 없이 농노해방을 다루고, 얼마 뒤에 사회주의 혁명이 일어나는 서술이어서 전근대에 대한 보충이 필요하다고 보았다. 영국혁명과 산업혁명을 역사 B에서 다룬 까닭은 역사 A와 동시에 진도를 나가는 수업 방식이므로 미국혁명, 프랑스혁명과 결이 좀 다른 영국혁명을 산업혁명의 전사(前史)로 놓고 시민혁명과 산업혁명을 동시에 설명하기 위해서였다.

여성 참정권 운동과 민권운동도 역사 B에서 다루었는데, 교육과정에 새로 도입된 부분이라 필자가 맡겠다고 나섰다. 이 운동들은 현재의 과제를 잘 보여주는 것이라 역사가 네모난 책 속에 갇힌 옛날이야기가 아니라 오늘날의 현실과 마주하고 있음을 학생들에게 환기시킬 수 있는 주제여서 욕심을 냈다. [표 2-1]은 이런 구상을 연간계획표로 정리해 본 것이다.

필자는 기타사를 전담하면서 몇 가지 원칙을 세웠다. 첫째, 하찮게 여겨지거나 저개발국가(지역)라는 이미지가 강한 곳의 역사를 학생들이 관심을 갖고 보게 하려 했다. 어느 나라(지역)든 나름의 역사와 문화가 있다는 사실을 일깨우고, 적어도 켜켜이 쌓인 편견을 조금이라도 걷어내자는 것이었다. 둘째, 전근대의 경우 한 지역의 연대기로 이어 가르치면서 중복되는 설명을 피하고 최소한의 맥락과 연속성을 드러내려 했다. 예컨대, 고대-중세-근대 단원에 흩어져 있는 인도를 마우리아왕조-굽타왕조-무굴제국으로 이어 가르쳤다. 각 지역의 특성을 대략적이라도 알 수 있게 가닥을 잡아주려는 것이었다. 셋째, 역사 A와 조응해서 진도를 맞추어 나가려고 애썼다. 역사 A에서 중국사의 서역을 다룰 때 역사 B는 이슬람 세계를 가르치고, 역사 A에서 제1차 세계대전을 가르칠 때, 역사 B는 양차 대전 사이 제3 세계의 민족운동을 다루는 식으로 최대한 보조를 맞추려고 한 것이다.

[표2-1] 기타사 수업 연간계획표

	1학기	핵심 질문/평가	2학기	핵심 질문/평가
1	수업/평가 안내	마젤란의 필리핀 상륙, 어떻게 볼까?	러시아의 성장	러시아는 어떤 나라인가?
2	페르시아	제국이 가진 특징은?	영국혁명	영국식 민주주의의 특징은?
3	이슬람 세계의 성립(종교)	이슬람교는 어떤 종교인가?	산업혁명	산업혁명은 어떤 영향을 미쳤나?
4	이슬람 세계의 문화	이슬람 세계의 경제, 문화적 역할은?	라틴아메리카 독립	독립했으나 행복하지 않은 까닭은?
5	이슬람 세계의 확대	이슬람과 유럽이 충돌한 까닭은?	아프리카, 동남아 민족운동	나라를 지키고, 바꾸려는 노력은?
6	오스만제국	오스만제국에 대해 새로 알게 된 것은?	서아시아 민족운동	근대화란 무엇인가?
7	학습 정리	배움 노트 작성	학습 정리	배움 노트 작성
8	중간고사		중간고사	
9	마우리아, 쿠샨	불교에 담긴 뜻은?	인도 민족운동	인도 민족운동의 특징은?
10	굽타왕조	힌두교란 무엇인가?	러시아혁명	무엇을 이루고자 한 혁명인가?
11	무굴제국	화합과 차별의 정치란?	전후 아시아, 아프리카 민족운동	전쟁 속에 독립을 되찾기 위한 노력은?
12	동남아시아(고·중세)	동남아시아에서 가장 궁금한 나라는?	여성운동, 노동운동	여성 참정권은 선물처럼 주어졌나?
13	라틴아메리카	라틴아메리카는 비운의 땅인가?	인도, 동남아시아, 아프리카, 제3세계	현대 세계의 틀은 어떻게 만들어졌나?
14	아프리카	아프리카는 검은 대륙인가?	학습 정리	배움 노트 작성
15	학습 정리	배움 노트 작성	기말고사	
16	기말고사		민권운동, 대중문화	유튜브는 책을 집어삼킬 것인가?

인도사 수업의 구상과 실행

수업 구상의 시작은 교육과정을 살피는 것이다. 성취 기준과 해설, 학습 요소, 교수·학습 방법 및 유의 사항 등을 보면서 교육과정을 독해하고, 내 수업의 문제의식을 어떻게 녹여 하나의 수업 혹은 한 단원의 맥락을 갖추고 전개할 것인지를 고민하게 된다. 통상적으로는 그렇지만, 필자가 가르친 인도사에 관해서는 교육과정 문서상에 별반 언급이 없다. 내가 굳이 자료나 근거를 제시하지 않더라도, 기타사를 가르치려고 교육과정을 살펴본 역사교사라면 시사가 될 만한 정보가 거의 없다는 점을 떠올릴 것이다.

기타사 수업을 구상하는 데는 여러 검인정 교과서를 비교하면서 훑어보는 게 더 도움이 된다. 본문의 전개와 읽기 자료의 배열, 탐구 활동과 질문, 단원 마무리나 특별 코너 등을 살펴보는 것이다. 교과서마다 공통적으로 다루는 식상할 정도로 똑같은 부분도 있지만, 더러 다른 내용들이 있어 눈길을 끈다. 당연히 공통적으로 다루는 내용은 내가 수업할 활동지에 담아내고, 특별 코너들을 비교해서 내 수업의 결에 맞는, 적절한 문제의식을 갖춘 질문을 탐구 활동으로 재구성하면 좋을 것이다.

그리고 더 욕심을 내자면 교사 스스로가 작성한 수업 이야기가 있으면 좋다. 교과서 진술을 그대로 전하거나 임용 지식 수준의 개설서 풀이를 하는 것이 아니라, 자신의 관점으로 수업 내용을 재구성하고 학생의 시선을 고려한 내러티브를 구축할 필요가 있는 것이다.

내가 인도사 수업을 준비하면서 읽어본 책자는 대략 이렇다.

김형준, 《이야기 인도사》, 청아출판사, 2006.

남경태, 《종횡무진 동양사》, 휴머니스트, 2015.

대월서점 편집위, 《에세이 세계사 3》, 백산서당, 2003.

이강무, 《처음 읽는 인도사》, 휴머니스트, 2018.

이광수 외, 《내가 알고 싶은 인도》, 한길사, 1997.

이옥순 외, 《오류와 편견으로 가득한 세계사 교과서 바로잡기》, 삼인, 2007.

이옥순, 《인도에 미치다》, 김영사, 2012.

이희수, 《인류 본사》, 휴머니스트, 2022.

전국역사교사모임, 《살아 있는 세계사 교과서》, 휴머니스트, 2005.

주재홍, 〈교과서 속의 오리엔탈리즘〉. 한국학중앙연구원 박사학위논문, 2006.

주재홍, 〈탈식민주의 관점에서 본 우리나라 교육과정 세계사 교과서의 동양의 이미지, 인도의 묘사와 재현〉, 《중등교육연구》 56-2, 2008 등

아래에서는 앞에 제시한 책자를 바탕으로 내가 정리한 수업 이야기의 일부와 함께 실제 수업을 어떻게 구성하고, 어떤 질문을 던지고, 무슨 활동을 했는지 소개한다.

〈인도의 새로운 전통, 무굴제국〉

— 무굴제국의 문화적 특징은 무엇일까?

… 할아버지 바부르의 총애를 받고 아버지 후마윤의 용맹함을 물려받은 아크바르는 후마윤이 도서관에서 발을 헛디뎌 떨어져 죽는 바람에 13세의 나이로 왕위에 오른 어린 왕이었다. 그로부터 50년 뒤, 아크바르는 무굴제국을 인도의 역사를 대표하는 나라로 만들어 놓았다.

초반에는 이민족의 침략과 북인도 내부의 반발로 어려움을 겪었지만, 조심스럽게 이를 극복하고 국력을 키워나갔다. 아크바르에게 가장 힘든 상대는 전통적인 힌두교 세력인 라지푸트족이었다. 곳곳에 요새를 만들고 저항하는 그들은 죽음을 무

롭쓴 사람들이었다. 무려 넉 달이 걸려 라지푸트 요새를 무너뜨린 아크바르는 화가 나서 3만 명을 학살하기도 했다. 그러나 이것으로 깨달은 바가 있었다. 라지푸트의 협력이 없다면 앞으로도 무굴제국의 안정은 어렵다는 것.

그는 라지푸트와 화해를 꾀했다. 여러 명의 라지푸트 공주와 혼인을 하여 끈끈한 관계를 다졌다. 공주가 궁궐 안에 힌두 사원을 짓고 예배를 볼 수 있도록 배려해 주었다. 뿐만 아니라 라지푸트 족장들에게 어느 정도 자치를 인정하며 대접해 주었다. 그와 라지푸트 공주 사이에 태어난 자한기르가 왕위를 잇게 되면서 무굴제국은 이슬람과 힌두의 피가 섞인 통합된 나라의 모습을 갖추게 되었다.

더 나아가 자신은 이슬람교도였지만, 힌두교도를 비롯한 비무슬림에 대해 너그러운 통치를 했다. 힌두교도에게 물리던 인두세를 폐지하고 벼슬도 자유롭게 능력껏 할 수 있도록 배려해 주었다. 모두에게 고르게 기회를 줌으로써 출신과 종교를 가리지 않고 제국을 위해 일할 사람을 뽑기로 한 것이다. 가장 강력한 저항 세력을 잘 다독여 가장 충성스러운 집단으로 만들어 놓았다. 이것은 힘으로 가능한 일이 아니었다. 이렇듯 그가 몸소 화합의 정치를 선보이면서 인도의 안정은 다져졌다.

아크바르의 노력은 아들 자한기르와 손자 샤 자한에게도 이어졌다. 그것은 힌두-이슬람 문화로 꽃을 피웠다. 이슬람교가 전파된 길을 따라 아랍의 전통과 페르시아의 문화, 튀르크인의 풍습이 힌두 문화와 융합된 것이다. 이는 종교와 언어, 건축에서도 엿볼 수 있다.

나나크라는 사람은 두 종교의 장점을 살려 시크교를 만들었다. 이슬람교처럼 유일신을 믿고 헌신적으로 살면 힌두교의 믿음대로 해탈에 이르러 깨달음을 얻을 수 있다고 했다. 신분 차별을 없애자는 주장으로 눈길을 끌었고, 출가보다는 일상생활에 충실하기를 권했다. 우르두어 또한 힌두-이슬람 문화의 대표적인 예이다. 원래 튀르크 계통 이슬람 지배자들이 인도 용병을 잘 부리기 위해 만든 언어였는데, 민족과 종교 구성이 한층 다양해진 무굴 시대에 일상적인 언어로 널리 사용되었다.

건축에서도 이슬람의 아라베스크 무늬에 인도의 연꽃무늬나 卍(만)자 무늬를 곁들인 양식이 발달했다. 무엇보다 최고의 걸작은 타지마할이었다. 흰색 대리석 건물에 아라베스크 무늬와 연꽃 장식이, 이슬람 첨탑과 힌두 식 격자창이 어우러진 융합의 상징과 같은 문화유산이 만들어진 것이다. 이처럼 무굴제국에서는 이슬람교와 힌두교가 충돌하고 어우러지면서 다양한 모습의 문화를 빚어냈고, 그것은 인도의 새로운 전통이 되었다.

아크바르-자한기르-샤 자한이 이끈 힌두·이슬람 융합의 시대를 끝낸 것은 아우랑제브였다. 그는 강력한 팽창정책으로 인도(아)대륙 대부분을 장악하며 최대 영토를 확보했다. 그러나 독실한 이슬람 신자인 그는 힌두교도들을 차별적으로 대우하며 이슬람교로 개종할 것을 강요했다. 힌두교도에 대한 인두세를 부활시키고 이슬람교를 믿지 않는 사람들은 관직을 얻지 못하도록 했다. 이로부터 반대 세력의 강력한 저항이 일어났다. 북부에는 라지푸트족이 다시 일어났고, 중부에는 마라타 동맹이 반독립 상태로 큰 세력을 이루었으며, 시크교 세력도 무기를 들고 저항했다. 아우랑제브가 이룩한, 가장 영토가 넓은, 전성기는 곧 쇠퇴기의 시작이 되었다. …

9. 힌두와 이슬람의 융합, 무굴제국

뭐 했더라? ▶ 지난 시간에 배운 내용을 더듬어 봅니다.

1. □□왕조 때, 북인도 지역이 다시 통일되고, 인도 특유의 고전 문화가 발달했다.
2. 기원전 2세기 무렵 브라만교, 불교, 민간신앙을 바탕으로 만들어진 인도의 종교는?

미리 보기 ▶ 오늘 공부할 내용을 낭독합니다.

1. 무굴제국의 성립과 발전 과정을 설명할 수 있다.
2. 무굴제국에서 발달한 인도·이슬람 문화에 대해 말할 수 있다.

역사 속으로 ▶ 교과서를 읽으세요.(116~117쪽)

개념 잡기! ▶ 오늘 배울 핵심어를 교과서에서 찾아 빈칸을 채워보세요.

1. 이슬람 세력의 접근

• 건국: 8세기 초부터 이슬람 세력 침입 시작, 13세기 델리에 (　　　)왕조 등장
• 발전: 모두가 평등하다는 교리를 내세운 이슬람 세력은 개종하는 사람들에게 세금을 줄여줌
→신분 차별과 무거운 세금에 시달리던 인도인 중 개종하는 사람이 점차 늘어남

2. (　　　　　)제국의 성립과 발전
• 건국 : 16세기 초 티무르의 후손 바부르가 주도
＊무굴 - 몽골의 이슬람식 표현
• 발전 과정

구분	주요 활동	영토 확장	통치 방식
(　　　) 황제	행정 제도 정비, 도로 건설, 교역 활발	북인도 ~ 아프가니스탄	관용 정책 - 인두세 폐지, 비이슬람교도 관리로 등용
아우랑제브 황제	강력한 이슬람화 정책	인도 남부 정복 → 최대 영토로 확대	차별 정책 - 비이슬람교도에게 (　　　) 징수

• 쇠퇴: 안으로는 분열, 밖으로는 유럽 세력의 침략을 받음

3. 인도·이슬람 문화

성격	언어	종교	건축
융합적	우르두어	시크교	(　　　)

한 걸음 더! ▶ 앞서 배운 내용을 바탕으로 모둠원들과 의논하여 과제를 해결합니다.

1. 다음 자료를 읽고 물음에 답하시오.

㉠ 황제는 "지금까지 나는 나와 신앙이 다른 사람들을 억압하여 나와 같게 만들려고 했고, 그것을 알라에 대한 의무라고 생각했다. 그러나 강제로 개종을 시킨 사람에게서 성실한 신앙생활을 기대할 수 있겠는가? … 모든 사람은 자기가 최고로 여기는 존재에 대해 각기 다른 이름을 붙여놓는다"라며 힌두교도에 대한 차별을 없애 힌두교도와 무슬림을 똑같이 관료로 임명했다. 또 힌두교도에게 물리던 인두세를 폐지했다.
반면, ㉡ 황제는 강력한 팽창정책으로 인도 대륙 대부분을 장악하며 최대 영토를 확보했다. 독실한 이슬람 신자인 그는 힌두교도들을 차별대우하며 이슬람교로 개종할 것을 강요했다. 힌두교도에 대한 인두세를 부활시키고 이슬람교를 믿지 않는 사람들은 관직을 얻지 못하도록 했다.

1) ㉠과 ㉡에 들어갈 인물은?

2) 밑줄 친 ㉠ 황제의 조치와 유사한 정책을 펼쳤던 이슬람 왕조를 손꼽아 본다면?

3) ㉡ 황제의 전성기가 끝난 후 무굴제국의 상황을 교과서 116쪽에서 찾아 정리해 보자.

내부 : / 외부 :

2. 다음 자료를 보고 물음에 답하시오.

무굴제국의 5대 황제인 샤 자한은 페르시아에서 망명한 귀족의 딸 뭄타즈 마할과 결혼했다. 전쟁터에까지 늘 함께했던 그녀가 죽자 슬픔에 차 있던 샤 자한은 아그라의 자무나 강가에 아름다운 무덤 궁전을 만들었다. 이 건물의 치솟은 정면은 이슬람 문화와 힌두 문화의 결합을 잘 보여

준다. 창이나 문의 테두리는 이슬람 냄새가 짙은 끝이 뾰족한 아치인데, 여기에 힌두교 사원에서 흔히 볼 수 있는 조각한 대리석 격자가 끼워져 있다. 벽에 새겨진 아라베스크와 갈매기 형 무늬는 이슬람풍이지만 문이나 천장이 만나는 곳에 조각된 연꽃은 힌두 문화의 영향을 보여준다.
한편 황후가 죽은 그 시기에 데칸 지방은 굶주림이 아주 심해졌는데, 황후를 가매장한 아메드나가르 지방에서만 100만 명이 굶어 죽었다. 바로 그해 문화와 예술을 사랑하는 샤 자한 황제는 궁전보다 더 호화찬란한 황후의 무덤을 짓기 시작했다. 할아버지 아크바르 황제가 다져놓은 제국은 곳간에 재물이 가득했고 황제는 그것을 아낌없이 퍼 썼다.

1) 이 글에서 묘사하고 있는 건물은?
2) 이 건물처럼 인도와 이슬람 문화가 융합된 사례를 아는 대로 적는다면? (언어, 종교 등)
3) 위대한 예술과 엄청난 예산, 영원한 사랑과 백성의 고통이 함께 서려 있는 이 건물을 어떻게 평가할 것인지 모둠원들과 얘기해 보자.

- 내 생각 :
- 짝 생각 :
- (다른) 모둠 생각 :
- 마지막 내 생각 :

과정 중심 평가의 성찰

이 수업에서는 여러 내용을 다루었으나 학습 목표에 해당하는 힌두·이슬람 문화를 중심으로 설명을 진행했다. 대표적으로 타지마할과 관련한 활동에 중점을 두었고, 타지마할의 역사적 의미를 평가하는 학생 발표까지 이루어졌다. 따라서 서·논술형 평가에서도 타지마할에 관한 문항을 제시하기로 했다.

다만, 중학교 1학년 때 자유학기제를 시행한 까닭에 학생들이 정기고사를 치른 적이 없다는 점을 고려했다. 특히 서·논술형 평가를 해본 적이 없어 낯섦과 두려움이 큰 학생들이 아닌가. 낯선 기타사를 배우면서 기본적인 사실 확인을 넘어 심화 질문이나 서·논술형 과제를 수행평가로 감당하기는 어렵다고 보았다. 개별 사실에 질려버려서 '그래 역사는 암기과목이야'를 되뇌일까 우려스러웠고, 소소하게 자기 생각의 씨앗을 보여주는 정도면 족하다고 생각했다. 그래서 정기고사를 앞두고 오픈북 형식으로 수행평가를 한 것이다. 수업시간에 배운 내용을 스스로 정리하고, 느낀 점과 궁금한 점을 쓰도록 하는 '배움 노트' 양식을 만들어 보았다.

배움 노트에는 세 가지 항목을 넣었는데, 우선 '배운 점'은 과정 중심 평가의 일환으로 배운 내용을 자기 언어로 써보는 기회로 생각해 본 것이고, '느낀 점'은 학생마다 무엇을 느끼고 인상 깊게 생각하는지 교사가 알 수 있도록 설정한 것이었다. '궁금한 점'은 여전히 모르겠거나 헷갈리거나 더 알고 싶은 내용을 물어보는 것이다. 특히 '궁금한 점'은 교사들이 열심히 가르쳐도 잘 이해하지 못하거나 관심을 갖고 더 알아보고자 하는 학생들의 의견을 듣는 항목이어서 교사에게는 수업에 대한 피드백이 되기도 한다.

제대로 된 공부란 스스로 내용을 정리하면서 자기 언어로 표현하는 것이니 서·논술형 평가 전에 충분히 마음의 준비와 내용적 준비를 시키려는 의도로 배움 노트를 작성하도록 했다. 다음의 양식은 하나의 기본 틀로서 다양하게 변형하여 학생들의 내용 정리에 활용할 수 있을 것이다.

이렇게 수업에서 주요 내용을 다루고, 배움 노트에 담아낸 것을 토대로 정기고사에서 서·논술형 문항을 출제했다. 다른 문항들은 지면 관계상 생략하고

2학년 역사 B 〈배움 노트〉 작성 (수행평가)

2학년 (　　)반 (　　)번호 이름: ______________

조건) 1. 주제와 관련된 키워드와 필수 내용을 포함하여 다섯 줄 이상 작성할 것

2. 주제와 관련된 질문을 두 가지 작성할 것 (모르는 것, 헷갈리는 것, 궁금한 것)

3. 완성된 문장 형식으로 작성할 것 (ex: '~다/이다' 인정, '~임/함/음' 등은 1점씩 감점)

구분		내용
배운 점	불교와 마우리아, 쿠샨왕조	
	힌두교와 굽타	
	힌두·이슬람과 무굴제국	
느낀 점		
궁금한 점		

내용의 충실성(3)	내용의 정확성(3)	질문의 독창성(2)	형식의 완결성(2)	계(10)

타지마할과 관련한 문제만 살펴보자. 출제 의도와 방법을 설명하자면 수업시간에 다룬 내용, 활동지에 실은 글을 약간 수정하여 문항의 제시문으로 만들었다. 가급적이면 주어진 텍스트에서 최대한 답을 찾도록 했는데, 첫 문항은 수업을 조금이라도 들었다면 바로 답을 할 수 있는 매우 쉬운 질문을 던져 0점을 없애려 했다. 두 번째 문항도 자료에서 그냥 찾아 쓰면 되는 질문으로 아예 포기하는 학생이 없도록 했다. 세 번째는 수업 중에 힌두·이슬람 문화의 사례로 타지마할과 관련된 내용을 강조한 바 있어 출제했고, 네 번째 질문은 제시문에 힌트를 줘서 쉽게 찾아 쓸 수 있게 한 것이다.

실질적인 서·논술형 문항은 다섯 번째 질문이었다. 서로 판단이 다를 수 있는 역사적 의미와 평가를 써보게 한 것인데, 그나마도 공란으로 둘까 봐 조건을 주면서 사실상 키워드를 제시했다. 이 키워드와 수업 중에 했던 활동을 떠올리며 자기 생각을 한 스푼 담게 하려는 의도였다. 앞의 질문들이 단답형의 변형이라면, 이 문제가 유일한, 서·논술형의 취지에 부합하는 질문이었다. 그런데 결과는 많이 아쉬웠다. 학생들이 자기 생각 쓰기를 너무 힘들어했기 때문이다.

서·논술형 3. 자료를 읽고 물음에 답하시오.(10점)

> 무굴제국의 5대 황제인 샤 자한은 전쟁터에까지 늘 함께했던 황후 뭄타즈 마할이 죽자 넋을 기리기 위해 아그라의 자무나 강가에 (가)무덤 궁전을 만들었다.
> (가)는 힌두와 이슬람 문화의 결합을 잘 보여준다. 창과 문의 테두리는 이슬람 냄새가 짙은 끝이 뾰족한 아치인데, 여기에 힌두교 사원에서 흔히 볼 수 있는 대리석 격자가 끼워져 있다. 벽에 새겨진 아라베스크 무늬는 이슬람풍이지만 문과 천장 위에 조각된 연꽃은 힌두 문화의 영향을 보여준다.

한편 황후가 죽은 해, 데칸 지방은 기근(굶주림)이 아주 심했고, 그녀를 임시로 매장한 아메드나가르 지방에는 100만 명의 백성이 굶어 죽었다. 바로 그해 샤 자한은 (가)를 짓기 시작했다. 할아버지 아크바르 황제가 쌓아놓은 제국의 곳간엔 재물이 가득했고 샤 자한은 그걸 아낌없이 썼다. 훗날 그는 아들 아우랑제브에 의해 황위에서 쫓겨나게 되었다. 또 아우랑제브는 강력한 이슬람교 중심의 정책을 펼쳐 나갔다.

1) 밑줄 친 (가)의 명칭은? (1점)

2) (가)에 있는 힌두교 요소와 이슬람교 요소를 자료에서 찾아 각각 한 가지씩 적으시오.(2점)

- 힌두 :
- 이슬람 :

3) (가)와 같이 힌두·이슬람이 융합된 종교의 사례와 언어의 사례를 적으시오.(2점)

- 종교 :
- 언어 :

4) 무굴제국에서 힌두·이슬람이 융합된 문화가 발달할 수 있도록 관용 정책을 펼친 ㉠황제의 이름과 반대로 차별 정책을 추진한 ㉡황제의 이름을 순서대로 적으시오.(2점)

㉠ ㉡

5) (가)의 역사적 의미를 어떻게 평가하는지 아래 조건을 참고하여 자신의 생각을 서술하시오.(3점)

조건 1. ①과 ②의 관점에 대한 자기 의견을 쓸 것
① 위대한 유산인가, 막대한 예산인가?
② 영원한 사랑인가, 백성의 고통인가?

조건 2. ①과 ②를 종합하여 자신의 결론을 제시할 것

이런 수준의 문항임에도 만점자는 전교생 310명 중 단 2명이었다. 앞선 문항에서 정답을 놓친 것도 원인이었지만, 마지막 질문에 자기 생각 쓰기에서 실수가 많았다. 교사가 제시한 조건의 키워드만 그대로 나열한 학생도 있었고, 자기 생각을 쓰기는 했는데 타지마할에 관한 평가가 아니라 샤 자한의 행동이 문제가 있다는 식의 답이 많았다. 부정적 평가가 압도적으로 많았지만, 유의미하게 정리하거나 색다른 관점을 보여준 학생도 10명 남짓 있었다. 그에 해당하는 학생 답 몇 가지를 추려보았다.

■ **부정적 평가**

- **타지마할은 겉보기에는 웅장하고 아름다운 문화유산이지만, 참혹한 역사를 보여주는 산증인이기도 하다. 따라서 결코 아름다운 건축물로만 소비해서는 안 되며, 참혹한 역사를 보여주는 수단이 되어야 한다.**
- **이것을 만드는 데 오랜 기간 막대한 예산이 사용되었고, 백성들이 노동력을 착취당했다. 차라리 이것을 국가 발전에 사용했으면 더 좋았을 것이다. 나는 막대한 예산과 백성의 고통이 단순히 위대한 사랑으로 포장되는 것이 의문이다.**

■ 긍정적 평가

• 나는 이 건물이 힌두·이슬람을 대표하는 멋진 유산이라고 생각한다. 과거에 좋지 않았던 것 때문에 현재의 가치를 바꾸기에는 아깝다고 생각한다.

• 나는 이 건물을 역사적으로 가치 있는 위대한 유산이라고 생각한다. 화려하게 건축되었고, 그 안에는 황제의 사랑이 깃들이 있기 때문이다.

• 현재까지 남아 있는 역사적 관광지로서 이곳에는 사랑과 슬픔, 백성의 고통까지 볼 수 있어 오히려 위대한 유산인 것 같다.

• 다른 무고한 백성들이 힘들고 괴로웠겠지만, 나는 이 건물이 아내를 사랑한 한 남자가 죽은 아내를 향한 자신의 그리움을 담아 만든 마지막 선물이라고 생각한다.

■ 유보 혹은 중립적 평가

• 현재 위대한 유산으로 많은 사랑을 받고 있지만, 당시 백성들이 힘들었을 것을 생각하니 그 아름다움에는 대가가 따르는 것 같다.

• 후손들에게는 아주 아름다운 건축물이자 예술 작품이지만, 그 시절 백성들에게는 타지마할이 무엇이었는지 감히 상상할 수도 없다.

균형 잡힌 세계사를 가르치려면

1절과 2절을 되짚어 보면, 유럽 중심-중국 부중심의 세계사상에 대한 고민이 여전하다는 사실 그리고 특히 유럽중심주의 논리로 회귀하지 않고 어떻게 세계사를 그려낼 것인가, 기타사는 어떻게 설명할 것인가 하는 문제는 세계사 수업의 큰 쟁점임을 알 수 있다. 이에 대한 역사학계의 정리가 선행되지 않고 교과서가 극적으로 달라지지 않으면, 역사교사의 재구성 노력에는 분명 한계가 있다. 그럼에도 당장 수업에서 불편한 역사상을 반복적으로 전달하지 않고, 나름대로 균형감을 갖춘 역사의 한 자락을 보여줄 필요는 있다.

여기에 도움이 될 만한 논지 두 가지를 살펴보자. 첫째, 유럽사의 분량보다 관점을 중시하는 입장이다. 윤종필은 유럽중심주의는 유럽을 '얼마나' 다루느냐가 아니라 '어떻게' 다루느냐가 중요하다며, 중국-인도 중심이든 유럽 중심이든 실상에 걸맞은 변화의 궤적을 반영해서 서술할 것을 주장했다.[2] 박용희도 유럽의 분량 축소보다 '지방화'를 제시했다. 유럽 중심의 근대가 세계사적 보편성을 갖는다고 해석하지 않고 어느 지역 세계의 변화를 보는 것이다. 여러 지역사를 폭넓게 재조명하고 세계적으로 근대화의 전개 과정이 일률적이지 않았다는 것을 밝힌다면, 유럽중심주의로부터 자유로운 새로운 서사를 향한 길이 열릴 수 있다고 보았다.[3]

둘째, 비서구권 근대화의 양상과 미완의 개혁을 새롭게 바라보는 입장이다. 당장의 실패에 시선을 빼앗기지 않고, 어떻게 자신의 전근대와 전통을 토대로 근대화를 꾀했는지를 보려는 것이다. 이은정은 오스만제국의 탄지마트나 이란의 입헌혁명, 인도의 민족운동 등에서 유럽의 침략과 강요로 수동적이고 대상화된 것이 아닌 자발적인 개혁 노력을 살피면서 다양한 양상의 전개 과정이 있음을 밝히고자 했다.[4] 강선주는 동아시아, 서아시아, 인도나 동남아시아, 아프리카 등의 여러 사회에서 갑자기 유럽 제국주의의 침략을 받았고 그에 '당황하면서' '어쩔 줄 몰라 하고 그리하여 일방적으로 피해를 당했다'는 식으로 그려내는 것에서 탈피해야 한다고 보았다. 이전부터 여러 지역과 지속적인 관계를 맺어온 과정에서 그 관계가 어떻게 변질되었고, 역사적 주체들은 그 관계 변화를 어떻게 인식했는지, 어떤 문제를 고민했고 어떻게 문제를 해결하고자 했으며 또 그들은 무엇을 봤고 무엇을 못 보았는지, 어떤 문제를 수정하면서 '근대'로의 전환을 꾀했는지 하는 점들에 대해 생각해 보게 해야 한다는 것이다.[5]

세계사 내용 체계와 논리의 구성이 간단하지 않은 일임은 분명하나, 유럽 중심주의를 어떻게 설명하고 교육과정과 교과서에 어떻게 완화된 형태로 재구성할 것인지 최소한의 정리가 필요하다. 아울러 망라주의라는 오명을 벗어날 수 있는 다채로운 세계사 내용의 배치와 조화, 적절한 균형을 어떻게 구현할 것인지를 본격적으로 고민해야 하며, 방대한 세계사를 조망하되 현대 한국 사회를 이해하는 데 도움이 될 수 있는 내용 구성에도 힘을 기울여야 할 것이다.

위의 문제의식을 일거에 해소하지 못하더라도 수업의 변화를 도모할 방도가 있다. 필자가 보기에는 기타사 내용을 적잖게 가르치고도 학습량을 맞출 여지가 제법 있다. 중국사와 유럽사에서 지나치게 자세하게 다루던 것을 덜어내어 여백을 확보하는 것이다. 유럽과 중국에서 꼭 필요한 것이나 큰 맥락을 잡아주는 정도로 내용을 간추리고, 다양한 지역과 문화가 어떻게 만나 역사를 만들어 가는지 보여주면 될 것이다.

대표적으로 유럽 중세 봉건제의 경우, 국왕부터 농노까지 계서제로 된 피라미드 그림이 나오고, 삼포 농법을 하고 있는 장원에서 영주의 성, 공유지와 교회, 방앗간 등이 펼쳐져 있다. 다만 이런 그림은 10~13세기 프랑스 남부 지역에서 전형적으로 존재했던 것인데, 마치 유럽 전체가 유사하게 체계적으로 운영한 것처럼 가르치고 있다. 기사가 영주에게 충성 서약을 하지만, 복수의 영주와 계약을 맺어 조건이 더 유리한 쪽을 선택할 수 있었다는 사실은 나와 있지 않다. 영국만 하더라도 왕권이 상대적으로 강해서 존 왕의 횡포를 막기 위해 영주들이 뭉쳐 대헌장에 서명하도록 압박했던 사례도 소개하지 않는다. 중세는 영주의 시대라고 단언하기 어렵고, 동유럽의 양상도 사뭇 다른데도, 하나의 계서제 조직과 장원 풍경으로만 가름하고 있다.

문제는 교육과정의 성취 기준을 보면, 중세 봉건제에 대한 언급이 없다는 점이다. 그리스도교 세계의 정치와 종교의 상관성을 이해하고, 이슬람교와의 충돌과 교류를 탐구하도록 되어 있는데, 전체를 대표하지 않는 세부적인 사실에 힘을 쏟느라 정작 성취 기준상 중요한 내용을 비중 있게 다루지 않는 셈이다.

중국사의 경우도 유사하다. 당의 역사를 배울 때는 어김 없이 균전제, 조용조, 부병제가 하나의 완결된 세트처럼 서술되고, 시각 자료로도 제시되어 있는 경우가 많다. 한 나라의 체계적인 운영이라는 점에서 그럴듯한 배치이다. 하지만 균전제는 이념형일 뿐 전국적인 시행 여부가 명확하지 않고, 조용조, 부병제 등 꼭 필요하지 않은 부세제도, 군역제도까지 가르치며 당의 역사를 채우는 방식은 학생들에게 과도한 부담을 준다. 성취 기준상으로는 수, 당 시기의 동아시아 국제 질서의 특징을 이해하고, 동아시아 문화를 탐구하도록 되어 있는데, 동아시아 질서에 대한 서술이 많지 않고, 유교, 불교, 한자, 율령 등은 특별 코너에 배치되어 있는 경우가 많다.

균형 잡힌 서술의 대안으로 프랑스혁명을 가르칠 때, 아이티 독립을 거론하거나 아이티를 가르치면서 혁명기 프랑스의 이율배반을 언급하는 것도 가능하다(실제로 2022 개정 교육과정의 일부 교과서에서 볼 수 있다). 여기서 나아가 아이티 혁명에 고무된 라틴아메리카의 독립 열풍도 다룰 수 있다. 라틴아메리카 독립은 유럽에 영향을 끼쳐 빈 체제를 무너뜨리고, 자유주의와 민족주의 운동의 전개에 자극제가 되었다. 이렇게 별개의 대륙들과 전혀 다른 사건들의 조각으로 배웠던 내용을 하나의 시야에 넣고, 서로 연관된 사실로 가르치면 학습량을 줄이면서 여러 지역과 나라를 조망하여 풍부한 역사상을 구축할 수 있다.

또 다른 예로 신항로 개척을 다룰 때, 라틴아메리카와 아프리카 역사를 함께 가르치는 것도 가능하다. 유럽에서 총포를 아프리카로 보내면 그 무기로 노예를 사냥하여 라틴아메리카로 보내고, 사탕수수밭 농장에서 노예들이 생산한 설탕이 유럽으로 건너가는 순환을 그려내는 것이다. 이렇게 대서양을 무대로 한 삼각무역(노예-설탕) 체제를 통해 과실을 얻은 유럽이 종잣돈을 마련하여 머지않아 산업혁명에 나서는 것으로 설명을 이어갈 수 있다.

이렇듯 관성적으로 가르쳐 왔지만, 대표성이 별로 없거나 지나치게 자세하게 언급된 내용 요소들을 덜어내고, 세계 각 지역과 국가가 교류하고 충돌하며 공존하는 짜임새를 갖추는 방식으로 교육과정을 재구성하면 주류사와 기타사가 조화롭게 엮이는 세계사의 상을 그릴 수 있다고 본다. 이 과정에서 시야가 넓어지고 상호 연관성이 커지면서 큰 그림 속에 여러 사실을 꿸 수 있게 되는 것이다. 이처럼 연관성과 충분한 설득력이 있는 다양한 사례들을 많이 찾아내서 내용을 구성한다면, 기타사만 가르치는 일이 소극적 방어가 아니라 적극적 통합의 단초가 되리라 생각한다.

그러자면 역사교사들이 기타사를 꼼꼼하게 들여다보고 가르쳐 봐야 한다. 침략과 식민의 대상으로 존재하는 지역(국가)이 아니라 나름의 역사와 전통을 지닌 곳으로 눈여겨볼 필요가 있다. 그리고 이런 기타사가 주류사와 어떻게 만나고, 어디서 만나며, 이를 어떻게 설명할 것인지를 고민해 봐야 한다. 이러한 수업 구상은 교사들이 가르치면 가르칠수록 더욱 촘촘한 짜임새를 갖추어 나갈 것이다. 그 결과, 수업 부담은 줄이고 역사적 의미는 키우는 방안이 나올 수 있을 것이라 믿는다.

당장은 서술 분량이 많고, 교사들이 가진 내용 지식이 풍부한 유럽사나 중국사에서 탐구 질문을 추출하는 데 주력해야겠지만, 학생들이 균형 잡힌 역사상을 갖도록 하려면, 기타사에서 논점을 찾아 탐구 질문을 발굴하는 노력을 아끼지 말아야 한다. 필자의 수업 사례에서 질문을 돌아본 것은 그 작은 시작이라 할 수 있다. 이론적으로 정비되어 있고 모양새가 근사한 탐구 질문을 상정할 수는 있지만, 결국 수업에서 그 효과와 의미를 검증할 수밖에 없다. 1장에서 제기한 주요한 원칙, 단계적, 다각적, 과정적 성격을 살리고, 역사적 중요성, 학생 삶과의 관련성을 충족하는 탐구 질문을 구안하는 일은 긴 호흡으로 접근해야 할 것이다. 그리고 기타사를 새롭게 접하는 교사 자신이 설레는 마음으로 살펴볼 때, 더 생동감 있는 탐구 질문을 떠올릴 수 있을 것이다.

3

여성 참정권 운동 수업의 질문들

여성사 수업의 의도와 구상

2022년 제20대 대선부터 2024년 탄핵 정국에 이르는 시기에 한국 사회의 젠더 갈등은 위험 수위에 이르렀다. 급기야 20대 대선 당시에 여야를 막론하고 여성의 군 복무를 주장하는 선거 공약까지 등장했다.[1] 마치 여성도 군대를 가면 근본적인 문제가 해결되는 양 정치권에서 젠더 문제를 키우고 있다. 역사교사들이 평소 인권, 평화, 민주주의를 아무리 가르쳐도 젠더 갈등 앞에서는 무력해지고 있으니, 이를 심각하게 검토하고 잘 풀어내지 않으면 역사수업도 학교 교육도 의미가 퇴색될 우려가 있다.

갈수록 심각해지는 젠더 문제는 현실 정치부터 일상에 이르기까지 곳곳에서 대립과 충돌을 일으키고 있다. 학교에서는 성평등 교육이 예전보다 많이 이루어지고 있지만, 인터넷 공간을 중심으로 한 남혐, 여혐의 갈등은 점점 골이 깊어지고 있다. 당연히 학생들도 영향을 받고 있다. 남학생들은 일베(일간베스트)나 남초 커뮤니티에 관심을 보이며 적극적인 불만을 표시한다. 심지어 극우

적인 유튜브 방송을 시청하면서 민주주의에 역행하는 행동과 태도를 보이기도 한다.[2]

이런 와중에 2015 개정 교육과정(2018년 7월 수정)과 2022 개정 교육과정에는 유의미한 변화가 있었다. 중학교 역사 1에 '여성 참정권 운동'이라는 주제가 성취 기준으로 제시되고, 고교 한국사에는 '페미니즘'이라는 용어가 성취 기준 해설에 등장했다. 이들 주제가 다양한 방식으로 검정 교과서에 구현된 덕분에 수업 장면에서 교사들이 젠더에 관한 이야기를 자연스럽게 펼칠 수 있게 되었다. 중학교 역사 1에는 여성 참정권뿐 아니라 68혁명 이후의 여성운동까지 소개되고 있어서 교사가 내용을 엮기에 따라서는 일상 수업이나 특집으로 젠더 문제를 다룰 수도 있게 되었다.

앞 절에서 소개한 대로 필자의 중학교 역사 1 수업은 역사 A와 B로 나누어서 주류사와 기타사로 영역을 구분했다. 여성 참정권 주제는 누가 맡아도 상관없고, 큰 흐름에서 보자면 역사 A에서 가르치는 게 자연스럽지만, 필자가 담당하겠다고 나섰다. 교육과정상 처음 등장한 주제여서 남녀를 불문하고 경력이 적은 교사가 감당하기 어려울 수도 있고, 현실적으로는 여성 교사가 여성 참정권 주제를 가르치면 혹시나 일부 남학생들이 불편한 시선을 내비치지 않을까 하는 우려도 있었다. 실제로 2학년 국어와 도덕 수업에서 일부 남학생이 성평등 관련 수업에 대한 불만을 제기하여 수업자인 여성 교사들이 팩트체크를 해야 했던 사례도 있었다. 이에 필자가 수업을 시작하며 한 첫 마디는 "안타까운 현실이지만, 남성 교사가 여성 참정권 운동을 가르쳐야 불필요한 오해가 없을 것"이었다. 예순을 앞둔, 머리가 희끗희끗한 남교사가 하는 여성 참정권 수업은 그래서 무덤덤하게 느껴질 수도 있고, 당연하고 자연스러운 역사적 전개 과정으로 느껴질 수도 있으리라.

수업 의도를 논하기 전에 먼저 한 가지 밝히자면, 이 수업은 독립적으로 여성 참정권 운동만 다룬 것은 아니다. 교육과정을 재구성한다고 했지만, 진도 여유가 많지 않은 관계로 '노동자의 권리 확대'라는 주제를 수업 후반부에 추가했다. 여성의 권리 향상도 중요하지만, 학생들 다수가 노동자로 살아갈 것이므로 노동에 대한 인식 개선 또한 필요하기 때문이다. 물론 노동문제 분량은 5분 남짓 되는 시간에 노동의 개념, 노동조합, 노동자 정당, 국제노동기구(ILO) 소개 정도에 그쳤다.

본 수업의 가장 큰 줄기는 여성 참정권의 획득 과정이다. 그런데 교과서를 살펴보면 제1차 세계대전 이후 마치 선물처럼 주어진 것으로 묘사되어 있다. 여기에는 두 가지 문제가 있다고 본다. 첫째, 그전에 여성에 관한 논의가 없는 상태로 참정권 주제가 나오니 맥락이 없이 전쟁의 낙수효과처럼 느껴지는 서술을 하게 되는 것이다. 둘째, 지난한 투쟁 과정이 소거된 채 전후의 민주주의 확대 분위기에서 자연스럽게 참정권이 주어진 것처럼 보이는 것이다. 교과서가 말하지 않는 불편한 진실이 많음에도 이렇게 진술되는 것은 착시를 불러일으킬 수 있어 고민이 필요하다.

당시 필자가 사용한 교과서에 제시된 자료는 전후의 여성 참정권 확대에 관한 연표, 군수공장에서 일하는 여성 노동자, 거리 시위 장면, 바이마르 헌법 조항, 더 나아가 여성 참정권 운동 관련 인물과 단체(밀리센트 포셋, 서프러제트)를 소개하는 이미지나 영화 〈서프러제트〉 장면 등이다. 교사가 교재 연구를 충분히 해서 맥락을 연결시켜 주지 않으면, 학생들이 이 자료들만 보고 흐름을 파악하기 어려울 것이다. 특히 온건파 밀리센트 포셋과 급진파 서프러제트의 차이는 교사 자신이 모르면 가르치기 쉽지 않다.

더한 문제는 교과서에 제시된 자료에 대한 발문이다. 필자가 사용한 교과서는 서프러제트 중에서도 에멀린 팽크허스트에 대해서만 소개한 채로 발문에서 학생들에게 여성 참정권 확대의 배경을 쓰게 한다. 전술한 대로 밀리센트 포셋과 차이도 있고, 딸 실비아 팽크허스트와 노선 대립이 있는데도 에멀린의 행적만을 제시하고 발문을 던진다. 여성 운동가들이 마침내 영국 정부와 협조하고, 심지어 전쟁에 반대하는 남자들을 조롱하기까지 한 덕분에 여성 참정권이 주어진 것으로 오해할 수도 있다. 학생들이 여성 참정권 운동의 일부만 보거나 자신의 힘으로 쟁취하지 못하고 전쟁의 틈바구니에서 얻은 것이라고 생각할 수도 있기 때문에, 자료에 대한 발문 또한 보완이 필요하다.

이에 필자는 교과서의 부족한 설명을 슬라이드와 활동지의 간단한 소개글로 보충했다. 먼저 프랑스혁명을 소환하여 여성들의 베르사유 행진을 제시하고, 올랭프 드 구즈의 '여성 권리 선언'이 있었음을 보여주었다. 영국에서도 여성 참정권 논의가 있었는데, 존 스튜어트 밀은 남성으로서 《여성의 종속적 지위에 관하여》를 집필하여 지지를 표명했다는 사실을 알려주었다. 미국에서도 서부 개척 과정에서 여성의 역할이 컸고, 주별로 여성 참정권을 인정하는 사례가 있었음을 제시했다.

제1차 세계대전 전부터 여성 참정권 운동의 자세한 경과를 설명하면서, 지난한 노력과 내부 갈등을 겪으며 참정권을 획득한 과정을 짚어보았다. 다양한 방식의 시위와 투쟁, 그에 따른 탄압 등을 설명했다. 온건한 방식이든 과격한 방식이든, 남성들의 편견과 오랜 인습을 극복하고 당당히 선거에 참여하기까지 많은 노력이 있었음을 학생들에게 환기시켜 주었다.

그리고 수업 후반부에 두 가지 과제를 제시했다. 두 과제는 평소 수업에서 필자가 던지는 질문 방식에 따른 것이었다. 수업 내용을 확인하거나 깊이 있게 들여다보는 질문, 현실과 연관시키거나 다르게 바라보게 하는 질문 등이다. 배움의 공동체식으로 표현하면 점프 과제에 해당한다. 수업 내용을 깊게 보기, 넓게 보기, 다르게 보기는 역사적 사고력 중에서 사실 확인을 넘어 인과관계 확인, 공감 혹은 상상하기, 나름대로 판단하기의 기초가 되는 까닭이다.

첫 번째 과제로 여성 참정권을 획득하기 위한 팽크허스트 모녀의 노선 대립에 대해 어떻게 생각하는지를 물었다. 제1차 세계대전을 여성 참정권 획득의 기회로 보고 영국 정부에 협조하려는 어머니 에멀린과 제국주의 전쟁에 참여하는 것은 부당한 일이며 참정권 획득의 명분도 약해질 것이라는 딸 실비아의 입장이 담긴 자료를 읽고 답하는 것이었다. 한 집안에서도 모녀 사이에 의견이 다를 수 있다는 점, 참전(參戰)하여 참정할 것인가와 반전(反戰)하며 참정할 것인가의 대립, 목적을 실현하기 위해 타협적 수단을 쓸 것인가, 올곧은 방법이 아니면 고상한 목적이 빛바랜다고 볼 것인가 등등 생각할 지점이 제법 있는 질문이다.

두 번째 과제는 현실적인 이슈에 대한 것이었다. 2021년 열린 제32회 도쿄 올림픽에서 대한민국 선수 최초로 3관왕을 차지한 안산 선수가 페미(페미니스트의 줄임말이자 폄훼하는 표현)이므로 메달을 박탈해야 한다는 일부 남초 커뮤니티의 주장에 대한 학생들의 판단을 물었다. 매우 비상식적인 문제 제기임에도 국내 언론에서 '논란'이라는 식으로 일을 키우고, 해외 언론에서도 이 문제를 다루면서 관심이 집중되었다. 이른바 여혐 논란에 대해 어떻게 생각하는지 학생들의 의견이 궁금했다. 특히 남학생들이 어떻게 생각하며, 어떤 근거를 대는지 알고 싶어 질문을 했다.

수업 실행과 자료

아래에서는 여성 참정권 운동 수업의 활동지와 읽기 자료, 수업에서 사용한 슬라이드 자료를 소개한다. 슬라이드 자료는 전국역사교사모임의 파워포인트 자료를 재구성한 것이다.

뭐 했더라? ▶ 지난 시간에 배운 내용을 더듬어 봅니다.

1. 1919년 중국 청년들이 일제의 21개조 요구에 맞서 시작한 민족운동은?
2. 인도의 간디는 영국의 식민정책에 저항하며 비폭력 □□□ 운동을 전개했다.

미리 보기 ▶ 오늘 공부할 내용을 낭독합니다.

1. 여성 참정권의 필요성과 전개 과정을 말할 수 있다.
2. 노동자의 권리가 확대되는 과정을 설명할 수 있다.

역사 속으로 ▶ 교과서를 읽으세요.(193-195쪽)

끔찍했던 제1차 세계대전은 역설적이게도 여성들이 사회로 진출하고 참정권을 쟁취하는 계기가 되었다. 전쟁터로 떠난 남성들을 대신해 여성들이 공장과 농장에서 대거 일을 하기 시작했기 때문이다. 이제 사회와 경제의 여러 분야에서 여성 노동력은 꼭 필요한 것이 되었다. 남자들과 어깨를 나란히 하며 각종 직장에서 일하게 된 여성들이 참정권을 요구하자 정부는 이를 무시할 수 없었다. 결국 영국은 1918년에, 미국은 1920년에 여성들에게 참정권을 부여했다.

그러나 여성 참정권은 처절한 투쟁의 산물이었다. 술주정뱅이나 범죄자 남성조차 누릴 수 있는 '선거권'을 여성들은 누릴 수 없다는 사실에 분노한 여성운동가들은 참정권을 얻기 위해 헌신적으로 투쟁했다. 1893년 뉴질랜드 여성들이 세계 최초로 선거권을 획득한 이래 여성 참정권 운동은 더욱 거세게 전개되었다. 여성들은 의회 앞에서 농성을 하거나 관공서를 습격하기도 했고 경마장에서 달리는 말에 뛰어드는 극단적 방법을 쓰기도 했다. 이런 노력이 제1차 세계대전 이후 드디어 결실을 맺은 것이다.

비슷한 시기에 여성뿐만 아니라 노동자의 권리도 확대되었다. 자본주의 사회가 발달할수록 노동자의 역할도 중요해지기 때문에 기업주와 노동자 간의 협상과 타협이 활발하게 일어나 점차 노동자의 권리도 커져갔다. 한편으로 노동에 대한 생각도 달라지기 시작했다. 소수의 기업주 외에 다수의 사람은 일생을 노동자로 살아간다. 육체노동과 정신노동, 현장직과 사무직 등 노동의 모습은 다르지만, 사람은 일을 하면서 보람을 느끼고, 돈을 벌며, 자신의 꿈을 실현해 나간다. 직업에 귀천이 없는 것도 노동은 누구에게나 신성하고 소중한 것이기 때문이다.

개념 잡기! ▶ 빈칸을 채우거나 문장을 완성하세요.

1. 여성 참정권 확보

- 배경 : 총력전으로 전개된 제1차 세계대전 → 여성의 사회적, 경제적 참여 증가(군수공장 등)
- 경과 : 여성들의 (   ) 투쟁 → 재산이나 성별에 제한 없이 누구나 선거하는 보통선거 정착

  1893년 뉴질랜드(세계 최초), 1917년 러시아, 1919년 독일 바이마르 헌법에서 여성의 선거권 보장, 영국은 서프러제트의 활약으로 1918년 30세 이상 → 1928년 21세 이상
- 결과 : 제2차 세계대전 이후 아시아, 아프리카 여성들의 참정권도 인정

2. 노동자의 권리 확대 : 노동조합 확대, 노동자를 대변하는 정당 + ILO(   ) 설립

한 걸음 더 ▶ 앞서 배운 내용을 바탕으로 모둠원들과 의논하여 과제를 해결합니다.

1. 교과서 194쪽 자료2에 나오는 팽크허스트 가문의 행동에 대해 자신의 생각을 말해보자.

에멀린은 영국 정부의 탄압을 받다가 참정권을 얻기 위해 제1차 세계대전 때 여성들에게 전쟁에 적극 협력할 것을 당부했고, 전쟁에 나서지 않는 남자들을 겁쟁이라고 비난했다. 전시에 부족한 노동력을 여성들이 메워야 한다며 후방에서 영국군을 지원했다. 반면에 그의 딸 실비아는 제국주의 전쟁에 뛰어든 영국을 비난했으며, 전쟁통에 공장에 가서 일하게 된 여성들이 남성과 동일한 임금을 받아야 한다고 주장했다. 전쟁 중에도 참정권 운동을 펼쳤고, 맹목적인 애국주의는 희생을 낳을 뿐이라고 비판했다. 전쟁을 계기로 엄마 에멀린과 딸 실비아는 완전히 노선이 달라졌다.

* 나는 누가 옳다고 생각하는가, 그 이유는?

2. 아래 인터넷 기사 묶음을 보고 친구들과 의견을 나눠보자.

2021년 7월 30일, 대한민국을 놀라게 한 기사들이 쏟아졌다. 대한민국 최초로 올림픽 금메달 3관왕이 탄생했다. 그의 이름은 여자 양궁 국가대표 안산. 그런데 또 다른 뉴스가 인터넷에 오르내렸다. 안산 선수가 숏컷에 소위 페미(페미니스트: 여성의 정치, 사회적 지위 향상을 추구하는 사람)들이 쓰는 말을 SNS에 남겼으니 문제가 있다는 남초 커뮤니티의 주장이었다. 이로부터 논란이 시작되어 국내외에 알려졌는데, 영국의 BBC, 미국의 CNN 등에서 이를 기사로 다루면서 '한국은 선진국 대열에 들어선 나라인데, 여성의 지위와 활동에 대한 인식은 뒤처져 있다'는 평가를 했다. 이에 대해 서울대 심리학과 곽금주 교수는 소수 남성의 주장이 과잉 대표(지나치게 크게 보임)되고 있으며, 다수의 남성들은 그렇지 않다고 분석했다.

읽기 자료

과학의 눈부신 발전 덕분에 냉장고와 세탁기, 청소기, 전기밥솥과 같은 가전제품은 가정의 필수품이 되었고, 여성들은 가사 노동의 부담을 덜고 사회 활동에 투자할 시간을 갖게 되었다. 특히 교육의 기회가 확대되어 정치·경제·사회·문화의 각 분야에서 당당히 활동하고 있으며, 자신의 분야에서 두각을 나타내고 있다.

그러나 모든 여성이 이런 경험을 하고 있는 것도 성차별과 불평등이 완전히 사라진 것도 아니다. 가사 노동 시간이 짧아졌다고 해서 가사 분담까지 평등해진 것은 아니며, 여성의 사회 활동이 늘면서 오히려 직장 일에 집안일까지 이중으로 떠맡는 경우가 많다. 여전히 출산과 육아를 여성의 책임으로 떠맡기려는 경향이 크고, 이 때문에 여성들의 사회 활동은 크게 제한받고 있다.

진정한 성평등 사회가 되려면, 사람들의 근본적인 인식 변화와 정부의 적극적이고도 현실적인 정책이 절실하다. 출산과 육아, 가사 노동은 결코 여성만의 일이 아니다. 여성의 교육과 사회 진출은 결국 국가 경쟁력에도 크게 영향을 끼치는 중요한 문제이기 때문이다. 사회적으로 성평등 인식이 확산하고 국가적으로는 성평등 정책이 실시될 때, 비로소 여성들도 여성이기 이전에 인간으로서 바로 설 수 있을 것이다. 그래야만 양성이 평등한 새로운 미래의 역사를 열어갈 수 있을 것이다.

여성 참정권 운동 수업에 활용한 슬라이드 자료

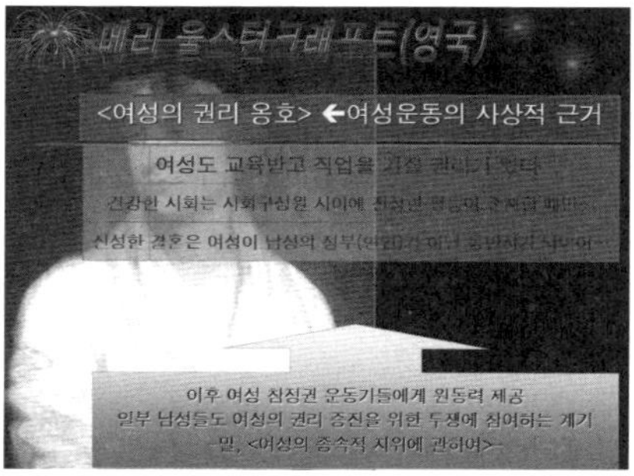

연설하는 미국 여성
초기 서부개척과정에서 여성 역할 컸음
사회 안정됨에 따라 남녀차별 굳어짐
여성 참정권 운동 시작
노예 해방 운동과 연대하여 급진적으로 발전

여성 참정권 요구 포스터
What a Woman may be and yet not have the Vote
시장, 간호사, 어머니, 의사, 교사 역할 여성 → 투표권 없고
LUNATIC
DRUNKARD

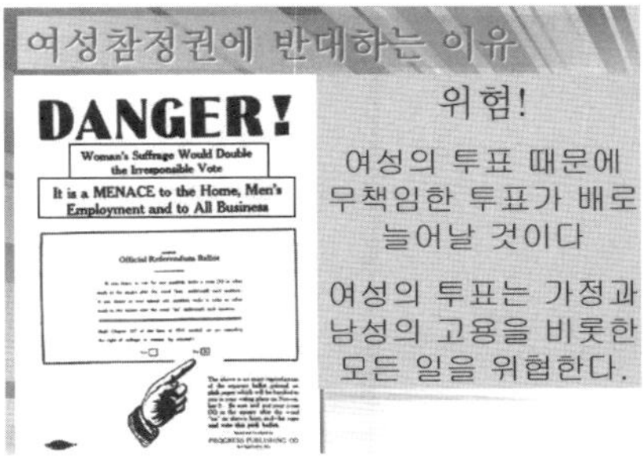
여성참정권에 반대하는 이유
DANGER!
Woman's Suffrage Would Double the Irresponsible Vote
It is a MENACE to the Home, Men's Employment and to All Business
위험!
여성의 투표 때문에 무책임한 투표가 배로 늘어날 것이다
여성의 투표는 가정과 남성의 고용을 비롯한 모든 일을 위협한다.

에밀리 데이비슨의 장례식
전투적인 여성 참정권 운동가
1906. 여성사회정치동맹에 가입
1913. 경마장에서 국왕 말의 경주 중에 뛰어들어 사망
장례식에 수백만의 여성이 모임 → 시위장으로 변화

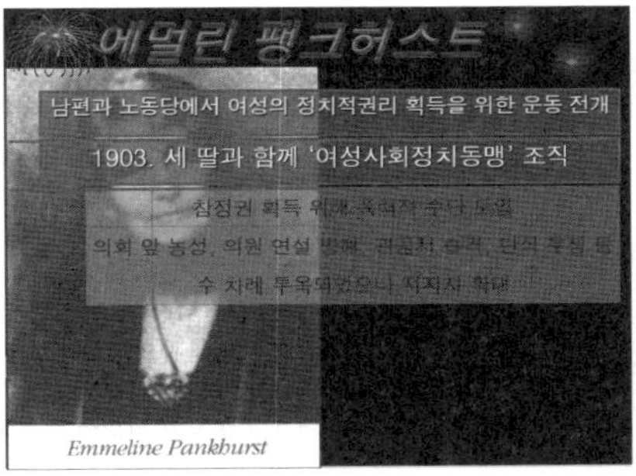
에멀린 팽크허스트
남편과 노동당에서 여성의 정치적권리 획득을 위한 운동 전개
1903. 세 딸과 함께 '여성사회정치동맹' 조직
Emmeline Pankhurst

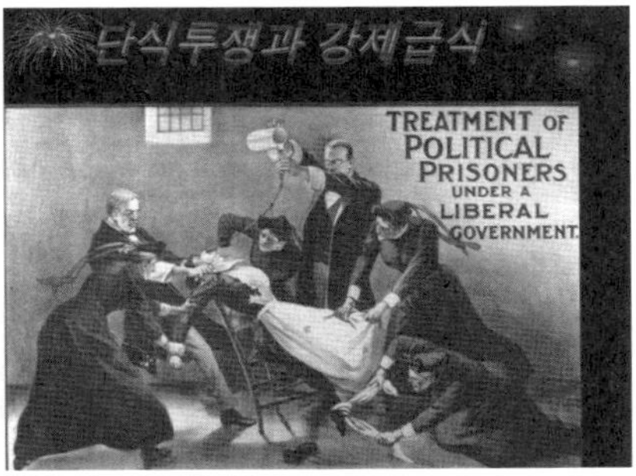
단식투쟁과 강제급식
TREATMENT OF POLITICAL PRISONERS UNDER A LIBERAL GOVERNMENT

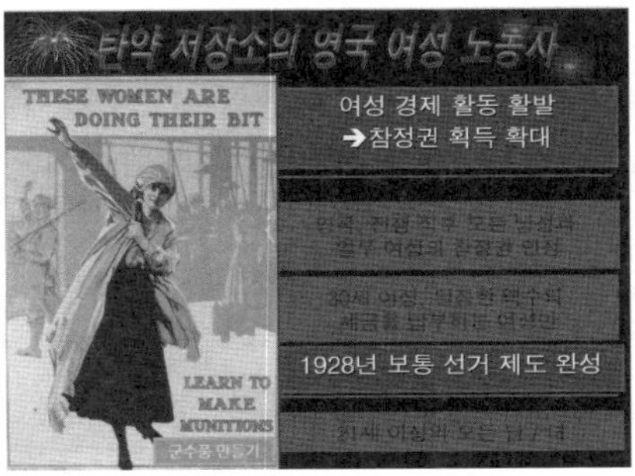
탄약 저장소의 영국 여성 노동자
THESE WOMEN ARE DOING THEIR BIT
LEARN TO MAKE MUNITIONS
군수품 만들기
여성 경제 활동 활발 ➔참정권 획득 확대
1928년 보통 선거 제도 완성

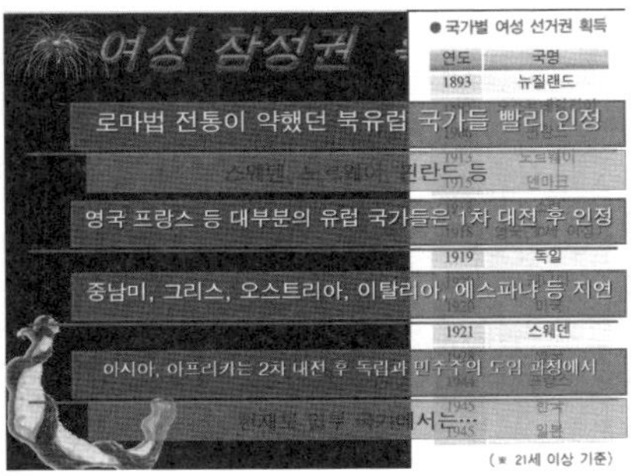
여성 참정권
로마법 전통이 약했던 북유럽 국가들 빨리 인정
영국 프랑스 등 대부분의 유럽 국가들은 1차 대전 후 인정
중남미, 그리스, 오스트리아, 이탈리아, 에스파냐 등 지연
아시아, 아프리카는 2차 대전 후 독립과 민주주의 도입 과정에서
● 국가별 여성 선거권 획득
연도 국명
1893 뉴질랜드
1919 독일
1921 스웨덴
(※ 21세 이상 기준)

학생 응답 분석

학생들의 응답은 2학년 두 개 학급의 활동지를 모두 수합해 검토하려 했으나 학기말 고사 이후에 학생들이 활동지를 버리거나 해당 수업시간에 가져오지 않아서 실제로 수합된 것은 각 학급당 19명씩, 총 38명분이다. 원래 재적 인원은 각각 32명과 33명이므로 활동지 수합률이 3분의 2에 못 미치며, 수합된 활동지도 문항에 따라 답변 수가 차이가 나서 전체 의견을 반영했다고 보기는 어렵다는 한계가 있다. 두 학급의 남녀 비율은 남학생이 근소하게 많은데, 수합된 남녀의 활동지 비율은 A반이 13 대 6, B반이 8 대 11이다.

A반과 B반을 선정한 이유는 담임교사들이 필자와 함께 여름방학 때 서울특별시교육청 주관 성평등 직무연수를 받았기 때문에 문제의식을 공유할 수 있어서였다. 또 A반 담임은 국어교사로서 성평등에 대한 수업 경험이 있고, B반 담임은 역사교사로서 프랑스혁명 수업에서 올랭프 드 구주를 언급한 바 있어 필자의 수업과 연계성이 높았기 때문이다.

역사 과목의 성적으로 볼 때 A반, B반 둘 다 2학년 전체 10개 학급 중에서 평균 70점대 초반으로 중위권을 이루고 있으며, 평균 점수는 B반이 A반보다 조금 높은 편이다. 학급의 수업 성향은 A반이 학습 의욕은 조금 낮으나 수업 태도가 나쁘지는 않으며, B반은 수업 태도가 매우 좋고 열심히 공부하지만 태도에 비해 점수가 높지는 않은 편이다.

먼저 A반 학생들의 응답을 분석해 보자([표2-2]). 여학생의 경우, 6명 중 5 대 1의 비율로 실비아의 입장에 동의했는데, 남학생은 13명 중 6 대 6의 비율로 실비아와 에멀린에 각각 동의했으며, 1명은 둘 다 비판하며 유보적 태도를 보였다. 여학생은 원칙론을 견지한 실비아에게 다수가 동의한 반면, 남학생은 현실론에 입각해서 전쟁을 돕고 참정권을 획득하자는 입장이 원칙론과 대등하

[표2-2] 서프러제트 팽크허스트 가문 모녀간의 논쟁에 대한 A반 학생들의 생각

<table>
<tr><th>A반</th><th>성별</th><th>선택</th><th>의견</th></tr>
<tr><td>1</td><td rowspan="6">여</td><td rowspan="5">실비아</td><td>전쟁까지 하는 것은 아니라고 생각함.</td></tr>
<tr><td>2</td><td>모두를 위한 평화를 지향하는 것이 좋음.</td></tr>
<tr><td>3</td><td>사람은 모두 평등하기에 남녀 똑같은 대우를 받아야 함.</td></tr>
<tr><td>4</td><td>정당하지 않은 방법으로 참정권을 얻으면 언젠가는 문제가 될 수도 있기 때문.</td></tr>
<tr><td>5</td><td>제국주의 전쟁을 비난했고, 끈기 있게 운동을 해서.</td></tr>
<tr><td>6</td><td>에멀린</td><td>참정권을 얻기 위해서는 전쟁이 좋은 기회임. 어차피 영국은 주변국들로 인해 전쟁에 참여하게 될 것이니 이왕이면 지원하는 것이 나음.</td></tr>
<tr><td>7</td><td rowspan="13">남</td><td rowspan="6">실비아</td><td>정당한 방법으로 참정권을 얻어야 그만큼 떳떳하게 이를 주장할 수 있기 때문.</td></tr>
<tr><td>8</td><td>맹목적 애국주의는 안 됨.</td></tr>
<tr><td>9</td><td>인권을 존중해야 함.</td></tr>
<tr><td>10</td><td>무작정 전쟁을 돕기보다는 참정권을 외치며 맹목적인 애국주의를 피하는 것이 필요함.</td></tr>
<tr><td>11</td><td>여성=남성, 여성이 남성처럼 변할 필요는 없음.</td></tr>
<tr><td>12</td><td>여성 참정권은 전쟁과 관련 없이 무조건 지녀야 하는 권리임.</td></tr>
<tr><td>13</td><td rowspan="6">에멀린</td><td>전쟁을 이기는 게 우선임.</td></tr>
<tr><td>14</td><td>전쟁에서 패하면 나라는 의미가 없기 때문.</td></tr>
<tr><td>15</td><td>전쟁에 지면 참정권을 말하기 어려움.</td></tr>
<tr><td>16</td><td>힘들게 전쟁을 하는데, 자기 나라에서 시위를 벌이면 안팎으로 난리가 나서 나라가 망할 것 같음.</td></tr>
<tr><td>17</td><td>참전은 참정권을 얻을 수 있는 가장 평화로운 방법임.</td></tr>
<tr><td>18</td><td>전쟁 상황이라 참정권을 얻을 수 있는 계기가 됨.</td></tr>
<tr><td>19</td><td>둘 다 비판</td><td>공장의 여성들이 나가서 싸우는 남자들과 똑같은 임금을 받는 것은 부당함. 전쟁은 피할 수 있으며 피해야 함.</td></tr>
</table>

게 나타났다.

원칙론의 갈래를 보면 반전 평화의 입장이 있고, 목적과 수단이 서로 맞지 않는다는 점을 지적하는 철학적인 입장이 있다. 현실론의 갈래를 보면 전쟁이라는 냉엄한 현실을 걱정하는 논리와 전쟁이 오히려 기회가 될 수 있다는 논리가 공존하며, 역설적으로 전쟁 참여가 국내적으로는 가장 평화적인 참정권 획득 방법이라는 주장도 있어 눈에 띈다.

한편, 모녀의 입장을 둘 다 비판한 학생의 경우, 반전을 주장하는 실비아에 동의하면서도 전투 수행과 군수공장 일은 위험성의 정도가 다르므로 남녀가 동일한 임금을 받아서는 안 된다고 주장했다. 여기서는 약간의 착오가 있는 듯하다. 군인과 노동자가 아니라 동일한 노동이라면 같은 임금을 받아야 한다는 의미를 잘못 해석한 것으로 보인다.

다음으로 B반 학생들의 응답을 분석해 보자([표2-3]). 먼저 여학생의 답을 살펴보면, 10명 중 7 대 3의 비율로 실비아 입장에 다수가 동의했고, 남학생도 8명 중 5 대 3의 비율로 실비아에 동의하여 A반에 비해 실비아에 동의하는 학생이 많은 편이다. 여학생 1명은 둘 다 지지하며 유보적 태도를 보였다.

실비아 지지 논리를 보면 다른 의미의 현실론이 많다. 전쟁 중에 참정권 운동을 해야 여성의 존재감이 돋보인다거나 에멀린의 방법은 시간도 걸리고 불완전하다고 비판했다. 에멀린 지지 논리를 보면 국가를 위한 희생을 강조하거나 전쟁 중인 나라의 혼란 등을 거론하고 있다.

실비아와 에멀린 둘 다 지지한 학생의 경우, 모녀가 각자 최선을 다했으나 방법상의 차이가 드러난 것으로 보고 있으며, 도덕성 면에서는 실비아에 손을 들어주고 있어 여성 참정권의 목적에 힘을 실어주는 듯하다.

이어서 이른바 '안산 페미' 논란에 대한 학생들의 반응을 살펴보자(A·B반 학생들의 구체적인 응답은 [표2-4]와 [표2-5]를 참고).

[표2-3] 서프러제트 팽크허스트 가문 모녀간의 논쟁에 대한 B반 학생들의 생각

B반	성별	선택	의견
1	여	실비아	전쟁 중에도 참정권 운동을 펼치는 것은 중요함.
2			비도덕적인 과정이 도덕적인 결과가 될 수 없음.
3			목적이 좋은 전쟁도 아닌데, 남성에게 참전을 요구하는 것부터가 남녀의 대등한 권리를 원하는 취지와 맞지 않음.
4			에멀린의 방법도 간절해서라고 생각하지만, 부도덕한 방법을 사용해서는 안 됨.
5			에멀린의 주장대로 되었지만 시간이 많이 걸리고 한계가 있음.
6			제국주의 전쟁으로 많은 나라가 피해를 봤으므로 전쟁 불참은 당연하고 공장에서 일하게 된 여성에게 같은 임금을 줘야 함.
7			남녀의 임금이 같아야 한다는 생각이 들기 때문.
8		에멀린	방법이 찜찜하긴 해도 거의 확실한 것 같음.
9			전쟁 중에 참정권 운동을 하면 비효율적임.
10			전쟁에 참여하고 일단 참정권을 얻고 나면 여성의 발언권이 커지니 어떤 의견도 귀를 기울여 줄 듯함.
11	남	실비아	전쟁 중이라고 멈추면 영국에서는 참정권 운동을 안 하는 것으로 봐서 상황이 더 악화될 수 있음.
12			부도덕한 전쟁을 옹호하는 것은 잘못이며, 신념까지 팔아서는 안 됨.
13			아무리 여성 참정권이 필요하더라도 비윤리적인 전쟁에 참여하는 것은 옳지 않음.
14			에멀린의 방법은 전쟁에만 참여하고 참정권은 획득하지 못할 수 있음.
15			전쟁은 무조건 반대.
16		에멀린	국가를 위해 희생함.
17			에멀린의 방법이 더 현실적임.
18			만약 참정권 운동을 계속한다면 나라에 혼란이 올 수도 있고 전쟁에 패할 수도 있음.
19	여	둘 다 지지	에멀린은 영국 정부에 적극 협조해 참정권을 얻고자 했고, 실비아는 도덕성을 지키며 뜻을 이루고자 했음. 둘 다 필요한 방법을 선택했다고 보며 도덕적으로는 실비아가 맞음.

[표2-4] 이른바 '안산 페미' 논란에 대한 A반 학생들의 의견

A반	성별	선택	의견
1	여	안산 지지	여자가 숏컷을 했다는 이유로 나라를 대표하면 안 된다는 주장은 잘못된 것. 헤어스타일의 자유조차 주어지지 않는 건 시대에 현저히 뒤처지는 일임.
2			페미니스트라고 해서 나쁜 것은 아닌데, 소수 사람들 때문에 오해받고 있음.
3			남초 커뮤니티는 그냥 찐따.
4			외모만 보고 그 사람의 생각을 판단하여 비난하는 것은 안 됨.
5			애초에 페미라는 말이 왜 있는지 모르겠음. 여성이든 남성이든 자신들의 정치, 사회적인 지위와 평등을 추구하는 것은 당연한 것임.
6	남	안산 지지	페미 용어를 사용했더라도 3관왕 한 것은 자랑스러움.
7			몇몇이 만든 커뮤니티에서 맘대로 말하는 걸 보니 역겹고, 같은 한국인이라는 게 말이 안 됨.
8			한국이 여성에 대한 인식이 뒤처져 있다고 생각하지 않음. 남초 커뮤니티의 일방적 주장을 모든 남성의 생각으로 보지 않아야 함.
9			남성들의 주장이 과잉 대표된 것 같고, 여성에 대한 인식이 좀 더 개선되어야 할 것 같음.
10			페미든 아니든 메달 땄으니 상관없음.
11			소수 의견이 다수 의견처럼 받아들여지지 않도록 해야 함.
12			안산이 남자였다면 과연 그랬을까?
13		안산 비판	여교수의 남초 커뮤니티 분석이 못마땅함.
14			타의 모범이 되어야 할 국가대표가 남혐 단어를 쓴 것이 문제.
15		유보	남녀 갈등이 심한 시기인데 저런 단어를 함부로 쓰는 건 문제임. 그렇다고 해도 장난으로 한 것일 수도 있는데 그를 욕하는 것도 문제임.

A반의 전체 응답자 15명 중 여학생 5명은 모두 안산을 지지하는 입장에서 각자의 주장을 하고 있고, 남학생은 10명 중 7 대 2의 비율로(1명은 유보) 안산 지지가 우세하나 안산을 비판하는 의견도 있었다.

[표2-5] 이른바 '안산 페미' 논란에 대한 B반 학생들의 의견

B반	성별	선택	의견
1	여	안산 지지	큰 문제가 될 일은 아닌 것 같음.
2			남초 커뮤니티의 생각이 틀렸음.
3			남초 커뮤니티는 생각 없는 사람들임.
4			숏컷을 했고 페미들이 쓰는 말을 사용했다고 해서 전부 페미니스트로 보는 것은 너무 억지임.
5			남초 커뮤니티가 너무 예민하지 않은가 싶음. 페미일 수도 있기는 하지만, 우리나라가 좋으면 된 것 아닌지.
6			1퍼센트도 안 되는 소수의 남성이 5퍼센트는 되어보임. 우리 반에서도 남초 커뮤니티를 하는 애들이 둘이나 됨.
7	남	안산 지지	애초에 페미인 게 확실하지도 않고, 페미라 하더라도 같은 한국인이라서 자랑스러운 건 똑같음.
8			인터넷에서 일어나는 갈등이며, 사람들이 익명성에 기대 막말을 하는 것으로 보임.
9			선수는 아무 문제가 없음. 여성이 숏컷을 하는 건 상관없는 일임.
10		안산 비판	페미니즘이라는 정의는 올바른 길로 가기 위한 주장인데, 우리나라의 페미는 주장에 문제가 있어 이런 비판이 제기되었다고 생각함.
11	여	유보	문제를 일으킬 수 있는 말을 SNS에 남겨서는 안 됨. 하지만 숏컷이라고 멋대로 판단하는 건 옳지 않음.
12	남		서로 유치하기 짝이 없는 감정소모전 같음.
13			남녀의 편을 가르는 게 아니라 서로 화합하는 태도가 필요함.
14			페미니즘은 하나의 견해임. 그에 대해 서로가 비난하는 자세만 갖고 있으니 관계 회복이 어렵고, 앙심만 품고 있는 듯함.

여학생들은 헤어스타일이나 외모의 자유, 남초 커뮤니티의 편협함을 근거로 들고 있으며, 남학생들은 3관왕이나 했으니 문제 될 것 없다는 입장이거나 남녀평등에 대한 진전된 생각도 엿보인다.

특히, 남학생 2명은 여교수의 분석이 문제가 있다거나 '남혐' 단어 사용을 문제 삼아 안산을 비판했다. 반면 한 남학생은 남혐으로 오해받을 수 있는 단어를 사용한 것이 부적절했지만, 남초 커뮤니티에서 사소한 일을 크게 문제 삼는 것도 옳지 않다는 의견을 냈다.

B반의 전체 응답자는 14명이다([표2-4]). 여학생 7명 중 6명은 안산을 지지하는 입장이고, 1명은 유보적인 입장을 밝혔다. 남학생 7명 중 3명은 지지, 1명 비판, 3명은 유보적인 입장을 표현했다.

여학생들은 남초 커뮤니티가 단순한 이유로 혹은 불확실한 근거를 갖고 침소봉대했다고 비판했으며, 일례로 자기 반에 남초 커뮤니티를 드나드는 남학생 2명이 있음을 밝히기도 했다. 평소 교실에서 남학생들이 이 같은 시각을 드러낸 경우가 있었을 것으로 짐작된다.

남학생 중 지지 의사를 표명한 학생들의 근거는 대체로 여학생과 유사하나 비판적 입장을 표현한 남학생은 한국 페미니즘이 문제라고 지적했다. 그는 페미니즘 자체는 괜찮은데, 한국 페미니즘은 문제라는 생각을 밝혀 어떤 의미인지 조금 더 알아볼 필요가 있다. 한편, 유보적인 입장을 보인 남학생 3명은 주로 양비론을 펼치며 양쪽 모두 지나치다고 했는데, 막연한 수준에서 남녀 화합을 주문하기도 했다.

학사 일정을 고려한 끝에 학기 말에 찬찬히 활동지를 검토하기로 한 것이 결과적으로 표본 수를 너무 적게 만드는 결과를 초래했다. 학생 상당수가 활동지를 이미 버렸거나 미완성인 채로 제출하여 전반적으로 응답률이 높지 않아서 의미 있는 통계를 낼 수 없었다.

탐구 질문이 수업시간 말미에 주어진 과제여서 시간 제약이 있기도 하고, 수업 내용으로부터 사회 현실로 옮아가는 성평등 문제라 학생들이 선뜻 답하기 어려웠을 것으로 보인다. 또 두 가지 과제 중 하나를 선택해 답하게 했는데,

1번 과제는 상대적으로 많이 응답했으나 사회적 이슈에 대한 의견을 제시하는 2번 과제는 공란인 경우가 많았다.

여학생보다 남학생의 응답률이 높거나 비슷한 숫자인데, 우연히 두 학급 다 남학생들이 적극적이어서 그럴 수도 있고, 나름의 문제의식을 갖고 응답했을 가능성도 있다. 여학생들은 1번 과제에 대해서 대체로 실비아 팽크허스트의 원칙론을 지지하고, 2번 과제에 대해서는 남초 커뮤니티의 터무니없는 도발이라는 생각을 드러냈다.

남학생들은 1번 과제에 대해서 현실적으로 참전이 참정권 획득에 도움이 된다는 의견을 제시했으며, 2번 과제에 대해서는 메달을 땄으니 자랑스럽다거나 남초 커뮤니티가 익명성에 기대 부당한 공격을 하며, 다수의 남성은 그에 동의하지 않는다고 밝혔다. 2번 과제에 대해 여학생보다 남학생이 더 많이 답했는데, 유보적인 입장은 주로 양비론에 근거하고 있으며 남혐 용어에 대한 약간의 의심은 있으나 그걸 문제 삼는 건 지나치다는 입장을 보였다.

탐구 질문에 대한 성찰

앞서 제시한 질문과 학생들의 반응을 열심히 분석하면서 필자가 느낀 바가 있다. 질문 자체에 적지 않은 문제가 있다는 점이다. 탐구를 돕는 질문이 되려면 기본적인 사실을 확인하고 사실 간의 관계를 짚어보며 나름의 해석을 더하는 최소한의 절차나 단계가 필요한데, 필자가 성급하게 궁금한 부분에 대해 단도직입적으로 물었다는 반성을 하게 되었다.

필자가 활동지에 제시한 탐구 질문이 두 개밖에 없는데, 첫 질문도 판단을 요구하는 것이고, 두 번째 질문도 현실의 이슈와 직결된 물음이었다. 교과서에 처음 등장하는 여성사 관련 내용을 가르치는 김에 필자의 문제의식을 듬뿍 담아 질문하고 싶다는 욕심에 학생들의 호흡을 고려하지 않은 것이다.

첫 번째 질문의 경우, 여성 참정권 운동의 맥락을 고려하여 기본적인 사실을 물어야 했는데, 나중에 했어야 할 질문부터 던진 셈이다. 자칫 목적과 수단의 불일치나 효율성의 문제로 받아들여질 수 있는데, 실제 학생들의 답변도 우려대로였다. 먼저 여성 참정권 운동의 흐름과 다양한 논의를 짚어보는 질문을 던져 최소한의 연대기와 주요 주체를 확인하는 작업을 해야 했다. 그런데, 대뜸 누가 옳으냐는 질문을 던진 것이다. 사전 지식의 확인이 없다 보니 각자 평소에 생각하는 목적과 수단의 관계를 답하게 되었고, 도덕과나 윤리과 수업과 별반 다르지 않았다. 또 남녀 학생의 대답 차이도 많이 드러났는데, 남학생들이 여학생들보다 효율성과 실용성에 주목하는 태도를 보였다. 여학생들이 당위적이고 목적에 충실한 태도를 보인 데 비해 남학생들은 정책의 실현 가능성에 중점을 두고, 효율적으로 참정권을 획득하는 데 관심을 보인 셈이다.

게다가 팽크허스트 모녀의 입장도 단순하게만 진단할 수 없다. '제1차 세계대전 참전=정부와 타협=효율적인 참정권 확보'로 연결하고, '참정권 운동 지속=반제국주의와 페미니즘 견지=도덕적 우위'라고 단정 짓기 어려운 측면이 있다. 유사한 사례로, 미국 흑인들이 제2차 세계대전 당시 참전을 고민했다. 노예해방에도 불구하고 인권을 존중받지 못하던 흑인들이 전쟁에 참여할 것인지를 논의하면서 내놓은 슬로건은 '이중의 승리(VV)'였다. 평화를 위협하는 외부의 적에 승리하고, 내부의 개혁에도 승리하자는 뜻이다. 패전하면 미국의 상황이 나빠질 테니 반파시즘 전쟁에 나서서 승리를 돕고, 그 과정에서 형성된 존재감과 내부 결속을 통해 흑인들의 권리를 쟁취하자는 것이었다.[3]

또 '참전=제국주의 수용, 실용적, 수단적'이라는 논리로 규정하기 어려운 현실 인식과 당대의 맥락도 고려해야 한다. 실제로 영국 여성들은 서프러제트의 태세 전환으로 참정권을 얻은 반면, 프랑스 여성들은 참전은 했지만 1944년까지 참정권을 얻지 못한 것도 생각해 볼 지점이다. 그래서 아예 영국의 여성 참정권 획득의 요인을 놓고 판단을 요하는 질문을 던진 사례가 있다. 여성들이 참전한 덕분에 참정권을 얻은 것인지, 운동가들의 지속적인 참정권 운동 덕분인지를 묻는 것이다.[4]

두 번째 질문도 고민이 좀 더 필요했다. 뜨거운 이슈를 수업에 바로 끌어들이면 생생함을 더할 수도 있지만, 섣부른 판단으로 귀결될 수도 있기 때문이다. 안산 페미 논란은 과잉 대표된 자들의 터무니없는 주장인데, 이를 받아쓰는 언론의 보도에 이끌리는 남학생들에게 차분하게 생각해 보라는 뜻에서 필자가 던진 질문이었다. 하지만 과연 꼭 안산 페미 질문이어야 했는지는 재고의 여지가 많다. 이른바 핫한 이슈부터 묻지 말고 첫 번째 질문, 즉 팽크허스트 모녀의 노선 문제를 이 자리에 배치하거나 산적한 여성 관련 불편한 진실들에 대해 물을 수도 있었다. 눈을 밖으로 돌려 각 나라의 여성 참정권 획득과 현황을 우리와 비교하는 질문도 가능했을 것이다. 여성 참정권 운동만으로도 역사적 의미를 둘 요소가 많기 때문이다.

여성 참정권 운동가들은 투표권과 교육권이라는 두 가지의 구체적인 목표를 향해 80여 년간 투쟁했고, 두 가지 권리를 모두 쟁취했다. 두 가지는 민주정치에 공헌한 바가 있다. 하나는 '연대'라는 단어의 출현이고, 다른 하나는 시민의 투쟁 방법에 관한 것이다. 연대는 남성적인 색채가 강한 우애라는 단어를 대체하기 위해 선택한 것이다. 투쟁 방법에서는 더 공헌한 바가 크다. 시위, 체계적인 질문을 통해 연설의 흐름 끊기, 단식투쟁, 자발적 투옥, 팸플릿 배포 등이 여성 참정권 운동가들이 주도하고 사용했던 방식이다. 이런 운동 방식은 이후 노동조합이나 시민권 운동에서 널리 사용되었다.[5]

그렇다면 어떤 다른 탐구 질문이 가능할까? 김민정은 어느 지역 역사교사

[표2-6] 여성 참정권 주장에 대한 당시의 반응과 의미를 정리하는 세부 질문

누가 무엇을 어떻게 주장했는가	영국 : 에밀리 데이비슨	미국 : 수전 앤서니
여성 참정권을 주장하기 위한 행위와 선택 이유		
동시대인들의 반응		
현재에 어느 정도 영향을 미쳤는가?		

연구회에서 만든 여성 참정권 운동 수업 질문을 분석하고 탐구 질문의 관점에서 재구성하여 제시한 바 있다.[6] 중심 질문으로 '여성 참정권 운동으로 민주주의를 어떻게 확산시켰는가'를 설정하고, 이를 뒷받침하는 주요 질문으로 '당시 사람들은 여성 참정권 주장에 어떻게 반응했는가, 투표권은 여성의 평등을 보장하는가'를 뽑았다. 교육과정 성취 기준에 따라 민주주의 확산의 맥락을 고려하여 여성 참정권 운동을 다루되, 먼저 당대의 맥락을 짚고 현재의 진전 상황에 대한 판단을 물은 것이다.

당시 사람들의 반응과 역사적 의미를 정리하기 위해 [표2-6]과 같이 세부 질문을 만들었다.

왕실 경마 경기에서 자신의 몸을 던져 여성 참정권 문제를 제기한 에밀리 데이비슨의 사례를 들어 영국의 서프러제트에만 집중되고 있는 여성 참정권 운동 논의를 깊게 들여다보게 했다. 또 투표권이 없는데도 미국 대통령 선거에 참여하여 파장을 일으킨 수전 앤서니의 사례를 통해, 미국으로 시야를 넓히기도 하고 이후의 민권운동과 연결하려는 의도로 구성했다. 그리고 두 사람의 행적과 의미, 당대의 반응을 생각하도록 함으로써 학생들이 좀 더 깊고 넓게 여성 참정권 운동을 바라볼 개연성을 높였다.

다만 영국 서프러제트의 활동도 충분히 음미하기 어려운 교과서 분량인데,

다소 돌출적이고 개인적인 투신이었던 에밀리 데이비슨의 사례를 드는 것이 여성 참정권 운동에 대해 자칫 과격 행동이나 피를 부르는 투쟁이라는 극단적 이미지를 줄 수 있다는 점, 교과서에 거의 언급되지 않는 미국의 사례를 추가로 들어 학생들의 학습 분량이 더 많아진다는 점 등은 과제로 남는다.

두 번째 주요 질문인 '투표권은 여성의 평등을 보장하는가'는 아래와 같이 제안했다. 먼저 국가별 여성 참정권 인정 시기(1850~2015) 연표를 제시한 후, 다른 국가에 비해 한국의 여성 참정권 인정 시기는 어떤 특징을 지니는지 묻는다. 여성 참정권 운동을 세계사의 틀에서만 보지 않고, 한국사와 연결하는 시도이다. 그러고 나서 '여성이 투표권을 얻은 것이 여성의 평등을 보장하는가' 라는 본질적 질문을 던진다. 참정권 획득은 여권 신장의 시작에 불과하다는 문제의식이다. 마지막으로는 '여성을 둘러싼 현실은 많이 나아졌다. 우리가 할 일은 (　　　)이다' 식으로 공란을 두어 학생들이 저마다의 생각을 쓰면서 마무리하도록 한다.

참정권 문제를 놓고 한국(1948)보다 앞선 국가와 늦은 국가를 구별해 보고, 생각보다 늦은 나라, 예컨대 프랑스(1944)는 왜 늦었을까를 생각해 보게 하는 질문은 운동의 과정과 의미를 깊게 들여다보게 하는 장치로 훌륭하다. '여성 참정권=평등'이라는 등식이 성립하지 않음을 돌아보게 한 다음, 지금의 현실에 대한 진단과 학생 나름의 해법을 써보게 하는 것은 남녀의 반응에 차이가 있겠지만, 각자의 처지와 수준에서 자신의 의견을 쓰는 기회를 제공한다.

이렇게 탐구 질문의 관점에서 필자의 질문을 돌아보니 성글고 성급했다. 대안으로 살펴본 다른 질문들 역시 장점과 보완할 지점이 보인다. 어떤 질문이 최선인지는 교실마다 교사마다 다를 것이기 때문에 정답이 없다. 하지만 역사학적 중요성을 의식하면서 학생들이 사고할 수 있도록 디딤돌을 놓고, 소박한 수준에서나마 자신의 견해를 밝히도록 하는 작업은 계속되어야 한다.

특히 여성 참정권 운동처럼 교과서에 등장한 지 얼마 되지 않는 주제일수록, 다양한 질문을 던지고 성찰하며 대안을 모색하는 노력이 절실하다. 그래야 역사적 의미도 살리고 학생들의 흥미도 끌어내며 사고의 진전을 도와서, 학생들이 자기 언어로 진술하는 수업이 가능할 것이다.

여성사 수업의 지평을 넓히려면

한 차례의 여성 참정권 운동 수업으로 젠더 문제에 대해 많은 것을 설명하거나 성평등 인식을 바꾸기는 어렵다. 지금처럼 단발성으로 하나의 주제로만 제시되면 많은 한계를 가질 수밖에 없다. 그렇다고 해서 많은 주제 중에서 젠더 문제만 중시할 수도 없는 형편이다.

이에 대한 해법은 평소 수업에서 수시로 젠더 문제를 환기하는 것이다. 예컨대 차티스트 운동을 다룰 때, 인민 헌장의 조항을 제시하고 진정한 보통선거에 이르기 위해 어떤 부분이 채워져야 하는지 물을 수 있다. 원래의 조항에는 21세 이상의 남자를 거론하고 있으므로 '여성'이 빠져 있음을 언급할 수 있다. 세포이 항쟁 때 활약한 인도 여성 락슈미바이나 인도네시아의 교육운동가 라든 아증 카르티니를 소개하거나, 68운동 당시 무등을 타고 삼색기를 휘두르는 여성의 사진을 들라크루아가 그린 〈민중을 이끄는 자유의 여신〉과 견주어 보게 하는 등 여성 참정권 운동 전후 수업에서 여성들의 존재를 일깨워 주면 좋다.

학년 말에 교과서 진도를 끝내고 수업을 제대로 하기 어려운 시점에 특별 수업을 해보는 방안도 있다. 학생들에게 교과서 속에 여성이 얼마나 등장하는지 찾아보게 하는 것이다.[7] 그리고 왜 여성이 적게 서술되어 있는지 생각해 보게 한다. 교사가 성평등 수업 주제를 의식적으로 만들어 내는 것이 아니라 교과서라는 익숙하고도 주요한 텍스트 속에서 여성 인물을 찾아보는 팩트체크 방식을 통해 젠더 문제를 환기하는 것도 수월하게 적용해 볼 수 있는 방법이다.

젠더 문제를 수업할 때 주의할 점도 고려해야 한다. 필자가 진행한 수업의 학생 답변 가운데는 현재의 성평등 인식을 전제로 과거의 일을 재단하는 경우가 있었다. 현재주의적 해석으로 볼 수 있는 답변인데, 이는 신중하게 살펴볼 부분이다. 특히 여학생들의 경우 원칙론, 당위론에 입각해서 쓴 답변이 많았는데, 이는 과거의 일은 잘못된 일이며 현재가 더 낫다는 생각에서 비롯된 경우가 많으므로 그 원칙이 구현되기까지의 과정에 대한 설명이 뒷받침되어야 한다. 아울러 향후 수업에서는 좀 더 맥락을 살리고 과거의 상황을 충분히 설명해 줘야 한다. 또 앞서 제기한 것처럼 젠더 문제를 수업에서 수시로 소환해서 역사적인 진전 과정을 언급할 필요가 있다.

역사는 시간 속에 인간 삶이 변화해 가는 과정이다. 그렇기 때문에 개선의 여지가 있으며, 참여할 필요가 있고, 그 맥락을 주의 깊게 살펴야 과거와 현재가 제대로 만날 수 있다. 특히 뜨거운 감자가 되어버린 젠더 문제를 학생들이 지금-여기-나의 문제로 느끼고 함께 숙고하며 풀어갈 문제라고 생각할 수 있게 해야 한다. 이를 위해 역사교사들이 수업의 연간계획을 세울 때부터 많이 살피고 여러 주제를 놓고 적절한 배치를 꾀해야 한다. 특히 남학생들이 자연스럽게 느끼고, 의미 있는 답변을 쓸 수 있도록 배려할 필요가 있다.

3장

아테네 민주정 탐구 질문의 대안 모색

지금까지 역사다운 탐구란 무엇이며, 어떤 질문 연속체가 수반되어야 하는지 살펴보았고, 실제 세계사 수업 사례를 통해 탐구 질문을 정련해야 할 필요성을 새삼 확인했다. 그렇다면 기존의 탐구 질문이 갖고 있는 부실하고, 부적절하며, 심지어 비역사적인 오류를 극복하고 전범이 될 만한 질문의 틀을 만드는 일이 절실하다. 이 작업은 실제 수업을 상정하고 질문을 만들고 수업에서 검증하면서 탐구의 디딤돌이 될 수 있는지 따져보는 과정이 될 것이다.

이제 역사적, 현재적 의미가 큰 아테네 민주정에 대한 수업을 구상하면서 탐구 질문을 만들어 보려 한다. 역사학의 견지에서 논점을 짚어 보고, 기존 수업 자료에서 참고할 만한 지점을 검토하여 대안적 사례를 구안하는 작업을 할 것이다.

먼저 역사학계를 비롯한 여러 분야의 연구 성과를 보면서 무슨 논점이 있는지, 어떤 시선으로 아테네 민주정을 바라보고, 수업의 기틀을 마련해야 하는지 정돈해야 한다. 이어 역대 교과서와 교사들의 수업 자료에서 도움받을 만한 내용을 추출하고, 외국 사례에서 시사점을 챙겨 보려 한다. 이를 토대로 무슨 탐구 질문을 핵심으로 삼아 어떤 자료를 제시하고, 어떻게 단계를 밟아 질문을 쌓아가며, 얼마나 다양한 주체를 고려하면서 학생들이 저마다의 해석을 만들도록 도울 수 있는지 대안을 모색해 볼 것이다.

1

아테네 민주정 논의와 탐구 질문

왜 아테네 민주정인가?

아테네 민주정은 역사학습 초반에 학생들로 하여금 역사적 의미를 헤아리고, 현재적 의의까지 생각해 보게 하는 중요한 주제이다. 사료를 깊게 들여다보고 다양한 측면을 고려하는 출발점으로 삼을 수 있고, 앞으로 진행될 역사수업이 흥미로운 가운데 의미를 발견하는 과정이라는 긍정적 경험을 제공할 수 있다. 여기에 더해 필자가 아테네 민주정을 한 장(章)의 주제로 삼는 까닭은 여러 가지가 있다.

첫째, 세계사 수업에서 그 역사적 무게가 상당하기 때문이다. 세계사 서술에서 흔하게 드러나는 유럽중심주의와 현재주의, 여성주의의 문제는 한 주제에서 중첩되어 나타나기도 하는데, 대표적인 것이 바로 아테네 민주정이다.

아테네에서 시작된 민주정은 그리스의 이른바 합리적, 인간 중심적 문화와 더불어 유럽중심주의의 시원에 해당하며, 근대화를 선도한 유럽의 역량을 입증하는 요소이다.[1] 오늘날 수많은 나라에서 시행되고 있는 민주주의의 기원이 아테네 민주정이라는 사실만으로도 유럽을 높여 보게 만든다. 그러나 그리스에서 민주정체를 수립하고 시행한 폴리스는 아테네밖에 없다는 주장이 일찍부터 있었다.[2] 아테네 민주정은 그리스에서도 특이한 사례로, 실제 대부분의 폴리스들이 과두정, 귀족정을 시행했음에도 불구하고 이 점은 잘 말하지 않는다.[3]

더욱이 그 기반이 되는 그리스 문화 전반의 특징을 합리적, 인간중심적이라고 묘사함으로써 동시대에 존재했던 중국 제자백가의 사상은 합리적이지 않은가, 인간 중심이 아닌가 하는 의문을 갖게 하고, 그 역사적 의미를 덜 주목하게 만드는 결과를 초래한다.[4] 이러한 아테네 찬양 조의 개설서, 교과서 서술 관행은 아직도 계속되고 있다.[5]

게다가 현재의 시선으로 아테네 민주정을 재단하는 식의 서술과 질문이 많기 때문에 현재주의의 우려도 있다. 현재에는 실현 불가능한 아테네의 직접 민주정을 회의적으로 바라보는 서술과 질문이 많다. 그렇게 찬양하던 민주정을 오히려 이상화, 박제화하면서 아테네에서 우리가 배울 수 있는 지점을 놓치는 것은 아닌지 우려되는 것이다. 특히 대한민국의 민주공화국 체제에 대한 이해라는 측면에서도, 현재주의에 함몰되지 않으면서 오늘날 우리가 계승할 유의미한 시사점을 찾아내는 고민이 필요하다.

일반적으로 여성에게 참정권이 없었다는 점을 아테네 민주정의 한계로 지적하는데, 민주정의 실상에 대해서도 다양한 논의가 진행되고 있다는 점에서 주목할 만하다. 당시 여성의 생활상과 사회적 지위, 법적, 관행적 권한 등에 대한 논의가 분분하며, 사료에 대한 해석도 다양하게 이루어지고 있다. 사료를 표면적으로 읽는다면 여성의 지위는 왜소하지만, 사료에서 억압적인 남성의 목소리가 많은 것은 그만큼 저항하는 여성이 많았음을 보여주는 반증이라는 해석도 대두되고 있다. 여성 참정권 하나만 놓고 아테네 민주정 전체를 평가하는 행위가 당대 상황을 읽지 못하고 단편적인 결론에 이를 수 있음을 지적하는 것이다.

둘째, 아테네 민주정은 민주시민을 형성하는 교육 차원에서도 중요하다. 그동안의 민주시민교육에서 근현대사의 사건과 인물에 관심이 집중되다 보니 상대적으로 전근대사에 시선이 덜 가는 경향이 있다. 그런데 아테네 민주정이나 로마 공화정은 '대한민국이 민주공화국'인 까닭에 어의(語義)부터 내력까지 제대로 공부할 필요가 있다.[6] 의외로 아테네 민주정에 대해 피상적으로 이해하고 넘어가거나, 로마에 대해서도 공화정보다는 제정 시기의 역사에 관심이 많은 편이다. 우리는 민주정의 원형에 대해 더 살펴봐야 하고, 로마 이전에 이미 '제국'들이 존재하고 있었기에 로마사에서는 공화정을 충실히 이해할 필요가 있다.

아테네 민주정의 현대적 계승이라는 과제에 동의한다면, 민주정이라는 통치 체제에 대해 충실히 이해할 필요가 있다. 대한민국은 민주공화국이므로 그 기원이 되는 요소에 대한 깊이 있는 학습이 있어야 한다. 아테네 민주정을 '실현 불가능한 것'으로 봉인하여 과거 사실에서 얻을 수 있는 경험치와 상상력, 영감 등을 축소하지 말아야 한다. 현대 민주정치의 한계와 문제점을 극복할 수 있는 대안과 교훈을 모색할 필요가 있는 것이다.

이 대목에서 아테네 민주정의 현대적 의의를 시민적 이상의 실현이라고 규정한 나종석의 견해를 음미해 볼 만하다. "아테네의 민주주의가 안고 있었던 문제점들에도 불구하고, 아테네 시민이 이상적으로 간주했던 '정치적 삶'의 중요성이 부정되어서는 안 될 것이다. 아테네인들이 훌륭한 삶의 전형으로 생각한 '훌륭한 시민의 이상'은 현대 사회에서도 중요하다. 시민이 자신의 삶과 공동체에 영향을 미치는 공적 사안들을 스스로 결정한다는 민주주의적 자치의 이상은 매우 소중한 것이다."[7]

오늘날 우리는 물질적 풍요나 소소하고 안일한 쾌락만을 추구하거나, 시장의 논리와 효율성에 대한 거의 맹목적 신앙에 사로잡혀 있다. 그런 의미에서 아테네 시민들이 공적인 생활에 부여한 중요성은 커다란 귀감이 될 만하다. 시장의 무차별적 논리가 판을 치는 지금, 시장의 효율성만이 아니라 민주주의적 가치와 민주시민의 덕성도 매우 소중하다는 점을 항상 기억해야 할 것이다.[8]

더불어 로마 공화정도 그 의미부터 교과서에 정확하게 제시되어 있지 않은 경향이 있어 명료한 정의가 필요하다. 공화정은 '공공의 것(Res Publica)'에서 나왔으며, 집정관, 원로원, 민회 사이의 견제와 균형이 주요 원리라는 사실에 주목해야 한다.[9] 아테네와 로마에서 비롯된 자유와 평등, 공적인 일에 대한 참여와 책임 의식, 견제와 균형을 통해 이해관계를 조정하는 정치의 핵심 원리를 충분히 학습해야 하는 것이다.

셋째, 학생 눈높이에서 역사 과목의 핵심 개념을 파악하고, 복잡다단한 역사적 맥락을 이해하면서 현재에 이르는 경과를 살피는 기회가 될 것이다.[10] 아테네 민주정은 주제 자체가 민주정이라는 핵심 개념을 다루는 것인 만큼 충분한 시간을 갖고 학습할 필요가 있다. 수업 장면과 평가에 이르는 과정에서 사료를 꼼꼼히 들여다보고, 저마다의 해석을 꾀하며, 동료 학생과 견주어 보면서 자기 생각을 다듬어 나가는 일은 역사학습의 기본을 익히는 것이기도 하다.

이 같은 작업이 필요하다는 인식은 필자의 경험에서 비롯되었지만, 짐작하건대 다른 역사교사들도 다르지 않으리라 본다. 분명 1학기 초반에 아테네 민주정과 로마 공화정을 학습했는데도 2학기가 되면 배운 것을 기억하지 못하는 학생들이 많다. 근현대사에서 미국의 민주공화국이 수립되고, 프랑스혁명 이후 공화정이 연속적으로 등장하며, 제1차 세계대전 이후 민주주의가 확산하는 과정을 배울 때, 학생들이 민주정과 공화정에 대해 무척 낯설어 해서 다시금 설명해야 하는 경우가 많았다.

'너희 1학기에 배웠잖아'라며 학생들을 나무라기 전에 그 이유를 따져보니 내 수업이 학생 눈높이에 맞았던가를 반성하게 되었다. 민주정, 공화정은 학생들이 한번 듣고 이해할 정도로 쉬운 개념과 내용이 아니다. 1학기 초반, 빠르게 진도를 나가는 상황이지만, 시간을 더 확보하고 공을 들여 설명하지 않으면 학생들이 개념을 잡지 못할 가능성이 크다. 게다가 민주정, 공화정에 대한 이미지도 흐릿하거나 잘못된 혹은 왜곡된 채로 이어지기 쉽다. 민주공화정 체제를 함께 살아가는 시민인 학생들에게, 친절하지도 충분하지도 않은 민주공화정 수업은 아이러니가 아닐까.

이렇듯 아테네 민주정 하나만 놓고 보더라도 역사수업 논의의 주요 쟁점들이 많이 얽혀 있다. 수업의 재구성과 실행도 녹록하지 않다. 앞으로 다뤄야 할 내용도 많은데, 학기 초에 하나의 주제를 이렇게 두루 살펴야 하는 상황이 부담스러울 수도 있다. 하지만 민주공화정이라는 주제를 핵심 개념으로 상정하여 풍부한 역사 공부를 할 수 있다고 생각하면 어떨까. 교육과정 재구성을 통해 아테네 민주정을 깊이 있게, 찬찬히 살피면서 역사수업의 매력을 학생들에게 선사하려는 역사교사의 발상의 전환이 필요한 시점이다.

아테네 민주정 논의의 흐름

아테네 민주정에 대한 국내 연구는 1970년대 양병우에서 비롯되었다. 그는 4·19혁명의 감동 속에 민주주의의 원형을 살피고 우리의 민주주의를 간절히 소망하면서 그리스의 정치와 문화 전반을 연구했다.[11] 양병우는 페르시아 전쟁은 자유의 승리라는 헤로도토스의 입장을 받아들이고, 아테네 민주정의 특징과 한계를 언급했다. 후배 격인 민석홍 역시 그리스 문화는 인간적이고 합리적이라고 서술했으며, 아테네 민주정의 참정권 제약과 더불어 아테네의 제국주의적인 측면을 지적했다. 《서양사 개론》을 저술한 그는 교과서 집필에도 참여해 지금의 교과서 서술에까지 영향을 미치고 있다.[12] 이후 지속적으로 해외학자들의 연구도 국내에 활발하게 소개되어 연구의 저변을 강화했다.[13]

1990년대부터 아테네 민주정에 대한 연구는 역사학은 물론 정치학과 법학, 철학과 윤리학, 경제학 등 다양한 분야에서 진행되었다. 역사학 차원의 연구는 김봉철에 의해 한소끔 정리되었다. 선대 역사학자들의 논의를 계승하여 참정권 제약이나 통치 범위의 협소함 등을 구체적으로 설명했지만, 그럼에도 아테네 민주정이 동시대 다른 지역에 비해 뛰어난 정치체였다는 점도 밝혔다.[14] 문혜경은 아테네의 정치, 군사, 종교 제의와 여성 등에 대해 폭넓은 연구를 진행했다. 아테네 하층민의 군사적 활동이 그들의 정치적 영향력 확대로 이어진 결과를 소개하고, 종교 제의, 연극 등과 여성의 다양한 활동을 연결하여 설명하기도 했다.[15]

정치학에서는 나종석이 김봉철과 유사한 맥락에서 아테네 민주정에 대한 논의를 다양하게 전개했으며, 참정권의 한계를 지적하면서도 당대에 그 정도의 활발한 정치 참여는 다른 지역에서는 찾아볼 수 없었다고 진단하며 그 역동성을 계승해야 한다고 했다.[16] 박주원은 해상무역으로 성장한 중간계층이 주축이 되어 새롭게 법적, 정치적 공간을 만들고 시민적 정체성과 동류의식을 바탕으로 계급 연합을 형성했다고 보았다.[17] 한편, 신철희는 원래 'people'이란 단어가 전체 시민과 다수의 평민/빈자(貧者)라는 두 가지 의미를 담고 있다고 민(民)의 개념이 갖는 이중성을 설명했다. 아테네의 실상은 쪽수 많은 빈자의 정치라기보다는 전체 시민의 정치에 가깝다며 아테네 민주정을 빈자의 정치라고 비난하는 것은 지배층의 폄훼에 불과하다고 주장했다.[18]

철학 분야의 강철웅, 문지영은 플라톤 연구를 통해 아테네 민주정의 전문성

부족, 중우정치에 관해 설명했다. 전체적인 논지는 플라톤의 입장에 따라 아테네 민주정에 대해 비판적이지만, 지배층 일반이 가졌던 민주정에 대한 경계심과 두려움 때문에 민주정에 우호적이지 않은 역사가 오래 지속되었다고 서술했다.[19] 이윤복은 다른 철학 논문에서 아테네 민주정의 직접성을 살려 현재 민주공화국의 한계와 제약을 극복하고 이상을 실현하기 위해서는 SNS로 대표되는 뉴미디어를 적극 활용해야 한다고 보았다.[20]

전자민주주의를 본격 주장한 글도 있다. 원성묵은 인적 접촉, 종이 발간물, 전화, 대중매체 등의 아날로그적 방법보다 디지털을 활용한 방식이 의사소통이 빠르고 비용도 적게 든다고 주장하며, 전자 여론조사, 전자 게시판을 통한 민원 접수, 온라인 의정 보고 등을 예로 들었다. 토론과 참여가 직접 민주정의 핵심이라는 점에서 고대 아테네의 직접성을 어느 정도 반영할 수 있다는 것이다. 물론 다양한 계층의 이해관계 반영, 소수의견 고려, 여론 조작의 가능성을 경계해야 한다고 덧붙였다.[21]

법학자인 정주환, 신용인 등은 직접 민주정과 추첨, 선거 등이 지닌 명암을 이야기했다. 정주환은 추첨이 자유와 평등을 담보할 뿐 아니라 민의와 따로 노는 대의제 정치의 문제를 보완하는 기능이 있으므로 현대에도 추첨제를 원용하는 지속적인 고민이 필요하다고 보았다.[22] 신용인은 아테네 민주정의 본질은 '시민의 통치'라는 점을 들면서 이를 구현하는 제도가 추첨제라고 손꼽았다. 민회, 평의회, 시민 법정 등의 제도 속에서 언제나 누구라도 추첨을 통해 정치적 참여가 가능하다는 점을 중시했다. 반면 선출제에 따른 대의제는 본질적으로 귀족정의 요소가 많다면서, 주민들이 직접 참여하는 스위스의 게마인데 총회와 미국의 타운홀 미팅을 예로 들어 현대에서 민회의 성격을 부여할 방안을 소개했다.[23]

장수명, 하태규는 경제학 논문에서 아테네 민주정의 기반과 저력에 대해 긍정적으로 묘사했다. 장수명은 아테네 민주정이 공정한 제도로 재산권을 보호하고, 거래 비용을 줄여 경제성장을 달성했고, 조세 및 재정 정책을 통한 재분배로 불평등을 줄였다고 보았다. 엘리트와 민중이 상호 협력과 양보를 통해 제도의 효율성과 형평성을 성취한 점을 현대 민주정치에 적극 도입해야 한다는 취지였다.[24] 하태규는 아테네에서 시작된 상설 총회와 추첨은 광장에서 이루어진 직접 민주정으로서 현대 민주주의에 비해 진정한 민주주의를 이루었다고 주장했다. 결과적으로 이 전통이 단절되었기에 다시 그 역동성을 살려야 한다는 것이다.[25]

다시 역사학계 연구로 돌아와 보면, 아테네 민주정에 대한 찬사가 자칫 시대착오 혹은 개념의 혼동을 가져올 수 있다고 보는 지적이 많다. 아테네 민주정이 현대 민주정의 기원이며 영감을 준 것은 사실이지만, 그대로 재현되지 않았을 뿐 아니라 자유와 평등과 같은 자연권의 개념도 고대와 근대 이후가 다르다는 점을 강조하고 있다.

구자정은 최초의 민주공화국 미국의 탄생을 언급하면서 미국의 정체가 아테네 민주정이 아니라 로마 공화정을 모델로 삼았다고 했다. 실제로 미국 독립선언서에는 '민주'라는 단어가 없다. 그는 미국 건국의 주체들이 아테네처럼 민이 직접 주도하는 인민의 지배를 염두에 둔 것이 아니라 로마처럼 엘리트의 지배가 가능한 상원(원로원)과 하원(평민회)을 구성한 것으로 해석했다. 즉, 미국은 민주정과 공화정 가운데 공화정에 근거를 두었으며 대의제를 제도화했다는 것이다.[26]

프랑스혁명이 로마 공화정에서 영감을 얻었다는 주장도 있다. 19세기 유럽 지도자들이 로마의 원로원을 자신들이 물려받아야 할 유산으로 여겼고, 귀족적인 지배 이념으로 재정립했다는 것이다. 나폴레옹이 대관식 때 로마 황제의 복장을 하고 나선 것은 우연이 아니었다.[27] 당시 공화파 혁명가들은 민주정 수립을 의도한 것이 아니라 안정적이고 합리적인 방식으로서 대의제 정부를 주목했다. 루소 등 다수 계몽운동가들도 민주정을 거부했는데, 현대의 시선을 과거에 억지로 투사하는 것은 시대착오의 오류라는 지적이다.[28]

최갑수는 현대의 민주정이 아테네 민주정과 매우 다른 버전이라고 표현했다. 아테네 민주정은 국민이 스스로를 직접 통제하는 것을 의미하고, 현대의 민주정은 대표자에 의해 운영되는 체제라는 데 중요한 차이가 있다고 보았다. 이는 단순히 통치 영역이 넓다거나 상황이 복잡하기 때문이 아니라 근대 혁명기의 지도부가 새로운 종류의 헤게모니를 장악하기 위해 민주주의와 대의제를 이상한 방식으로 결합했기 때문이라고 했다. 심지어 그는 이것이 민주주의 위기의 근원이라고까지 했다.[29]

김경희는 본디 민주와 공화의 문제의식이 뚜렷이 구별된다면서, 민주정은 지배의 뜻을 함축하고 있지만 공화는 공유, 공공의 것이라는 점을 들었다. 공화정은 사회의 한 세력이 권력을 독점하는 것을 지양하기 위해 고안된 정체라는 것이다. 공화정은 한 사람이 지배하는 군주제, 소수가 지배하는 귀족제, 다수가 지배하는 민주제도 아닌 혼합정의 성격을 띤다. 이런 이유로 옛 민주정과 지금의 민주정의 관계보다 옛 공화정과 지금의 공화정의 관계가 더 깊다고 할 수 있다. 이를테면 민의 직접 지배의 외양을 갖추고 권력을 원칙적으로 인민에게 부여해야 하지만, 권위는 원로원에 있어야만 한다는 발상을 토대로 하고 있다고 보았다.[30]

고대의 자유는 법의 지배와 결정 과정에의 참여를 의미할 뿐 근대처럼 양도할 수 없는 천부 인권의 의미가 아니다. 평등 또한 성인 남성들에게 한정되고, 여자, 노예, 외국인은 배제되는 것이며, 실질적으로는 부유한 사람들이 상황을 주도했다고 지적한다. 근대적 의미의 자유와 평등 개념은 미국 독립, 프랑스 혁명, 영국 공리주의의 산물로서 아테네의 전통이 18세기 서유럽과 아메리카에 전달되었다는 증거가 없다는 주장도 있다. 외적인 유사성만 강조하여 서양 근대 민주주의의 기원을 곧바로 아테네로 연결하는 것은 단순 논리라는 것이다.[31] 근대의 천부 인권 사상을 과거 사실에 역으로 투사하여 재단하는 일이 시대착오를 유발할 수 있다는 점을 짚고 있다.

그럼에도 불구하고 아테네 민주정의 기본 정신 혹은 핵심 원리는 이어지고 있음을 밝힌 연구도 있다. 김대륜은 페리클레스 추도 연설문에 나오는 '민주정은 소수가 아닌 다수를 위한 것'이라는 구절을 가장 중요한 내용이라고 언급했다. 다수가 정치에 참여한다는 사실 자체가 아니라 정치가 다수의 이익을 지향한다는 점이 훌륭하며, 이는 현대에도 계승되어야 할 방향이라고 했다. 물론 다수의 정치 참여가 좋은 결과를 보장하는 것은 아니지만, 소수의 이해관계가 아니라 공동체 전체의 이익을 보호·증진하는 것이 정치가 해야 할 본연의 역할이라는 점을 강조했다.[32]

이와 관련하여 역사 과목이 아니라 일반사회 과목에서도 유사한 주장이 있다. 구민정과 권재원은 오늘날 우리가 민주정치의 원리라고 생각하는 많은 것들이 고대 아테네에서 유래되었음을 전제하면서 다수의 지배, 시민의 능동적 참여, 사생활의 관용, 공공 생활의 준법 등이 그 예라고 했다. 민주정은 두 가지 뜻이 있는데, 과두정과 대비될 때는 소수가 아닌 다수의 정치, 귀족정과 대비될 때는 보통 사람의 정치라고 분류했다. 특히 권력이 다수로부터 나온다는 점을 강조하면서 이는 곧 권력이 인민에게서 나온다는 의미라고 해석했다. 그러면서 2,500여 년 전의 이 문구가 대한민국 헌법 제1조 '대한민국은 민주공화국이다. 모든 권력은 국민으로부터 나온다'와 직결되었음을 강조했다.[33]

한 걸음 나아가 정경실은 현행 일반사회 교과서가 학생들의 사고와 시각이 고대와 현대를 연결시킬 수 없을 정도로 무책임하게 단순 비교하고 있다는 점을 지적했다. 현대 의회와 고대 민회의 접목을 통한 민주시민교육을 위해 교과서가 읽을거리가 풍부한 구체적인 서술로 채워져야 함을 강조한 것이다.[34] 이를 역사 과목 입장에서 이해하자면, 단순 비교에서 벗어나 맥락과 과정을 이해하고, 과거와 현재의 연결과 차이를 살펴 새로운 시사점을 찾아내는 교과서와 수업이 필요하다는 점을 역설한 것으로 볼 수 있다.

철학자 황옥자는 아테네 민주정을 화려한 과거 혹은 유토피아적 사회로 보는 시각을 지적하면서, 수많은 갈등과 내분, 소외와 배제가 존재했음을 환기했다. 다만 그 갈등이 극단으로 치닫지 않고 민주정체가 유지된 것은 사회경제적 불평등을 완화하고 불만을 정치적 권리로 수용한 결과라고 보면서, 나와 타인, 공동체를 연결하는 우애와 연대가 아테네인들 사이에 존재했음을 밝혔다.[35] 그리고 과거와 현재의 민주정을 논하면서 체제의 외형이나 작동 원리에만 매몰되지 않고, 사회경제적 문제를 둘러싼 갈등을 소통과 협력을 통해 해결해 나가는 지혜를 배우는 것이 우선임을 강조했다.

다시 역사학으로 돌아와 한 원로 학자의 이야기로 아테네 민주정에 대한 과거와 현재의 논의를 마무리하고자 한다. 송문현은 국가 규모의 문제로 직접 민주정이 불가능하다고 전제하지 말아야 한다고 했다. 기술 발전에 힘입어 소통이 원활해지면서 전자민주주의 방식으로 직접성을 제고할 수 있다는 것이다. 또 클레이스테네스의 10부족제 개편처럼 국회의원 지역구와 선거 방식을 개편하여 책임감과 대표성, 소통 능력을 보완하는 작업이 필요하다고 강조했다. 한편으로 현대 사회의 과잉 민주주의의 문제도 경계해야 한다고 했다. 고소, 고발을 남발하고, 분열과 갈등이 극단으로 치닫는 상황에 대해 아테네에서 이미 고민한 바를 참고하자는 것이다. 그는 소송을 남발한 자에 대해서는 책임을 묻거나, 법 시행 이후 문제가 생기면 '그라페 파라노몬'이라는 제도를 통해 그 법을 제안한 사람을 처벌하는 등 아테네의 보완 장치를 언급했다.[36]

필자는 이러한 연구 성과를 정리하면서 정치적 원리에 국한되기 쉬운 아테네 민주정의 여러 측면을 두루 조망할 수 있었다. 2,500여 년 전의 제도가 큰 틀의 변화 없이 현대에 계승된다는 것은 쉬운 일이 아닐뿐더러 역사적 과정을 너무 단순화하는 것이라는 점도 알게 되었다. 문제는 아테네 민주정과 현대의 민주정이 본질적으로 다른 것인가를 살피는 것이고, 닮았다면 무엇이 어느 정도 닮았는지, 다르다면 근원적인 것인지 부차적인 것인지를 따져야 할 것이다. 여기서 멈추지 않고 아테네 민주정에 대한 연구가 어떻게 고대의 한계를 극복하고 현대의 폐단을 해소하는 실마리를 제공할 수 있을지 고민이 필요하다.

역사교사들의 문제의식

학문적 차원의 연구 성과를 유심히 지켜보되 교실에서 어떻게 문제의식을 담아낼지 고민하는 역사교사의 역할도 중요하다. 연구자들의 작업은 교육과정에 반영되고 교과서로 서술되지만, 수업하는 교사의 내용 재구성 노력과 수업 실행 여부에 따라 학생들의 배움이 달라지기 때문이다. 무엇보다 역사교사 역시 단순한 내용 전달자나 교과서 해설자가 아니라 어엿한 교실의 역사가로서 독자적인 역사 해석의 주체이다.

그렇다면 아테네 민주정에 대한 역사교사들의 일반적인 생각이나 고유한 문제의식은 어떻게 알 수 있을까? 아쉽게도 이를 파악하기는 어렵다. 지속적인 통계나 전국적인 의견 수렴 같은 것도 아예 없다. 그래서 필자는 개별적으로 입수한 역사교사들의 수업 자료나 전국역사교사모임 홈페이지에 탑재된 결과물들을 살펴보았다. 그리고 눈에 띄는 저작을 남겼거나 독특한 시각을 보여준 역사교사들을 개별 접촉하여 인터뷰를 진행했다.[37]

필자의 인터뷰에 응한 역사교사는 3명이다. 그들은 15년 안팎의 교사 경력이 있으며, 2025년 현재 경기도 소재 중·고등학교에 근무하고 있다. 두 명은 중·고등학교를 두루 경험했고, 한 명은 충실한 중학교 세계사 수업을 오래 고민해 왔다. 그들 모두 2022 개정 교육과정 작업에도 직간접적으로 간여한 바 있다. 무엇보다 그들은 각각 《사초로 보는 역사》라는 전국역사교사모임의 수업 자료집을 펴내는 데 참여했고, 《나의 첫 세계사》라는 어린이용 단행본을 저술한 바 있으며, 〈한국 현대 역사교육 담론장의 형성과 '민주주의' 담론의 전개〉라는 박사학위 논문을 발표했기에 역사교사로서 대표성과 문제의식을 담보할 수 있다고 보았다.

먼저 교사 문순창과의 인터뷰다. 그는 《사초로 보는 역사》에서 아테네 민주정에 대한 '사초' 모임의 집단적 논의를 정리했다. 필자는 인터뷰이가 2017년, 2018년 작업 당시에 고민하고 논의했던 바와 2024년의 수업에서 진전된 혹은 변화된 문제의식이 있는지 알고 싶었다. 그는 내가 구체적인 수업 진행 과정을 잘 이해할 수 있도록 인터뷰에 이어 자신의 수업 자료를 제공했다.[38]

Q1. 아테네 민주정 수업에서 어떤 큰 질문과 작은 질문을 구상했나요?

A. '사초' 모임 때보다 더 진전된 측면은 아테네 민주정과 로마 공화정을 '민주공화정'이라는 하나의 키워드로 묶어 포괄적으로 수업 내용을 재구성했다는 점입니다. 그래서 큰 질문은 '민주공화정은 어떻게 위기에 빠지는가'로 설정하고, 아테네 민주정에 관한 작은 질문으로 성장과 쇠락의 조건을 물었어요. 내부적으로는 평등하고 자유로운 가치를 추구했지만, 주변 나라를 겁박하여 자기네 이익만 취하고 제국주의적 행태를 보이면서 위기에 빠지잖아요. 멜로스섬을 공격하여 초토화한 사례나 소크라테스를 사형시키는 등의 중우정치가 나타나죠. 주변국과 평등하게 지내지 못하면, 자기 체제도 위협받을 수 있다는 문제 제기죠.

아테네 민주정이 하나의 완성체가 아니기 때문에 노예제나 제국주의적 요소를

생략한 채 지나치게 이상화, 낭만화하는 것은 문제라고 생각했고, 여성 참정권 배제를 탈역사화해서 관성적으로 평가하는 것을 경계했어요. 아테네 민주정 또한 역사적 구성물이라는 관점에서 세부적인 사실과 의미를 생각하는 작은 질문들을 구성했어요. 특히 학생들이 현재와의 관련성을 생각하도록 고민했어요.

Q2. 수업 자료를 만들면서 중점을 두었던 것은 무엇인가요?

A. 두 가지를 고민했어요. 첫째, '민주주의는 인간을 많이 닮은 체제여서 불완전하기 때문에 오히려 아름답다.' 이를 전제로 아테네 민주정을 공부하면, 좀 더 친밀하게 배울 수 있고 자신과 주변, 과거와 현재를 고민할 수 있기 때문에 이것이 진짜 민주주의자를 기르는 교육이라고 생각했습니다.

둘째, '민주주의는 뛰어난 사람들이 아니라 평범한 사람들에 의해 만들어지기 때문에 참여의 과정을 통해서 성장하고 배우는 체제이다.' 우리가 보기에 힘 있고 많이 배운 사람들보다 일반 대중의 상식이 더 건전할 수 있다는 점을 생각하도록 질문을 던졌어요.

우리는 민주주의가 옳다고 생각하지만 관성적인 동의가 대부분이고, 특히 일상생활에서 민주주의에 대해 의심을 품는 학생들이 많아요. 하나의 사례로, 학급 운영을 할 때나 수업 중 모둠 활동을 할 때 의견이 잘 모이지 않으면, 회장이나 모둠장을 맡은 학생들이 힘들어하잖아요. 이때 선생님이 학급을 휘어잡아 주면 좋겠다는 생각을 하는 경우가 많죠. 이런 형편인데 학생들에게 당위적으로 '민주주의는 좋은 거야'라고 가르치면 역효과가 나죠. 그래서 저는 역사 수업이 중요하다고 생각해요. 어떻게 하면 민주주의가 더 좋아질 수 있는지, 민주주의가 어떻게 최악의 상황을 막을 수 있는지를 짚어줄 수 있는 건 역사 과목밖에 없으니까요.

Q3. 여성 참정권 배제에 대한 비판을 어떻게 생각하시나요?

A. 아테네만 여성을 배제한 게 아니잖아요. 다른 지역에서도 여성에게 참정권을 준 사실이 없는데 아테네를 비판하는 건 역사적인 인식이 아니라고 생각해요. 탈맥락적 사고이면서 비역사적 사고이기도 한 것 같아요. 페리클레스 추도 연설문을 보면, 여성들은 남자 입에 오르내리지 말라, 특히 미망인들은 조심하라는 등의 언설이 나오고, 그런 점을 페미니스트들이 강하게 비판하더라고요. 그것도 현재의 해석으로서 당연히 의미가 있지만, 역사적인 해석은 아니죠. 당대의 맥락을 살피지 않고 현재의 시선에서 서술한 내용을 '역사' 교과서에 싣는 게 무슨 의미가 있는지 모르겠어요.

Q4. 페리클레스 추도 연설문에서 가장 주목해야 할 부분(표현)은 어디인가요?

A. 저는 두 가지에 주목합니다. 먼저 텍스트 자체의 가치예요. 서양의 지도자들이나 정치인들이 수사학에 굉장히 밝고 말을 잘하잖아요. 이 글을 보니까 이런 전통이 있어서 가능하다는 걸 느꼈어요.

세계사를 1년(고등학교는 한 학기) 만에 다 가르쳐야 하니 불가능할지 모르겠지만, 다룰 만한 텍스트라고 생각합니다. 당연히 사료적인 가치도 있고 수사학적으로 모범이 되는 텍스트이니까요. 세계사 교과서가 텍스트의 내용을 도식화하면서 뉘앙스를 다르게 하거나 단순화시킨 부분도 있고 또 일부러 누락하거나 본뜻이 잘 드러나지 않게 서술한 부분도 있는 것 같으니, 전체 텍스트를 보는 것도 좋을 것 같아요.

다음은 제가 개인적으로 좋아하는 부분인데요, '아테네에서는 민주정에 참여하지 않는 사람을 무능력한 사람으로 여긴다' 입니다. 급훈으로 삼고 싶을 정도로 매우 교육적인 내용이라 생각해요.

하지만 이 연설문의 배경에는 '국뽕'에 가깝게 아테네인들의 자부심을 살리려

한 것도 있으니, 연설문만 보고 아테네를 낭만화하지 않는 게 우리 역사교사들의 역할이라고 생각해요. 앞서 얘기한 대로 멜로스와의 대화나 제국화를 같이 공부하면 학생들이 혼란스러울 수 있지만, 풍부하고 입체적으로 접근할 수 있을 것 같습니다.

Q5. 아테네 민주정의 현대적 의미에 비추어 다시 질문을 던진다면, 어떤 내용을, 어떻게 물어야 할까요?

A. 저는 질문을 조금 수정해서 아테네 민주정에서 우리가 배울 점이 무엇인가라는 측면에서 답을 해볼까 합니다. 첫째, 아테네 민주정이 오늘날의 민주주의에 준 영감과 아이디어가 있는데, 그것은 참여를 극대화하는 공동체를 설계했다는 겁니다. 둘째, 아테네 민주정에는 민주주의가 어려워지고 망가지는 조건과 타산지석의 지점이 교육적으로 존재한다. 셋째, 아테네가 민주정을 자국에만 적용하여 국가 이익을 극대화하려고 국제 정치에서는 패권적으로 나갔을 때 나라가 위험해지고 내부 민주주의에 악영향을 끼쳤다. 넷째, 다수결이 참여의 핵심이지만, 항상 옳은 게 아니라 중우정치로 흐를 위험이 있으니 다수의 현명함과 상식적 기초 위에서 시민들을 학습시켜야 하며, 그게 가능하기 때문에 민주주의가 더 힘이 있다는 점을 강조하고 싶네요.

Q6. 아테네 민주정 수업에 대한 학생들의 반응 중에 기억나는 것이 있는지요?

A. 민주정은 마냥 좋은 게 아니라 잘 운영해야 한다는 것을 알게 됐다고 하는 응답과 민주주의는 그 자체로 옳고 좋다기보다는 '실력 있게' 해야 좋아진다는 걸 알게 됐고 그래야 가치 있다는 응답이 기억나네요.

문순창의 인터뷰에서 가장 인상적인 것은 아테네 민주정을 역사적 구성물로 보며 이상적이고 전형적인 모습이 따로 있는 것이 아니라 안팎의 문제에 대응하며 지속적으로 생·성·변·전(生·成·變·轉)해온 체제로 인식한 점이다. 늘 당대의 맥락, 역사화 등을 논하면서도, 실제로는 보기 좋게 도식화한 자료나 정리된 작동 원리에 시선이 끌리지 않았는지 필자 자신도 돌아보게 만드는 지적이다.

이어 교사 손석영과의 인터뷰를 소개한다. 그는 역사교사이면서 역사교육을 공부하는 연구자이다. '아테네인과 스파르타인의 입장에서 현대의 민주주의를 보면 어떻게 생각할까'라는 독특한 시선으로 질문을 던진 자료를 내놓아 필자의 주목을 끌었다. 현재의 시선으로 과거를 재단하기 쉬운데, 역발상으로 과거와 현재를 견주어 보는 안목을 보여주었다. 그 역시 수업 슬라이드를 보여주어 구체적인 발문을 확인할 수 있었다.[39]

Q1. 아테네 민주정 수업에서 어떤 큰 질문과 작은 질문을 구상했나요?

A. 큰 질문은 '당시 아테네 사람들이 이끌었던 민주정과 현재 우리가 영위하고 있는 민주정의 의미가 얼마나 같고 또 다를까'입니다. 구체적으로 살펴보기 위해 세부 질문을 던졌어요. 전근대 사람들의 이상적인 모델은 아테네일까, 스파르타일까, 아테네인들이 현재 민주주의를 보면 어떻게 생각할까, 스파르타인들은 현재 민주주의를 보면 어떻게 생각할까, 민주정하에서 소크라테스는 왜 사형을 당했을까 등의 작은 질문을 던졌죠.

추가적으로 수업 말미에 지금 민주주의가 세계적 대세인 까닭은 무엇일까, 현재 우리는 학교에서 민주시민으로 성장하기 위한 교육을 받고 있는가를 물었어요. 과거와 현재, 학생의 삶을 계속 오가는 질문들이죠. 전체적으로 현재의 민주주의를 낯설게 봄으로써 성찰점을 찾고자 했던 것 같아요.

Q2. 수업 자료를 만들면서 중점을 두었던 것은 무엇인가요?

A. 지금 교과서는 민주주의가 너무 당연한 것처럼 전제되어 있어요. 그러니까 아테네 민주정이 곧 우리 민주주의의 기원이다, 나아가 여기에는 현대 민주주의가 아테네보다 더 발전된 형태이고 연속선상에서 있는 거라는 생각도 깔려 있죠.

폴 카트리지의 책 《당신이 고대 그리스 민주주의에 대해서 알아야 할 10가지 이야기》에는 이런 내용이 있어요. '아테네 사람들 눈으로 봤을 때, 현재 민주주의는 민주주의로 절대 안 보인다. 이건 귀족정이다.' 자신들이 직접 정치에 참여하는 것은 권리가 아니라 의무인데, 의무를 포기하고 다른 사람들한테 맡기는 것은 민주주의라고 할 수 없다는 거죠. 우리가 당연시하는 대의민주주의, 다수결의 원칙 등 민주주의를 지탱하는 원리나 오랜 기원으로 여기고 있는 것들이 아테네인의 눈에는 전혀 민주적이지 않은 비민주적 요소에 가까운 것들이니까요. 여기에서 낯설게 보기의 힌트를 많이 얻었죠.

민주주의뿐만 아니라 과거를 바라볼 때 의식적, 무의식적으로 우리가 과거인보다 더 발전하고 많이 알고 있는 것처럼 내려다보는 시선이 있잖아요. 그러나 과거는 우리가 무시하거나 멸시할 그런 게 아니라 우리 현재를 성찰할 수 있는 전혀 다른 맥락의 귀중한 시각들을 제공해 주는 텍스트라는 점을 드러내고 싶었어요.

Q3. 여성 참정권 배제에 대한 비판을 어떻게 생각하시나요?

A. 현행 교과서에서는 탐구 자료로 대개 페리클레스 추도 연설문을 싣고, 본문에서는 여성, 외국인, 노예 등이 참정권에서 배제되었다는 한계를 제시하잖아요. 이런 서술은 마치 당시에도 할 수 있었는데 하지 않았다는 오해를 불러일으켜요. 또 굉장히 현재적 입장에서 아테네 민주주의를 재단하는 해석이기도 하구요.

만약에 여성 참정권을 논하고 싶다면 당대 맥락에서 논하는 게 필요하죠. 예컨대 아리스토텔레스가 스파르타의 단점으로 여성들에 대한 처우가 너무 좋은 것을 꼽았어요. 또 아테네가 민주정을 했지만, 여성들이 정치에서 배제되어 있었고 가정 내 지위도 높지 않았다는 건 사료로 남아 있기도 하고요.

Q4. 페리클레스 추도 연설문에서 가장 주목해서 봐야 할 부분(표현)은 어디인가요?

A. 페리클레스에 따르면, 아테네 민주정은 남들을 모방한 게 아니라 남들이 모방해야 할 만한 정치 체제입니다. 달리 보면, 민주정은 특이한 제도였던 거죠. 당대에 보편적으로 받아들여지지 않았고, 자신들만의 체제라는 점, 매우 고유한 정체성을 가지고 있다는 것을 당시 사람들도 인지하고 있던 거죠. 그렇다면 왜 다른 폴리스들은 아테네와 같은 민주정을 채택하지 않았는지 좀 고민해 볼 필요가 있지 않을까 싶어요.

한편, 추도 연설문의 액면만 보고 우리가 함정에 빠지면 안 되는 문제가 있는데, 아테네의 민주정이 솔론 때가 다르고, 클레이스테네스 때가 다르고, 페리클레스 때가 다르다는 점이죠. 우리가 특정 시기를 잡아서 아테네 민주정의 전형적인 모습이란 것을 허구로 만들어 바라보고 있는 건 아닌가 하는 생각이 들어요. 이런 점은 경계할 필요가 있는 것 같아요.

Q5. 아테네 민주정의 현대적 의미에 비추어 다시 질문을 던진다면, 어떤 내용을, 어떻게 물어야 할까요?

A. 민주주의가 현재까지도 유효하게 살아남을 수 있었던 건 좀 어설펐기 때문인데, 그 어설픔 때문에 주어지는 자유가 있다고 봐요. 그 극단의 자유가 뭐냐 하면, 민주정 그 자체를 의심할 수 있다는 거죠. 그래서 아테네 민주정의 전성기에도 플라톤, 아리스토텔레스 등이 민주정을 매우 이상한 정치체라고 얘기를 하잖아요. 민주정의 한계를 드러내는 비극이나 희극도 나오고요. 조금 더 공부하면, 그 사람들이 근원적으로 왜 민주정에 대해 날카로운 질문을 던졌는가를 따져보고

우리도 그런 질문을 해볼 수 있을 것 같아요.

이를테면, 우리가 대원칙으로 삼고 있는 '모든 사람은 빈부나 신분에 관계 없이 똑같은 한 표를 갖는다'는 대목에서 진짜 우리가 똑같은 한 표를 가져야 하는지 물을 수도 있어요. 지금은 당연해진 전제들을 의심하고 비판하고 성찰하는 작업을 하는 거죠. 우리가 제한 없이 토론할 수 있는 그런 대상이 되어야 진짜 민주주의의 의미에 가까워질 거라고 봅니다.

Q6. 아테네 민주정 수업에 대한 학생들의 반응 중에 기억나는 것이 있는지요?

A. 남자들이 고급 시계나 고급 물건을 자랑하는 것을 스파르타인들이 보면, 이상하게 보는 정도를 넘어서 벌을 줘야 한다고 생각할 거라더군요. 스파르타에서는 돈도 잘 못 쓰게 화폐도 엄청 크게 만들고 식사도 공동으로 했으니까요. 또 아테네에서는 여성 참정권이 없었다는 걸 배운 터라, 남학생이 많았던 모둠에서는 지금 여성들이 국회의원 하는 걸 이상하게 볼 것 같다고 했어요. 액면상 맞는 말이죠. 잘 찾은 건데, 그 저변에는 페미니즘이나 여권 신장에 대한 반발 같은 게 있지 않았나 싶었어요.

손석영의 문제의식에서 시선이 가는 부분은 두 가지가 있었다. 첫째는 아테네 민주정만 보는 것이 아니라 스파르타를 함께 보면서 상대화하려고 했다. 이를 통해 아테네 민주정의 독특함을 부각하는가 하면 현대 민주주의와 비교점을 찾으려 한 것이다. 둘째는 현재의 관점보다 과거의 관점으로 현대의 대의제 민주정치를 살피면서 민주정치의 핵심 내용이 무엇인지, 어떤 원칙을 견지하고, 어떤 문제를 보완해야 하는지 시사점을 얻고자 하는 역발상이다.

마지막으로 교사 박혜정과의 인터뷰 내용을 보겠다. 그는 오랜 세계사 수업 경험을 토대로 《나의 첫 세계사》 시리즈를 펴낸 바 있으며, 전국역사교사모임의 세계사 모임에 참여하고 있다. 또한 여성사 수업 자료집 《여성의 시선으로 보는 역사, 여성을 시야에 넣고 보는 역사》를 펴낸 여성사 모임의 일원이기도 했다. 필자는 아테네 민주정에 대한 보편적인 인식과 여성사 모임의 고민이 어떻게 수업에 반영되었는지 궁금했다.[40]

Q1. 아테네 민주정 수업에서 어떤 큰 질문과 작은 질문을 구상했나요?

A. 제가 떠올린 큰 질문은 '과연 민주주의는 좋은 것인가, 좋은 것이라면 어떤 점에서 그러한가'예요. 민주주의를 모든 문제의 해결책이나 수용해야 할 정답처럼 인식하는 것이 아니라, 어떤 점에서 의미가 있는지, 한계로 짚을 수 있는 점은 무엇인지, 현재의 우리에게 시사하는 점은 어떤 게 있을지 깊이 있게 살펴볼 수 있으면 좋겠다고 생각했습니다. 또, 유럽중심주의의 시작이라고 볼 수도 있는 이상화된 아테네 민주정에 대한 비판적 질문을 통해 유의미한 답을 구할 수도 있을 것 같습니다.

작은 질문으로는 아테네 안팎의 문제를 짚습니다. 폴리스로서의 아테네가 있고, 제국으로서의 아테네가 있으므로 그에 따른 세부 질문을 하는 거죠. 대개 민주정에 집중하는 건 폴리스로서의 아테네인 것 같아요. 근데 저는 제국으로서의 아테네도 매우 중요하다고 봐요. 일반적으로는 그 문제의식이 교과서라든가 기본 서술에서는 많이 빠져 있어서 아쉬워요.

또 민주정이 의외로 소수의 인물에 의해 좌지우지된 까닭도 묻고 싶어요. 유능한 지도자를 배제할 수 없을 것이고, 그들을 뽑을 수밖에 없는 상황도 있을 텐데, 그러려면 일반 사람들의 정치적 인식 수준이 어느 정도는 돼야 할 거라고 봐요. 그렇다면 페리클레스 같은 유능한 지도자의 등장과 그걸 바라보는 사람들의 안목의 조화로움은 어떤 것인지 묻고 싶었어요.

Q2. 수업 자료를 만들면서 중점을 두었던 것은 무엇인가요?

A. 아테네 민주정 하나만 집중해서 볼 수도 있지만, 제 수업 구상은 지중해 문명권이라는 큰 무대에서 아테네를 보는 것이에요. 거기에는 동시대에 페르시아나 이집트 같은 선진 문명국이 있고, 시간적으로는 그리스의 뒤에 나타나는 로마가 있어요.

그렇게 큰 그림을 그리다 보니 시간 제약 때문에 아테네 민주정의 내용을 충분히 다루기 어려워졌어요. 그래서 꼭 필요한 요소, 즉 앞에서 답변한 질문들을 담아내기 위해 몇 가지를 추가했어요. 페리클레스 추도 연설문을 학습지에 넣고 당시 참정권이 배제되었던 여성 입장에서 생각을 쓰는 질문을 했어요. 또 페리클레스와 같은 지도자의 역할에 대해 생각해 보자는 질문도 넣었어요.

단, 여성이 참정권이 없었다는 사실을 전제로 하고, 여성이 배제되는 것을 왜 당연하게 여겼던 걸까를 질문했어요. 여성이 제외된 것이 그저 아테네 민주주의의 한계가 아니라, 여성 배제를 당연하게 생각했던 당대 사람들의 사고 구조와 그것이 형성된 배경에 대해 생각하게 하려는 거죠. 또 페리클레스가 주도한 파르테논 신전 재건에 대해 질문하면서 여러 측면을 돌아보게 했어요. 예술성, 역사적 의미, 당시의 건축 배경과 더불어 지도자와 대중의 열광적 호응, 그 저변에 깔린 제국주의적 속성 등도 함께 생각해 보게 했어요.

Q3. 여성 참정권 배제에 대한 비판을 어떻게 생각하시나요?

A. 일단 현재의 잣대로 여성이 정치에서 배제된 것이 한계라고 말할 수는 없다고 봐요. 그렇다고 해서 아예 언급을 안 해도 되는 건 아니죠. 이 주제가 전근대사에서 처음이자 마지막으로 여성 참정권 이야기가 들어가는 거잖아요. 이후에는 많은 단원에서 여성이 배제되는 것에 대해서 특별히 언급하지 않으니까요.

현대의 의사 결정에서 여성이 배제되는 것은 있을 수가 없는 일이지만, 아테네 민주정에서는 배제가 당연한 시대였으니 왜 그런 상황이 생겼을까에 대해서 얘기를 나눌 수 있는 좋은 단원인 것 같아요. 이후 여성 부재의 문제를 환기하는 출발점이라고 봐요. 나중에 여성 참정권을 본격적으로 다룰 때, 아테네부터 소환해서 설명하면 학생들이 좀 더 맥락적으로 이해할 수 있을 거라 봅니다.

Q4. 페리클레스 추도 연설문에서 가장 주목해서 봐야 할 부분(표현)은 어디인가요?

A. 제가 생각하는 추도 연설문의 핵심은 민주정이 아니라 '전쟁'이에요. 펠로폰네소스 전쟁이 벌어져서 많은 사람이 죽었어요. 전몰자를 추도하면서 살아 있는 여러분도 전쟁에 적극적으로, 능동적으로 참여하면 좋겠다, 그러기 위해서 추도 연설을 통해 아테네 민주정의 가치를 되새기는 거잖아요. 이처럼 당대의 맥락과 상황을 일단 읽는 것이 필요하다고 봅니다.

또 하나, 과거의 전쟁과 현재의 전쟁이 갖는 의미가 많이 다르잖아요. 고대사를 가르치다 보면 교과서조차도 정복 전쟁을 매우 대단하고 자랑스러운 역사인 것으로 서술하는데, 이걸 어떻게 가르쳐야 하는지 늘 고민해요. 그렇다면 구분을 지을 필요가 있겠다 싶어요. 페리클레스의 연설 자체는 당시 지도자로서 응당 할 수 있는 것이고, 거기서 그 시대의 특징들을 뽑아낼 수는 있겠지만, 궁극적으로 그 연설을 통해서는 전쟁의 의미에 관한 질문을 하고 싶어요.

Q5. 아테네 민주정의 현대적 의미에 비추어 다시 질문을 던진다면, 어떤 내용을, 어떻게 물어야 할까요?

A. 민회도 있고 재판에서 배심원들이라든가 혹은 도편추방제도 저는 매우 획기적인 제도 같아요. 무심히 보든 비판적으로 보든 뭉뚱그려서 아테네 민주정의 일부로 봤는데, 좀 더 구체적인 내용을 들여다보면서 아테네 민주정이 추구하는 것이 무엇일까를 생각해 보려고요. 더불어 로마 진도를 나갈 때 공화정과 비교

하면서 다룰 수 있겠죠. 아테네 민주정과 로마에서 시작된 공화정 그리고 이걸 합쳐서 민주공화정이라고 했을 때, 이를 깊이 있게 보면서 오늘날 대한민국의 민주공화정과 연관 짓고, 민주공화정의 시작점의 모습은 어땠는지에 대해서 질문하고 싶어요.

Q6. 아테네 민주정 수업에 대한 학생들의 반응 중에 기억나는 것이 있는지요?

A. 제 질문은 무척 단순했잖아요. 왜 여자는 참정권에서 배제되었을까 정도였는데, 학생들이 오히려 더 구체적인 이유를 들어서 놀랐어요. 그냥 모르겠다고 하는 학생들도 있지만 그래도 답을 찾으려고 하는 학생들이 많아서 좋았어요.

학생 답을 몇 가지 소개하자면, "여자는 남자보다 힘이 약하고, 육체노동을 할 수 없을 거라 생각했기 때문이다." 이건 가장 일반적인 답으로 물리적 힘만을 본 경우죠. "오래전에는 여성은 아이를 낳고 기르며 집에서 가사를 돌보는 사람이고, 남자는 밖에서 일하고 돈을 벌어온다는 인식이 있었기 때문이다." 이건 전형적인 남녀의 성 역할 구분에 따른 답이고요. "여자는 남자보다 싸움도 못하고 약하고 얌전하다는 등 남성들이 더 위에 있다는 편견으로 정치를 막은 것 같다." 신체적인 차이를 근거로 정치적 입지에 차별을 두는 남성들의 인식 문제를 거론한 답이죠. 마지막으로 "남자들이 신체적으로 힘이 세서 사냥이나 전쟁을 더 많이 나갔는데, 이를 통해 자신들이 여자보다 일을 더 많이 한다고 생각하고 정치를 한 것 같다." 아테네 민주정의 경우 돈보다도 참정권에 있어서 전쟁이 더 중요한 요소라는 사실을 정확하게 포착한 답이라 할 수 있겠네요.

박혜정의 수업 구상에서는 지중해 문명권이라는 지역 세계를 설정했다는 점이 눈에 띈다. 아테네 민주정에 대해 동시대의 위상과 비중을 가늠하면서 역사적 의미를 살피고, 로마 공화정으로 연결되는 지점을 찾아보는 것이다. 페리클레스 추도 연설문에서는 전쟁이라는 키워드에 주목하여 만약 이런 연설을 현대 국가 지도자가 한다면 어떨까, 그때의 전쟁과 지금의 전쟁은 의미가 다른데 어떻게 바라봐야 할까를 생각해 보려 했다. 또 그는 탐구 질문에 대한 학생들의 응답을 보면서 수업의 피드백을 받았으며 계속 고민하면서 질문을 던져야겠다고 했다.

이처럼 교사의 문제의식 여하에 따라 아테네 민주정이라는 하나의 주제로도 역사수업이 매우 다른 방식으로 구성되고 변주될 수 있다는 확장의 가능성을 엿볼 수 있다. 그렇다면 어떤 관점에서 내용을 파악하고 논쟁점을 설정할 것인지, 어떻게 내용을 구성하고 제시할 것인지를 따져봐야 한다. 또 어떤 탐구 질문을 던지고 그에 걸맞은 자료를 선택할 것인지도 중요하다.

아테네 민주정 수업의 논쟁점

다양한 연구자들의 논지와 역사교사 인터뷰를 통해 밝혀진 아테네 민주정에 대한 논쟁점에서 크게 두 가지가 부각되었다. 하나는 민주정의 근본적 한계, 다른 하나는 전개 과정에서의 문제였다.

첫째, 근본적 한계로는 정치 참여자의 전문성 부족과 노예제에 기반한 정치라는 점, 의외로 비민주적인 측면이 있다는 점 등등이 꼽힌다. 먼저, 추첨제의 문제를 지적한다. 행정 인력을 추첨제로 구성하면서 다수가 동등하게 정치에 참여한다는 이상을 추구했으나 행정 경험 없는 아마추어 정치가 이루어졌고, 이를 보완하기 위해 지배계급 출신의 최고 지도자(주로 장군)를 선거로 뽑아 실제로는 그의 리더십에 의존하는 모순적인 행태를 보였다는 것이다.[41]

노예제 문제는 시민의 여가 활동과 정치 참여를 위해 시민보다 더 많은 수의 노예가 희생했다는 점을 말하는 것이고, 외국인의 배제도 함께 지적된다.[42] 이를 바탕으로 한 논의에서는, 아테네 민주정은 여성, 노예, 외국인의 참정권을 부정하여 아테네 인구의 6분의 1 정도만이 참여한 제한적인 민주정이라는 점을 짚는다.[43]

둘째, 전개 과정에서의 문제는 감정에 치우치거나 아마추어식으로 국정을 운영한 결과로 중우정치의 폐단이 나타났다는 점이 지적된다. 대표적인 문제로 소크라테스의 사형을 꼽는다. 국가의 운영을 위해 주변 폴리스들을 압도하면서 사실상 제국주의적 행태를 보였다는 점도 문제로 본다. 델로스 동맹국을 억압하거나 동맹 금고를 아테네를 위해 자의적으로 사용하는 등 폐단이 많았다는 것이다. 또 이런 식의 직접 민주정은 고대, 소규모의 정치체에 어울릴 뿐 다양하고 복잡한 현대 사회에서는 실질적으로 운영하기 어렵다는 견해가 있다.[44]

이런 지적에 대한 반박도 있다. 아마추어적 국정 운영이 되지 않도록 평소에 토론 훈련도 하고, 연극 공연을 보면서 사실상의 정치교육을 받고, 어릴 때부터 성인 남성의 민회 운영을 간접적으로 배우면서 민주적 소양을 쌓아나갔다는 주장으로 시작한다. 추첨제가 상호 간의 동등성을 전제로 한다면 선출제는 능력의 차별성을 전제로 하기 때문에, 이 둘의 결합은 현실적으로 능력치를 인정하면서도 다수의 정치 참여를 보장하는 방식이었다고 반박한다. 또 노예를 거느렸다고 해서 시민이 귀족처럼 살아간 것이 아니라 노예 없이 생계를 꾸려가기 어려운 현실의 반영이라고 했다. 참정권 배제는 당시의 인식으로는 당연한 것인데 현재의 시선으로 지나치게 평가절하하고 있다고 본다.[45]

아테네 민주정을 상징하는 인물인 페리클레스에 대한 평가와 그의 추도 연설문에 대한 해석에도 다양한 논점이 있다. 위대한 정치가로서 민중 지향의 정치를 추구했고 사생활이 매우 청렴해서 재산 관련 잡음이 없었다는 견해가 있는가 하면, 표면적으로는 민중을 지향했으나 귀족 가문 출신으로 민중을 앞세워 장기 집권한 달변가라는 반박도 있다. 그의 추도 연설문에 민주정보다 전쟁 관련 표현이 훨씬 많이 등장한다는 점을 들어, 그가 군국주의자로서 아테네 제일주의를 신봉하며 동맹국을 억압하고 불필요한 전쟁을 일으켰다는 비판도 있다.[46]

아테네를 객관화, 상대화하기 위해 스파르타에 대한 연구도 진행되어 그리스 폴리스 전반에 대한 이해를 더하게 되었다. 박재욱은 '스파르타=군사사회'라는 고정관념을 구체적인 사료를 통해 걷어내면서, 스파르타의 패권적 지위가 아테네보다 우위에 있었다고 주장했다. 또한 박재욱은 페리클레스 추도문의 문맥 속에서 스파르타가 아테네를 능가하는 경쟁국으로 존재했다는 사실을 논증하려 했다. 이 연구를 통해 아테네와 스파르타 두 폴리스가 정치 운영상으로는 다른 점이 있으나 전사 공동체의 속성을 공유하고 있다는 사실이 밝혀졌고, 이에 대해서는 아테네 민주정을 옹호하는 학자들도 인정하는 바이다.[47]

한편, 아테네 여성의 지위 또한 논쟁적인 연구 분야이다. 일찍이 모르겐 한센은 아테네 민주정을 일컬어, 국민이 선출한 사람들에 의한 정부가 아니라 국민에 의한 정부라는 점에서 현대 대의제보다 더 민주적인 반면, 성인 남성만이 참여한다는 점에서 현대보다 덜 민주적이라고 평한 바 있다.[48] 아테네 여성은 재산권과 이혼 요구권 등의 권리가 없는, 법률적·사회적으로 반쪽짜리 인간으로 치부되었다는 견해가 일반적이다.

그런데, 이에 대한 여성학자들의 의견은 둘로 나뉜다. 김봉률은 아테네가 남성의 전사 공동체에 기반하여 정치를 운영했고, 호전적인 방식으로 국력을 키워왔기 때문에 생겨난 억압적 행태라는 점을 들면서 이를 '남근(男根) 사회'라고 명명했다.[49] 반면에 최자영, 최혜영 등은 아테네의 사료는 주로 남성의 입장에서 기록된 것이므로 당대 맥락을 살펴 여성의 시각으로 다시 읽어야 한다고 했다. 이를테면 여성에 대한 단속이 역설적으로 여성의 적극적 활동을 막을 수밖에 없는 상황, 곧 여성들의 강한 저항이 있었음을 말해주는 기록이라는 주장이다.[50] 문혜경은 어느 한쪽의 입장에 명확하게 서지는 않지만, 아테네의 종교제의, 가정 내외의 활동 범위, 희곡에 나타난 여성의 생각 등을 근거로 아테네 여성의 활동도 주목할 만하다는 견해를 내놓았다.[51]

여성학자 문지영은 참정권 논의를 두고 색다른 진단을 했다. 성평등을 민주주의가 아니라 여성 문제로 축소해 버리는 시각이 될 수 있다고 지적했는데, 그런 시각이 역설적으로 민주주의가 약속하는 자유와 평등, 해방을 모두 남성들만의 것으로 만드는 결과를 초래할 수 있다는 것이다. 어떤 민주주의를 어떻게 하느냐에 초점을 맞추다 보면 성 중립적 가정을 하게 되므로 남성이 과잉 대표되는 상황을 정당화한다고 문제를 제기했다.[52]

흥미로운 것은 아테네 민주정과 그리스 비극의 연관성, 여성의 처지에 대해 논한 연구이다. 아테네 비극은 인간의 한계를 강조하면서 신에 비해 부족한 인간을 묘사하는 작품이 많은데, 이를 집단적으로 관람하면서 아테네 지도자 역시 한계를 지닌 인간이라는 메시지를 확인하는 효과를 가졌다는 것이다. 어리석은 대중이 되지 않도록 정치교육 차원에서 관람을 권장했던 까닭에 비극이 민주정에 대한 소금 역할을 했다는 주장이다.[53] 실제로 아테네 민주정의 절정기와 아테네 비극의 전성기는 일치한다. 정치, 경제, 사회, 문화적 발전이 서로 융합되고 진전되는 측면을 보여주는 것이라 하겠다.

아울러 여성의 처지에 관해 비판적인 작품도 여럿 있어 참고가 된다. 에우리피데스, 아리스토파네스 등의 작품에는 여성들의 다양한 처지와 대응, 전개 과정에서 남성 위주의 사회에 대한 비판과 저항 등의 내용이 있어 사료의 부족함을 채울 수 있다. 여성들의 집단지성이 전쟁 종식과 평화를 가져온다거나, 또는 여인들의 민회 참여라는 극적 행동을 통해 남녀노소의 성적, 경제적, 정치적, 사회적 평등이라는 민주정의 가치를 실험하는 내용도 찾아볼 수 있다.[54]

2

아테네 민주정 탐구 질문 검토

검토의 원칙과 대상 자료

역사 탐구 질문은 역사학적 중요성이 있고, 학생 삶과 연관이 깊으며, 교육학적 고려를 통해 단계적으로 제시해야 그 의미를 살리고, 학습 효과를 높일 수 있다. 이를 위해 주제와 관련된 역사학자들의 논의를 확인하고, 학생의 눈높이에서 탐구할 만한 쟁점을 검토하여 가독성 있는 자료에 걸맞은 탐구 질문을 추출하는 것이 중요하다.

이렇게 탐구 질문의 요건을 고루 갖춘 문항을 필자 개인의 역량만으로 구성하기는 쉽지 않기 때문에 기존 자료를 검토할 필요가 있다. 이미 고민해서 만들어 놓은 자료 중에서 질문 구성에 도움받을 수 있는 아이디어와 지양하거나 극복해야 할 요소를 가려내는 분석 작업을 하는 것이다. 이 과정에서 역사적 의미, 학생 삶과 연계, 질문의 호흡 등을 고려한 완성도 높은 탐구 질문을 구안할 가능성이 커진다.

유의미한 탐구 질문 분석을 위해 필자는 세 가지 관점을 견지하고자 한다.

첫째, 아테네 민주정 수업에서 탐구 질문의 중점은 무엇인가? 이를 논하기 위해 아테네 민주정의 의미를 재조명하고, 아테네 민주정을 설명하는 구체적인 사료를 바탕으로 다양한 질문을 제기할 필요가 있다. 이 과정에서 탐구 질문의 타당성, 완결성, 사료와의 연계성 등의 특성을 검토할 것이다.

둘째, 아테네 민주정에 대한 역사다운 탐구 질문의 요소는 무엇인가? 탐구 질문 논의는 결국 역사적 사실과 밀착한 질문일 때 탐구를 원활하게 하고, 다양한 해석을 도모할 수 있다는 점에서 역사다움의 요소가 있어야 제대로 성립한다. 그렇다면 아테네 민주정 탐구 질문에서 '역사다움'이란 무엇이며, 어떤 요소를 지녀야 하는지, 내용과 주제에 따라 다르게 변주되는 질문의 모습은 어떤 것인지 살펴볼 것이다.

셋째, 아테네 민주정의 탐구 질문을 실제로 어떻게 구성할 수 있는가? 역사는 사료나 사건, 주제의 보편성보다 특수성이 강하게 존재하는 학문이므로 구체적인 사료를 놓고 탐구 질문을 구성해야 탐구 질문의 실효성을 높일 수 있다. 논쟁점이 다양하고 논의가 현재까지 이어지고 있는 아테네 민주정을 토대로 단계적, 다각적, 과정적 성격을 지닌 탐구 질문을 구성하는 데 시사점이 될 만한 내용들을 찾아보려 한다.

필자가 앞으로 살펴볼 자료는 크게 세 가지이다. 역사(사회) 교과서, 교사들의 배움책과 논문, 해외 수업 자료이다. 먼저 교과서는 가장 공신력 있는 자료이며, 대중적으로 사용되는 텍스트이니만큼 당연히 검토해야 한다. 역사 교과서의 경우는 교육과정의 제약이 크기 때문에 본문 서술은 대동소이하지만, 개별 주제에 따른 탐구 질문은 상당한 차이를 보인다. 관행을 되풀이하는 교과서도 있지만, 고민의 흔적이 느껴지는 교과서도 있기 때문에 유심히 볼 필요가 있다. 또 현행 교과서만 검토하면 문제의식의 변화가 잘 보이지 않기 때문에 이전 교과서들도 함께 비교해 봐야 한다. 역사 교과서는 2007 개정 교육과정을 전후로 양적, 질적으로 큰 차이를 보이기 때문에 제6, 7차 교육과정 교과서와 2007 개정 교육과정 교과서, 그리고 2015, 2022 개정 교육과정 교과서를 연속적으로 살펴보겠다.[1]

교사들의 수업 자료는 선정 기준을 잡기 어렵다. 교사 개개인의 역사 인식도 다양하고, 수업의 구성 방식이나 수업 여건, 상황도 매우 다르므로 수준과 완성도를 함부로 논할 수 없다. 그렇다고 해서 교육 현장에 있는 교사들의 자료를 검토하지 않을 수는 없으니 약간의 대표성이 있는 결과물을 보기로 한다. 아테네 민주정과 관련하여 익숙한 문법이 아닌 새로운 발상이나 깊이 있는 접근 방식을 보여준 자료를 우선 선정했다. 하나는 '사초(史初)'라는 이름으로 초보 역사교사들이 모여 공동으로 만든 수업 자료집 《사초로 보는 역사》이며, 다른 하나는 교사 조경훈의 논문 〈세계사 교과서의 아테네 민주정치 서술과 민주주의 교육〉으로 역사교사의 글 중에는 드물게 논문 검색사이트 Dbpia에서 896회의 조회 수를 기록했다(2025. 4. 11. 기준). 더 많은 수업 자료를 검토했지만, 공개적으로 발표된 것 중에 큰 호응을 얻었던 결과물에 한정한다.[2]

해외 수업 자료는 미국의 연구 성과를 주로 참고했다. 와인버그가 주도하는 디지털 탐구그룹의 수업 자료는 방대한 사료와 일정한 수업 절차에다 크고 작은 탐구 질문을 품고 있어 거의 그대로 수업에 써도 무방할 정도의 완성도가 있다. 그의 제자이자 동료인 몬테사노가 만든 자료는 역사가처럼 읽기에 그치지 않고 글쓰기로 탐구를 마무리하는 방식인데, 글을 쓰기 위한 다양한 활동들을 설정하고 있어 흥미롭다. 로절리 메트로는 미국 미주리 대학교에서 교사 교육을 맡고 있는데, 그의 자료는 중·고등학교에서 사회 과목을 가르친 경험을 바탕으로 제작되어 실효성이 있어 보인다.

역사 교과서의 탐구 질문 검토

교과서 검토는 두 가지 방식으로 진행했다. 먼저 종적인 접근으로, 제6차 교육과정 교과서부터 2022 개정 교육과정 교과서까지 시간순으로 살피면서 아테네 민주정에 대한 문제의식과 질문의 구성에 어떤 유의미한 변화가 있는지를 살폈다. 이어 횡적인 접근으로, 같은 교육과정에 따른 교과서라도 교과서마다 다른 자료와 질문을 던지고 있는데, 좀 더 진전된 면이 있는지, 어떤 부분에서 탐구 질문의 영감을 얻을 수 있는지를 살펴보았다. 단, 중·고등학교 교과서 서술에 큰 차이가 없어 전국의 모든 학생이 필수로 배우는 중학교 교과서를 주 대상으로 했다.

제6차 교육과정의 사회 교과서(1996 발행)에는 탐구 활동이 없다. 중단원이 끝날 때 '주요 활동'이라는 코너를 두고, 질문 세 가지를 던지는 것에 그친다. 그리스, 로마를 배운 다음, 아테네 민주정에 대한 질문은 단 하나다. "아테네 민주주의와 오늘날의 민주주의를 비교해 보자." 로마 관련 다른 두 질문도 '정리해 보자, 조사해 보자' 등 형식적이고 장식적인 성격이 강하다.

제7차 교육과정부터 사회 교과서는 검인정으로 바뀌었다. 금성 교과서(2002 발행)는 아테네 민주정 관련 사실을 만화로 제시하고 질문 두 개를 던진다. "1. 아테네 민주정치의 특징은 무엇인가, 현대의 민주정치와 비교하여 차이점을 조사해 보자. 2. 우리나라 헌법이 규정한 국민의 참정권에는 어떤 것이 있는지 조사해 보자." 교학사 교과서(2003 발행)에서는 화보로 아테네 민주정치의 주요 인물을 소개한 다음, "1. 아테네에서 민주정치가 가능하도록 뒷받침한 제도를 모두 찾아 말해보자. 2. 솔론의 개혁은 아테네 민주정치의 발전 과정에서 어떤 의미가 있는지 이야기해 보자. 3. 아테네 민주정치와 현대 민주정치의 특징을 정리하고, 그 공통점과 차이점에 대해 토의해 보자"라고 질문했다. 디딤돌 교과서(2007 발행)는 15줄 남짓한 읽기 자료를 주고 "1. 아테네 민주정치의 발달 과정을 자세히 조사해 보자. 2. 아테네 민주정치가 현대 민주정치와 다른 점에 대해 토론해 보자"라는 질문을 던졌다.

제7차 교육과정 사회 교과서의 탐구 질문에서 몇 가지 특징을 발견할 수 있다. 첫째, 교과서 본문 서술은 거의 비슷하지만, 탐구 활동 코너에서는 아테네 민주정에 대한 다양한 내용 구성과 질문 양상을 볼 수 있다. 둘째, 탐구 질문에 대한 고민은 깊지 않은 편이다. 읽기 자료를 별반 주지 않고, '~해보자'라는 식으로 질문하여 애초에 큰 활동을 기대하지 않는 것으로 보인다. 셋째, 내용적 측면에서 보자면 일찍부터 과거와 현대의 민주주의에 대한 비교가 있었음을 알 수 있다. 특징을 묻기도 하고, 공통점을 찾게 하거나 차이점을 조사하라는 등 표현이 다를 뿐 결국 둘을 비교하는 질문을 공통으로 던졌다.

2007 개정 교육과정 교과서의 질문도 큰 틀에서 비슷하다. 그런데 교학사(양호환)의 경우, "1. 아테네 민주정치와 오늘날의 민주정치를 비교하여 공통점과 차이점을 발표해 보자"에 이어 "2. 현재 우리나라에서 아테네와 같은 민주정치를 실시하기 어려운 이유는 무엇인지 말해보자"라며 아예 직접 민주정의 불가능성에 대해 묻고 있다. 이러한 질문은 2015 개정 교육과정(2018. 7. 27) 비상교육 교과서에도 그대로 드러난다. 리베르스쿨 교과서는 아테네 인구구성표를 제시하면서 민주정치의 한계점을 설명해 보라고 권한다.

과거와 현재의 비교에서 학생들이 대체로 현재로 기울기 쉬운데, 실현 불가능성을 전제로 이와 같은 질문을 던지면 아테네 민주정에 대한 관심과 사유를 차단하는 결과를 초래한다. 지학사는 참정권에서 배제된 사람이 누구였는지 묻고 나서 과거와 현대 민주정치의 차이를 질문하기 때문에, 직접 민주정과 참정권 배제라는 뻔한 답이 나올 가능성이 높다.

그렇다면 탐구를 중요한 학습 원리로 표방한 2022 개정 교육과정의 교과서들은 어떨까? 이하 2022 개정 교육과정에 따른 교과서에 대한 논의는 아테네 민주정이라는 주제에 한정된 것이며, 특정 출판사에 대한 호불호와 평가를 담은 것이 아님을 미리 밝힌다. 동아출판사(43쪽)는 아테네와 현대의 민주정치를 비교해 보자는 고전적인(?) 질문을 제시했고, 리베르스쿨(31쪽)은 아테네 민주정과 관련한 탐구 질문이 전혀 없다. 지학사(37쪽)는 클레이스테네스 시기 민주정에 대한 자료를 주면서 도편추방제에 집중했다. 제시한 자료와 질문 2개 모두 도편추방제에 관한 것으로, 이 법을 아테네 민주정치의 핵심적 특징으로 부각하고 있다.

아테네 민주정과 관련하여 좀 더 탐구의 모양새를 갖춘 교과서를 하나씩 살펴보자. 미래엔 교과서(35쪽)는 '아테네 정치 체제의 특징 파악하기'라는 제목 아래 페리클레스 추도문의 민주정치 설명 부분을 제시하고, 추도 연설을 하는 페리클레스의 상상화를 배치한 다음, "1. 빈칸에 들어갈 말은? (답: 민주), 2. 위의 자료를 바탕으로 아테네 정치 체제의 특징을 설명해 보자"라고 했다. 그런데 단 하나의 사료로 아테네 정치 체제의 특징을 파악하는 것이 가능할지는 의문이다. 교과서 본문도 함께 참고하도록 하거나 인터넷 검색 등의 조건이나 자료를 더 주어야 해결이 가능한 질문인 것이다. 이 자료에서 답할 수 있는 것은 '소수보다 다수에 의한 정치, 가난한 자도 공직자가 될 수 있다'는 답을 찾아내는 정도가 될 것이다. 사료에서 단어 찾아 쓰기와 2, 3가지 특징적 사실을 찾아내는 활동에 불과해 탐구라는 이름을 붙이기에 미흡한 수준이 아닌가 싶다.

천재 교과서(34쪽)는 '아테네 민주정치의 특징 파악하기'라는 제목 아래 솔론과 클레이스테네스, 페리클레스의 주요 조치를 설명했다. 그림과 함께 작은 말풍선으로 핵심적인 내용을 제시해서 자료 자체는 충분한 편이다. 질문은 "1. 아테네에서 정치 참여의 범위가 어떻게 변화했는지 써보자"라고 하여 평민의 참정권이 확대되었다는 대답을 의도한 것 같다. 이어 두 번째 질문은 아테네와 오늘날 우리나라 민주정치를 비교한 표를 제시하고 빈칸 채우기를 지시했다. 표의 구성상 '직접 대 ( )', '( ) 대 일정 나이 이상의 국민은 누구나 선거권을 가짐'이라는 식으로 반대되는 답을 제시하고 각각 '간접', '여자, 노예, 외국인 참정권 배제'라는 답을 쓰도록 유도했다. 한마디로 구태의연한 질문이며, 아테네 민주정에 대한 학문적 접근도 학생 삶과의 관련성도 비켜간 질문이 아닐까. 비교의 목적이 단순하거나 관행적인데, 이 답을 쓰고 나면 아테네 민주정에 대해 한때의 특이한 제도, 지금은 실현 불가능한 역사적 사실로 여길 가능성이 다분하다.

비상 교과서(46쪽) 역시 유사한 질문을 던지고 있다. '아테네 민주정의 특징은 무엇일까?'라는 제목 아래 3컷 만화 형태로 아테네 민주정을 이끈 솔론, 클레이스테네스, 페리클레스의 업적을 말풍선에 넣어 보여준다. 그리고 질문을 두 가지 하는데, "1. 빈칸에 들어갈 인물은? (답: 솔론), 2. 페리클레스 시기 이후 아테네 민주정과 오늘날의 민주정을 비교해 보자"라고 하면서 천재 교과서와 같은 형식으로 같은 내용을 묻고 있다. 시민의 범위와 정치 참여 방식은 결국 '직접 대 간접', '일정한 연령의 성인 대 여성, 노예, 외국인 제외'로 답하게 되어 있어 제6차 교육과정 교과서의 질문에서 크게 벗어나지 못한 양상이다.

해냄 출판사(36쪽)는 아테네 민주정치의 특징(민회, 공직자 추첨, 수당 지급, 여성·외국인·노예 제외 등)을 4개 장면의 그림과 캡션으로 연달아 배치하고, 그 아래에 페리클레스의 연설을 일부 인용(다수의 이익을 위한 통치, 가난해도 정치 참여 가능)하여 질문을 던졌다. "1. 밑줄 친 문제를 해결하는 정책은?(답: 수당 지급)"이란 질문은 평범하고 기본적인 사실 확인 질문으로 적당하지만, 2번 문항은 아쉽다. "2. 아테네 민주정의 한계는 무엇일까?"라고 하여 아예 '한계'라고 적시했다. 이미 본문 서술에서 여성, 노예, 외국인을 제외한 참정권으로 서술했는데,

다시 물어봄으로써 과도하게 비판적인 답을 유도하는 질문이 될 수 있다.

그래도 3번 질문은 흥미롭다. "3. 공직 추첨제를 오늘날에도 적용할 수 있을지 친구들과 이야기해 보자"고 하면서 말풍선으로 미국 등이 실시하는 배심원 추첨제도 사례를 언급했다. 하지만 공직 추첨에 대한 설명이 너무 소략해 학생들이 실상을 제대로 알기 어려우며, 추첨과 선출에 대한 설명이 없어 갑작스러운 질문에 대답하기 쉽지 않아 보인다. 학생들이 당시 아테네와 현재 민주정의 조건에 대해 알지 못하면 개인적인 감상평을 내놓을 가능성이 크다. 그럼에도 추첨제를 질문으로 삼은 것은 매우 고무적이며, 충분한 자료를 주고 토론을 유도하는 중단원 활동이나 수행평가로 발전시킬 가능성은 높아 보인다.

역대 교과서를 분석한 결과, 몇 가지 문제점을 발견할 수 있다. 첫째는 아테네 민주정의 특징이 모호하다는 점이다. 본문은 물론 탐구 질문에서 민회보다 도편추방제 등 드러나 보이는 사실에 주목하는 사례가 다수이며, 아테네 민회를 언급하더라도 구체적인 운영 모습을 알기 어렵다. 그러니 아테네 민주정의 특징을 논하기에 역부족이며, 직접 민주정치라는 특징과 여성, 노예, 외국인 참정권 배제라는 일반적 사실만 반복적으로 강조하는 질문이 다수 등장한다.

둘째, 일반사회 교과서와 크게 다르지 않은 과거와 현재의 평면적 비교이다. 아테네 민주정의 형성 과정과 작동 원리를 충분히 이해하지 못한 채 현재의 간접 민주정치를 동일선 상에 놓고 평가한다거나 대의제 정치의 불가피성으로 귀결되는 양상이 계속 나타난다. 역사 교과서에서 일반사회 교과서와 유사한 질문을 던짐으로써 비역사적인 사고로 이끄는 역설이 생기기 쉽다.

셋째, 탐구 질문이 부실하다. 탐구 질문이 아예 없는 교과서도 있고, 단순한 질문에 그치는 경우가 많으며, 탐구 질문에 어울리는 모양을 갖추기에는 전반적으로 미흡해 보인다. 아테네 민주정의 핵심 내용(성취 기준 참고 필요)을 충분히 파악할 수 있는 정보나 사료를 제시하지 않은 상태에서 특징을 묻다 보니

다소 빈약한 대답이나 현재주의적인 응답이 나오기 쉽다. 형식과 절차 면에서 자료도 질문도 빈약하여 탐구-조사, 비교·분석, 해석, 발표(표현)-절차도 갖추지 못하고 있는 경우가 많다.

넷째, 교과서 서술 공간의 부족이라는 근본적 문제가 있다. 3쪽 남짓 되는 지면 안에 아테네 민주정뿐만 아니라 스파르타, 그리스 전반의 역사를 서술해야 한다. 본문에 충분한 내용을 실을 수도 없고, 질문의 구체적인 근거를 제공하는 자료를 제시하지도 못하고 있는 모습이 수십 년째 반복되고 있다. 이 문제는 두 가지 방식으로 해결할 수밖에 없을 것이다. 첫째는 교육과정에서 '민주공화국'을 역사 과목의 핵심 개념으로 상정하여, 아테네 민주정, 로마 공화정에 이르는 역사를 두텁게 서술하여 탐구 질문을 던지고 답을 구할 수 있는 여백을 주는 것이다. 둘째는 당장 교육과정의 획기적인 변화가 어렵다면, 교사 개인이 과감한 단원 재구성을 통해 시수를 확보하고, 확충된 내용에 유의미한 질문을 제시하여 학생들이 아테네 민주정을 깊이 있게 탐구하도록 이끄는 것이다.

역사교사의 탐구 질문 사례

역사 교과서에 이어 실제 수업 상황에서 쓰이는 역사교사들의 성과물을 살펴보자. 발표 시기 순으로 역사교사 조경훈의 2012년 논문에 나오는 질문 아이디어부터 보자. 조경훈은 논문 전체에서 아테네 민주정에 대한 화석화된 교과서 서술과 관행적인 질문 방식을 비판하면서 나름의 대안으로 새로운 질문을 제시했다. 그가 고심 끝에 아테네 민주정에 대한 문제의식을 토대로 학생들에게 단계적으로 질문을 던진 사례를 소개한다.[3]

과제 1. 아테네 민주주의는 그 중심에 민회, 평의회, 시민 법원이라는 민주적 기관을 두고 그 밑에 아르콘을 비롯한 공무원을 두었다. 아테네의 민주주의 제도 중 오늘날 계승되고 있는 것을 말해보자.

민회	평의회	시민 법정
최고 의사결정 기관	행정부	소송에 관한 최고 법원
18세 이상의 시민이면 누구나 참가, 1인 1표의 투표권을 행사	• 평의원은 30세 이상인 시민 가운데 10개의 행정구에서 50명씩 추첨으로 선발 • 1년 임기로 근무했으며, 2년 연속 근무 금지	배심원은 30세 이상의 시민 가운데, 6,000명을 추첨으로 선발, 1년 임기
국방과 외교, 외국인에 대한 시민권 부여, 법률과 제도의 제정 및 개정	재정과 공공 건축, 군함 건조와 관리 등 일상 행정	• 검찰과 변호사 없이 원고와 피고가 직접 변론 • 패소한 원고에게는 1000드라쿠마의 벌금을 부과

* 참고: 시민은 18세부터 준시민으로 활동하지만, 실제 민회 참여와 발언은 20세부터 가능했다.

과제 1은 학생들이 아테네 민주정에 대한 기본적인 사실을 확인하면서 근간이 되는 조직에 대해 다시금 공부하도록 하고 있다. 표의 위쪽에는 기관의 구성 방식, 아래쪽에는 기관의 기능과 역할 등이 나와 있다. 입법, 행정, 사법의 기본적인 분립 체계를 갖추되 인민이 실질적인 지배를 하는 원리가 돋보인다. 교사의 실제 질문의 의도는 아테네 민주정의 기관과 현대의 삼권분립 체계를 연계하여 비교를 꾀하는 것이다. 다소 산발적으로 혹은 개별 사실의 나열로 느껴질 수 있는 사실들을 현대의 헌법기관과 연계하여 이해를 돕고, 자연스럽게 견주어 볼 수 있게 했다. 무엇보다 과거와 현재의 거리감을 키우는 질문이 아니라 과거와 현재의 연결점을 짚어주는 것이어서 첫 질문으로 적절하다.

과제 2. 아래의 글을 읽고 오늘날과 달리 공무원을 추첨으로 뽑은 이유를 설명하고, 공직 추첨제를 보완하기 위해 아테네 시민들이 마련한 제도를 말해보자.

> 아테네 민주주의 번영기에는 700명 정도의 공무원이 있었다. 아테네 공무원은 장군이나 재무관처럼 민회에서 선거로 뽑히는 소수를 제외하면 모두 추첨에 의해 선발됐다. 이는 민주화의 진전에 따라 시민들이 행정 분야에 참여할 기회가 늘어난 결과였다. 임기는 1년으로, 재임이나 중임을 금지했다. 이는 시험에 의해 채용된 관료가 수십 년간 직업적으로 통치하는 제도가 부패와 권력 전횡을 초래한다고 여겼기 때문이었다.
>
> 이처럼 아테네 시민들은 공무원의 직권남용 가능성을 철저히 방지했다. 공무원이 되려면 우선 오늘날의 인사청문회와 같은 자격 심사를 받았다. 여기서 공무원은 전문 지식이나 능력이 아니라 세금은 제대로 냈는지, 국방의 의무를 수행했는지, 기타 불법을 저지르지 않았는지와 같은 시민의 자질을 심의받았다. 또 아테네 시민들은 매월 중요 민회에서 공무원에 대한 신임을 거수로 물어 부적격 공무원을 파면하거나 재판에 회부했다. 그리고 공무원평의회에 회계보고서를 제출해야 했고, 임기 1년이 끝나면 다시 집무 심사를 받았다. 불법을 저지른 공무원은 죄질에 따라 벌금, 시민권 상실이나 재산 몰수, 매국 행위에 대해서는 사형에 처했다.

과제 2는 일차적으로는 추첨의 배경과 운영 모습을 파악하도록 유도하기 위해 구성한 질문이다. 아테네 민주정 당시의 공직자 선발과 감시, 견제에 대해 자세히 설명함으로써 민주정이 아마추어들의 허술한 참여가 아니라 책임 정치를 실현하는 방도였음을 생각하도록 이끈다. 이 지문을 통해 추첨에 대한 이해를 높일 수는 있겠으나 선발에 익숙한 학생들에게는 낯설 수 있다. 기본 사실을 확인했으니, 선발과 추첨의 비교를 통해 좀 더 깊은 사고를 유도하면 좋을 듯하다.

과제 3. 오늘날 대의제 정치 체제를 개선하기 위해 아테네 민주주의에서 참고할 사항을 발표해 보자. (제시된 자료: 아테네의 언론의 자유 보장 사례, 소크라테스 사형의 진상)

과제 3은 현재의 문제로 연결하여 구체적인 대안을 찾아보게 하는 질문이다. 앞서 기본적인 사실관계를 확인했다 하더라도, 이 질문에 답하기 위해서는 더 많은 자료와 단계적인 안내 질문이 있어야 한다. 그런데 제시된 자료가 원론적인 언론의 자유, 소크라테스의 사례여서 3번 질문의 답을 쓰는 데 직접적인 도움이 되지 않는다. 오히려 현대 대의제 민주정치의 문제점에 대해 몇 가지 예를 들어보게 하거나 직접 민주정의 정신을 살리고 있는 사례를 인터넷을 활용해 검색하도록 안내하는 등의 사전 작업이 필요할 것이다. 1, 2번 질문에서 과거를 되새겼다면, 3번 질문에서 현재의 주요 사실이나 사례를 확인한 다음, 참고할 사항을 도출하는 방식이 더 충실한 답을 구할 수 있을 것으로 보인다. '발표해 보자'라는 주문 역시 구체적인 안내가 필요하다. 개별 글쓰기에 이은 개별 발표인지, 모둠 논의를 한 뒤의 개별 발표인지, 모둠 논의 후 모둠의 의견을 정리해서 발표하는 것인지 밝혀야 한다. '~해보자'라는 지시가 공허한 표현이 되지 않기 위해서는 어떤 절차와 방식으로 발표하여 배움을 심화, 확장할 것인지 분명하게 안내해 주어야 한다.

두 번째로 살펴볼 역사교사의 수업 자료는 2018년에 나온 《사초로 보는 역사》에서 인용했다. '사초' 모임에서 3년여의 활동을 마무리하면서 '민주주의 시선으로 본 세계사'라는 콘셉트로 수업 자료를 구성했다. 특히 자료와 더불어 질문을 적절하게 던진 것이 많아 소개한다.

질문들은 기본적인 사실 확인, 이른바 '한계'에 대한 이해, 아테네 비판의 근거 따져보기, 전체적인 내용 정리, 현실의 문제와 연관 짓기 등의 순서로 구성되어 있다. 현대와의 섣부른 비교나 맥락 없는 비판, 통념에 따른 지적을 넘어서기 위해 세심하게 한 단계씩 짚어가며 질문을 구성한 것이 특징이다.

첫 단계로 민주정의 주요 요소와 특징 알기를 시도한다.

① 윗글에서 등장하는 아테네 민주정의 주요 요소에 대해 정리해 보자.

- **500인 평의회 :**
- **민회 :**
- **추첨제도 :**
- **시민 법정 :**
- **도편추방제 :**

② 위에서 정리한 제도 중 가장 인상 깊은 제도와 그 이유를 써보자.

사초 모임에서는 먼저 아테네 민주정의 주요 조직과 운영 원리를 설명하는 글을 제시하고, 기본적인 내용을 점검하도록 질문했다. 앞에서도 필자는 도편추방제에 시선을 빼앗기지 말고 민회의 작동 방식과 그와 연계된 시민들의 정치 참여 시스템을 주목하자고 강조한 바 있는데, 균형감 있게 내용을 배치하고 있다. 민주정의 주요한 원리와 조직들이 먼저 제시되고, 이를 보완하는 도편추방제가 뒤에 배치된 것은 적절한 질문이라고 본다.

사실관계 확인에서 그친다면 역사 지식의 습득으로 끝날 수도 있는데, 첫 번째 질문에 이어 인상 깊은 제도와 그렇게 느낀 이유를 물었다. '인상 깊다'라는 말의 의미는 다의적일 수 있다. 가장 '중요한, 핵심적인, 특이한, 마음에 와닿는' 등의 해석이 가능하다. 어떤 의미로 여기든 학생들의 답변이 매우 다양할 수 있다. 이를 통해 왜 그렇게 생각하는지를 물으며 학생들의 답변을 비교하면서 한 단계 더 질문을 진전시키는 것이다. 비슷한 답과 반대되는 답으로 분류하여 생각을 더 구체화하는 방식으로 학생들에게 추가 질문을 할 수도 있겠다.

두 번째 단계는 아테네 민주정의 '한계' 짚어보기이다. 여성, 외국인, 노예의 참정권 배제, 델로스 동맹 금고 사용, 노예제도의 존재를 설명하는 글을 제시한 다음 "윗글에서 제시한 아테네 민주정이 오늘날의 조건과 다른 부분을 2가지로 정리해 보자"라고 했다.

흔히 아테네 민주정의 '한계'로 지적하는 참정권의 제한은 물론, 델로스 동맹의 자금을 민주정의 물적 토대로 삼았다는 점, 노예제에 기반한 사회였다는 점 등을 짚어보는 질문이다. 이 질문 자체는 충분히 제기할 수 있지만, 이렇게만 마무리한 것은 아쉽다. 과거와 현재의 비교는 신중하게 할 필요가 있기 때문이다. 앞서 1절에서 살펴본 바와 같이 이른바 '한계'에 대한 반박도 함께 제시하면 어땠을까.

예컨대, 델로스 동맹의 자금을 자의적으로 사용했다는 근거가 희박하다는 주장이나 당시 노예를 거느린 나라들이 모두 민주정을 하지는 않았다는 점을 들 수 있다. 아테네 시민들이 노예에게 노동을 다 맡겨놓고 민회에서 한가롭게 정치 활동을 한 게 아니라는 논의도 소개하는 것이다. 이렇게 여러 측면의 자료를 제시하면, 학생들이 당대 상황을 좀 더 깊이 이해하고 진전된 사고를 하지 않을까. 현재와 비교할 때도 균형감 있는 시선으로 임하지 않을까 싶다.

이쯤 되면 이런 식의 꼬리에 꼬리를 무는 질문이 평소 수업에서 가당키나 하냐는 의문이 들 법한데, 이 수업은 교육과정 재구성을 거쳐 한 차시를 아테네 민주정 이해에 몰입하는 것임을 다시 한번 밝힌다.

세 번째 단계는 아테네 민주정에 대한 비판 검토하기이다. 플라톤의 국가론, 민주정에 대한 부정적 입장을 소개하는 글을 제시한 다음 아래와 같이 물었다.

① 플라톤의 주장(민주정에 대한 비판과 철인정치)에 대한 나의 생각은 어떠한가?

⇒ 플라톤의 주장에 (동의 / 반대) 한다.

그 이유는 ( )

② "민주정은 능력 있고 뛰어난 사람만이 정치에 참여할 자격이 있다"는 주장에 대해 아래의 질문을 바탕으로 비판하는 의견을 정리해 보자.

- 도덕적으로도 완벽하고 모든 문제에 지혜로운 사람이 존재할 수 있긴 할까?
- 소수의 사람이 권력을 오랫동안 가지고 있으면 자기 자신의 이익만을 생각하지는 않을까?
- 토론과 참여의 과정을 통해 보통 사람들도 능력 면에서 성장할 수 있는 것이 아닐까?

이 질문들은 아테네 민주정에 대한 근본적인 비판을 담고 있으며, 내용을 깊이 있게 다루자면 더 많은 시간을 필요로 한다. 제대로 학습하려면, 도덕/윤리 과목이나 일반사회 과목과의 협업 혹은 융합 수업을 구상하는 것이 좋겠다. 플라톤의 철인정치나 아리스토텔레스의 정치학 이야기는 다른 사회 과목 수업에서 중요하게 다루는 주제이며, 역사적 배경에 대한 이해가 필수적이다. 역사 과목 또한 철학 자체나 정치학의 주요 논의를 어느 정도 접해야 역사적 맥락 속에서 제대로 비판할 수 있다. 따라서 독자적인 역사수업에서 감당할 수 있는 범위와 확장해서 다룰 수 있는 여지에 대해 교사가 잘 분별할 필요가 있는 질문이다.

네 번째 단계는 아테네 민주정에 대해 나름대로 정리하기이다.

아테네 시민과 대화를 나눈다고 가정했을 때, 우리 입장에서 아테네 민주정에 대해 지적할 수 있는 문제 3가지와 아테네 민주정에서 배울 점 3가지를 정리해 보자.

순번	"이건 좀 문제네요"	"이런 점 배울게요"
1		
2		
3		

앞서 '한계'라는 표현에 대한 주의를 당부했지만, 그렇다고 아무 문제가 없다거나 당연하다는 태도는 곤란하다. 역사적 사실에 대한 해석과 평가는 진지하게 해야 하므로 학생 입장에서 어떤 부족함이 있었으며, 그럼에도 무엇을 배우고 계승해야 하는지 질문할 필요가 있다.

여기서 주목할 지점은 '아테네 시민과 대화를 나눈다고 가정'하고 이 활동을 한다는 것이다. 지금의 시선으로 재단하는 것이 아니라 아테네 시민의 생각을 전제하고 있다는 점에서 사려 깊은 질문이라 할 수 있다. 당대를 살피고 지금의 사회를 생각했을 때, 그래도 남는 문제가 무엇인지, 배울 점은 어떤 것인지를 생각하게 해준다. 여기서 한 걸음 더 나간다면, 단순한 문제 지적이나 교훈 몇 가지 쓰기에서 그치지 않는 것이다. 학생들에게 답변의 근거를 제시하게 하여 문제의식과 배울 점에 대해 구체적으로 쓰도록 유도하면 좋겠다.

다섯 번째는 나의 현실과 견주어 보기이다.

아테네처럼 우리 학교에서도 학생의 참여를 보장하고 있는 제도와 참여한 경험이 있는가? 자신의 의견을 써보고 모둠원들끼리 돌아가며 서로의 의견을 이야기해 보자.

모둠 구성	우리 학교에서 학생의 참여를 보장하고 있는 모습
모둠원 1 (　　　　)	
모둠원 2 (　　　　)	
모둠원 3 (　　　　)	
모둠원 4 (　　　　)	

이 질문은 내용과 형식 면에서 좋은 평가를 받을 수 있겠다. 현재주의적 발상이나 맥락 없는 판단을 주의해야 하지만, 역사는 결국 '지금-여기-나'의 문제로 여길 때 배우는 의미가 있다. 역사수업은 과거 사실에 대한 이해나 추상

적인 논의로 일관하기보다는, 학생들이 구체적인 생활 속에서 자신의 세계관을 만드는 데 기여해야 한다. 즉, 학생이 자기 현실에 비추어 보게 하는 작업이 반드시 있어야 한다. 학생들의 일상을 만들어 가는 학교 상황에 견주어 생각해 보게 하는 것은 구체적인 사고와 실질적 참여, 변화의 체감으로 이어질 수 있으므로 중요한 시도이다.

특히 이 질문은 혼자 답하고 끝나는 것이 아니라 모둠을 구성하여 저마다의 생각을 나누고 비슷한 점과 다른 점을 찾는 형식으로 진행하기 때문에 바람직해 보인다. 민주주의의 내용을 학습의 대상으로 삼는 데 그치지 않고, 민주적인 방식으로 체득해 나간다는 점에서 의미가 있다. 민주주의는 논리 대결의 장이기 이전에 공동체의 긍정적 변화를 도모하려고 지혜를 모으는 무대이다. 서로가 열린 마음으로, 유연한 생각으로 뜻을 모으는 과정 자체가 소중하다. 그런 의미에서 필자는 아테네 민주정에 대한 마지막 단계의 질문으로 적절하다고 보는 것이다.

해외 교재의 탐구 질문 아이디어

먼저 로절리 메트로가 수년간 미국의 중·고등학교에서 가르친 경험을 토대로 만든《세계사 주제사로 가르치기》에 나온 아테네 민주정에 관한 탐구 질문을 살펴보자. 간략하게 책 소개를 하자면, 이 책은 주제사를 표방한 이유를 설명하고, 그것이 문서(사료)에 기반한 것임을 밝히고 있다. 또 미국의 교육과정이라 할 수 있는 '내셔널 스탠더드(National Standard)'의 핵심 개념을 담고 있으며, 세계사의 장기 지속과 변화를 다루는 것을 목표로 삼고 있다.

아테네 민주정 관련 탐구 질문은 첫 대단원에 실려 있다. 대단원 전체 질문인 '정부의 형성-지배자와 지배받는 자의 권리와 책임은 어떠해야 하는가'라는 큰 질문 아래 해당 주제의 핵심 질문으로 '페리클레스는 아테네 민주정을 어떻게 묘사하고 있는가'를 배치했다.[4] 이 질문에 답하기 위해 가장 먼저 페리클레스 추도 연설문을 제시하고, 단계별로 질문을 던진다.

① 이해

- **페리클레스에 따르면 아테네의 정부에 관여할 수 있는 사람은 누구인가?**
- **페리클레스에 따르면 아테네에서 정치적 의사 결정은 어떻게 이루어지는가?**

② 활동

- **짝과 상의하여 고대 아테네의 민주주의와 오늘날 나라의 정보를 비교하고 대조하는 벤 다이어그램을 만든다면?**
- **아테네 민주정에 대한 페리클레스의 주장에 대해 여성, 노예는 어떻게 대응했을까? 그녀가 무슨 말을 했을지 상상하고 적어본다면?**

③ 성찰

- **더 많은 사람이 결정에 참여하는 사회가 낫다고 생각하나? 왜 그런가? 혹은 왜 그렇지 않은가?**

①은 기초적인 사실을 확인하는 질문이다. 정답은 '성인 남성', '민회에서 다수결로 의사 결정' 등이 될 것이다. 다만, 연설문에는 성인 남성이나 민회가 적시되어 있지 않기 때문에, 참전 용사의 대부분이 남성이라는 점을 추론해야 한다. 가장 바람직한 것은 추도 연설문이라는 텍스트를 꼼꼼하게 읽고 답을 찾아내는 것이다. 이 질문에 답하기 위해서는 보조적으로 아테네 헌법에 나오는 성

인 남성의 참정 조건 부분을 제시하면 더 명료해질 것이다. 정치적 의사 결정 역시 참정권을 지닌 사람이 하는 것이므로 이어지는 답이라고 할 수 있다.

②는 '활동'이라는 제목이 붙어 있지만, 실질적으로는 수렴적 질문에 해당한다. 짝과 상의하여 벤 다이어그램을 만드는 활동이 있지만, 그 핵심 내용은 과거와 현재의 민주정에 대한 비교다. 앞서 검토한 역대 교과서에서 자주 나왔던 과거와 현재의 비교는 미국에서도 흔한 모양이다. 이어지는 여성 참정권 배제에 대한 질문은 식상한 듯하지만 좀 다르게 느껴진다. 배제되었다는 사실을 재차 확인하는 데 그치지 않고, 어떻게 대응했을지를 묻는 것이다. 특히 여성의 입장에서 어떤 말을 했을지 상상하도록 함으로써 다양한 답변을 유도할 수 있다. 자칫하면 여성 참정권 배제를 한계로 몰고 갈 수 있는 질문이지만, 이를 객관적 사실로 전제하고 당시 여성의 목소리에 귀 기울이게 만든다는 점에서 과도하지 않은 감정이입적 이해라고 할 수 있겠다.

로절리 메트로의 질문에서 백미는 ③번이다. '성찰'이라고 적혀 있지만, 기본적으로는 확산적 질문이고 성찰도 담을 수 있는 질문이다. 아테네의 직접 민주정과 현대의 간접 민주정을 단순 비교하지 않고, '참여'를 키워드로 삼아 과거와 현대의 계승성을 떠올리게 한다. 이어 참여의 확대가 더 필요한지를 묻는데, 이는 민주주의의 방향성과 원칙에 해당하는 질문이다. 아울러 참여 확대가 필요하다면 왜 필요하고, 필요하지 않다면 어떤 이유 때문인지를 묻는다. 현재의 대의제로 큰 무리가 없다면 굳이 정치 참여를 확대할 필요가 없을 것이고, 대의제를 전제로 하더라도 직접 민주정의 성격을 강화하려면 어떤 형태로든 참여의 확대가 필요할 것이다.

③은 하나의 질문 같지만, 학생들이 꼬리를 물고 이어지는 사고의 흐름을 경험하게 된다. 열린 마음으로 과거와 현재의 민주정을 살피고, 참여라는 키워드로 확대 여부를 고민하면서 자신이 생각하는 바람직한 사회상을 떠올리고, 자

신은 어떤 역할을 할 수 있고 해야 하는지를 사고하게 만든다는 점에서 좋은 질문이다.

다만, 질문이 단문으로 하나씩 순차적으로 등장하지 않고, 복문으로 제시되기 때문에 문해력이 떨어지는 학생들에게는 다소 복잡하게 여겨질 수 있다. ①, ②에서 제시한 것처럼 질문을 나누어서 던지면, 개별 질문이 더 명료해지고, 답을 하는 과정에서 학생들이 질문의 흐름도 파악할 수 있을 것이다.

또 다른 시각에서 검토해 볼 미국의 탐구 질문은 샘 와인버그와 동료 연구자들이 만든 '디지털 탐구 그룹'의 성과이다. 미국사와 세계사에 걸쳐 다양한 주제의 자료와 질문을 서비스하고 있는데, 2012년부터 계속 학교 수업에 적용하고 수정하여 온라인에 탑재하고 있다. 최근에는 탐구의 성격을 강화하여 플랫폼을 재정비하고 있다. 교사용 자료, 학생용 자료, 사료 원문, 슬라이드 등을 함께 제공해 바로 수업에 적용할 수도 있다.

아테네 민주정의 사례를 보면, 서두에 나오는 중심 질문(탐구 질문)을 논하기 위해 서로 다른 시기의 사료와 다양한 관점을 담은 자료를 제시한다. 5개의 문서와 그에 대한 질문지, 학술 논쟁의 지침, 시각화 자료 등이다. 이들 자료에 대한 질문에 답하면서 학생들이 저마다의 생각을 정리하여 학술적 토론을 하도록 체계적으로 구조화되어 있다([표3-1]).

여기서는 아테네 민주정의 다양한 면모를 하나로 꿸 수 있는 질문으로 '아테네 민주정은 진정 민주적인가'를 묻는다. 당연하게 여기는 민주정에 대해 환기하는 질문을 던지고 탐구하면서 저마다의 생각을 다져나가도록 질문이 세밀하게 디자인되어 있다. 민주주의는 무엇인가, 어떤 면에서 아테네 민주정은 민주적인가, 어떤 면에서 아닌가, 오늘날 미국의 민주주의와 어떻게 비교할 수 있는가 등의 흥미로운 질문을 이어간다.[5]

[표3-1] 와인버그의 디지털 탐구 그룹이 만든 아테네 민주정 탐구 질문

<table>
<tr><th colspan="3">핵심 질문: 고대 아테네는 진정 민주적이었는가? – 구조화된 학술 논쟁</th></tr>
<tr><th></th><th>문서</th><th>세부 질문</th></tr>
<tr><td rowspan="5">문서 기반 탐구</td><td>A.
페리클레스 추도 연설문</td><td>1. 페리클레스는 누구인가? 이 연설을 한 이유는 무엇인가?
2. 페리클레스에 대해서 알고 있는 것과 이 연설이 기록되는 과정에 비추어 볼 때, 아테네 정치 제도에 대한 자료로서 이 문서가 지닌 장점과 단점은 무엇인가?
3. 페리클레스에 따르면 아테네 민주주의의 특징은 무엇인가?</td></tr>
<tr><td>B.
아테네 헌법</td><td>1. 이 문서는 어떤 종류의 문서인가? 목적이 무엇인가?
2. 아테네 헌법에 따르면 아테네에서는 누가 투표 권리를 가지는가?
3. 아테네에서는 시민으로 '등록되기' 위해서는 어떻게 해야 하는가?</td></tr>
<tr><td>C.
아테네 인구 도표</td><td>1. 아테네의 전체 인구 중 몇 퍼센트가 투표할 수 있었는가?
2. 아테네에서 어떤 집단이 투표할 수 있었는가? 어떤 집단이 투표할 수 없었는가?</td></tr>
<tr><td>D.
한센의 주장</td><td>1. 한센 교수는 누구인가? 아테네의 정치 제도에 대한 자료로서 이 문서의 강점과 약점은 무엇인가?
2. 한센 교수에 따르면 아테네의 정치 제도는 어떤 점에서 오늘날 우리가 생각하는 민주주의보다 훨씬 더 민주적인가? 아니면, 어떤 점에서 덜 민주적인가?</td></tr>
<tr><td>E.
캠프의 주장</td><td>1. 캠프 교수는 누구인가? 아테네의 정치 제도에 대한 자료로서 이 문서의 강점과 약점은 무엇인가?
2. 고대 아테네에서 추방이란 무엇인가? 그 목적은 무엇인가?
3. 추방이 아테네 사람들을 다소간 민주적으로 만들었는가? 당신의 입장을 지지할 수 있는 내용을 문서에서 찾아 증거로 제시해 보자.</td></tr>
<tr><td>주장/ 증거 정리</td><td colspan="2">예시(찬성하는 입장): "고대 그리스는 진정 민주적이었다"라는 주장을 지지하는 중심 내용과 증거를 4가지 열거해 보자.</td></tr>
</table>

그리고 [표3-2]와 같이 모둠 토의와 합의에 도달하는 과정에 따른 질문과 활동을 제시했다.

디지털 탐구 그룹의 아테네 민주정 수업 자료는 핵심 질문 아래 다양한 자료와 그에 맞는 질문을 제시하고, 이를 모둠 활동으로 연계하여 토의를 진행하되

[표3-2] 와인버그의 디지털 탐구 그룹이 만든 아테네 민주정 탐구 질문

핵심 질문: 고대 아테네는 진정 민주적이었는가? – 구조화된 학술 논쟁	
모둠 토의	* 팀별로 다음 질문에 대해 토의한다. 1. 고대 아테네는 진정 민주적이었는가? 2. 민주주의는 무엇을 의미하는가? 3. 아테네는 어떤 면에서 민주적이었는가? 4. 아테네는 어떤 면에서 민주적이지 않았는가? 5. 고대 아테네의 민주주의는 오늘날 미국의 민주주의와 어떻게 비교할 수 있는가?
주장–발표	1. A팀은 고대 아테네가 진정 민주적이었다고 주장하고, B팀은 고대 아테네가 진정 민주적이지 않았다고 주장한다. 2. A팀은 B팀에게 발표하고, B팀은 A팀이 만족할 때까지 그 주장을 되풀이한다. 3. B팀은 A팀에게 발표하고, A팀은 B팀이 만족할 때까지 그 주장을 되풀이한다. 4. 두 팀은 합의에 도달하도록 노력한다.
합의 도달	각자 배정된 입장을 벗어나서 어느 편이든 지지할 수 있다. 아래 공간에는 모둠이 동의한 바를 적는다. 동의한 부분은 반드시 양쪽 입장에서 나온 증거와 주장을 포함해야 한다.

논의를 거치면서 합의에 도달하는 흐름으로 진행된다. 학생들이 개별적으로 문서 읽기를 진행하면서 출처 확인, 맥락화, 교차 검증을 하지만, 모둠을 구성하여 자신의 생각을 객관화하고 토의를 통해 서로의 의견을 공유하면서 사고를 심화, 확장한다는 점에서 '함께 하는 역사가처럼 읽기'의 전형을 보여준다.

더욱이 핵심 질문 아래 질문의 영역을 나누어 자료를 제시하고 단계마다 세부 질문을 두어, 질문에 답하는 과정에서 자료를 깊이 있게 읽고 다양한 사고를 하도록 이끈다. 민주적인지 아닌지를 판단하기 위해 여러 세부 질문에 답하는 과정을 두어 충실하게 사고의 '빌드업(Build-Up)'을 꾀한다. 출처 확인이나 사실 확인을 먼저하고, 문서의 의미를 묻거나 증거를 찾거나 추가 설명을 요구하는 방식으로 세부 질문을 던진다. 수많은 질문의 나열이 아니라 생각할 지점을 두루 짚으면서도 차분하게 접근할 수 있게 디자인되어 있으며, 질문에 대한 답을 모으면 자신의 의견이 정립되는 일종의 '질문 연속체' 구실을 하고 있다.

다만, 핵심 질문인 '아테네 민주정은 진정 민주적인가'라는 물음에 대해서는 아쉽게도 근본적인 문제를 제기하게 된다. 이 질문은 당연시하는 것을 낯설게 보게 하는 효과를 노린 것으로 보인다. 그러나 학생들의 시선을 끌기에는 좋지만, 자칫 아테네 민주정에서 다룰 이야기를 협소하게 만들 우려가 있다. 민주적인지 아닌지에 초점을 맞추다 보면 영역의 설정과 자료 구성도 그에 맞게 배열되면서 아테네 민주정의 작동 원리나 당대의 가치 등에 관심을 갖기 어렵다.

실제로 제시된 영역을 보면, 페리클레스 추도 연설문과 아테네 헌법은 필수 사료라고 치더라도, 아테네 인구 도표와 한센 교수의 논지는 직접 민주정의 명암과 여성 참정권 배제를 자연스럽게 떠올리게 한다. 인구 도표에서는 '성인 남성만의 리그'라는 인상을 갖게 하고, 한센 교수의 자료도 직접 민주정이라 더 민주적이지만, 소수의 정치라 덜 민주적이라는 주장이어서 유사한 결론에 이르게 한다. 캠프 교수의 자료는 도편추방제에 관한 것이어서 아테네 민주정의 핵심적 특징이라고 보기는 어렵다.

마지막으로 촌시 몬테사노의 수업 자료를 살펴보자. '역사 읽기, 탐구하기, 쓰기'의 교육과정을 구안한 촌시 몬테사노는 '역사 문해력'을 '탐구를 통한 학생들의 읽기, 쓰기 능력'이라고 규정하고 사료 탐구를 중시한다. 그는 디지털 탐구 그룹의 자료에서 한 걸음 더 나아가 '아테네 민주정은 좋은 정부 형태였는가'라는 탐구 질문을 제시했다. 앞서 '아테네 민주정은 민주적인가'에 다 담지 못하는 아테네의 포괄적인 면모를 소개하면서 질문을 더욱 명료하게 던진 셈이다.

5차시에 걸쳐 내용 소개-사료 분석-증거 확인-예시 글 분석-선택/계획하기-글쓰기-성찰하기의 과정을 따라가다 보면, 학생들의 역사적 사고력이 심화, 확장된다고 기대하게 된다. 1차시는 배경 지식 이해, 2, 3차시는 사료 분석 및 토론, 4, 5차시는 논증적 글쓰기와 공유의 과정이다. 출처 확인-맥락화-상호 검토를 거쳐 아테네에서 민주주의가 어떻게 작동했는지 배우고, 현재 우리가 어떻게 인식하는지 고민하도록 디자인했다. 대표적으로 3단계에 해당하는 비평적인 글쓰기를 위한 증거 저울질하기에 따른 세부 질문을 보자.

① 주장: 주장과 관련된 문제 파악하기 - 특정 주장에 대한 사실 확인, 근거 여부, 논리성 점검

② 증거: 증거는 어디에서 오는가 - 사료의 저자, 제목, 작성 시기, 머리말, 증거 능력 등

③ 추론: 이 증거는 주장을 어떻게 뒷받침하는가? 증거의 신뢰성은 어떤가?

여기에서 검토 대상이 되는 사료와 논거는 [표3-3]과 같다.

역사 탐구는 사료 분석을 토대로 한 증거에 입각한 사고의 과정이므로, 주장의 근거를 살피는 게 가장 중요한 작업이다. 몬테사노는 특정한 주장부터 각각의 증거와 추론의 타당성을 검토하는 질문과 절차를 제시함으로써 글쓰기의 기반을 구축하고 있다. 몬테사노 수업 자료의 특징은 읽기에 더해 쓰는 과정을 필수로 설정함으로써, 읽기와 토의에 그치지 않고 객관화된 글쓰기를 통해 학생들의 생각을 명료하게 정리하게 한다는 점이다. 뚜렷한 논리나 근거 없이 글을 쓸 수 없기 때문에 학생들은 자신의 논지를 정리하기 위해 반드시 위의 질문에 답해야 하며, 이를 통해 역사 탐구를 경험하게 된다.

몬테사노의 수업 자료에서 흥미로운 것은 뒷부분에 나오는 질문이다. 나와의 관련성에 관한 질문은 학생과 교사 모두에게 적용되는데, 특히 교사에게도 물음을 던지는 것이 흥미롭다. 처음에 '교사인 나는 이 주제를 어떻게 생각하고 있는가'를 묻고, 마지막에는 교사와 학생 사이의 문화적 차이, 탐구에 앞서 살펴야 할 학생들의 학습적 특징 등을 질문한다. 흔히 수업 구상 과정에서 내

[표3-3] 몬테사노의 '아테네 민주정' 비평적 글쓰기를 위한 사료와 논거 목록[6]

가능한 주장과 논거(reasoning, 추론)	주장을 뒷받침하는 사료
주장 1. Samon은 고대 아테네 민주 정부에서 다수에 의한 정치는 폭도의 통치로 바뀔 수 있다고 주장했다. 하지만 이 주장은 시민들이 투표하고, 배심원의 임무를 보며, 의회에서 연설하면서 얻은 기회들을 고려하지 않은 것으로 보인다.	1. 플루타르코스, 〈솔론의 생애〉 3. 플라톤, 《프로타고라스》 4.아이스키네스, 〈티마르쿠스에 맞서〉
주장 2. Samon은 고대 아테네 민주주의에서 "많은 실패, 실수, 악행이 있었다"고 주장했다. 이 주장은 법 앞에서의 평등과 일반인들이 정부와 관련된 결정을 내리도록 허락하는 새로운 사상을 무시한 것이다.	1, 3, 4 5. 헤로도토스, 《역사》
주장 3. 오바마는 고대 그리스에서 여성과 노예에게 동일한 권리를 주지는 않았음에도 불구하고, 사람들이 스스로를 통치할 권리가 있다는 생각을 심어주었다고 주장했는데, 이것은 오해의 소지가 있다. 소외된 사람들이 있었다는 사실은 아테네 민주주의가 좋은 형태의 정부가 아니었다는 것을 보여준다.	2. 플라톤, 〈사과〉 3, 4, 5
주장 4. 오바마는 시민들이 "노예가 아니라 우리 사회의 관리자(stewards, 집사)들"이라고 주장했으나, 당시 고대 아테네를 개선하기 위해 목소리를 높였던 사람들은 심각한 처벌을 받거나, 부도덕하다고 여겨진 경우 권리를 박탈당했기 때문에 잘 맞지 않는다.	2, 4
주장 5. 오바마는 '다수'를 대표하는 정부가 고대 아테네의 선물이라고 주장하지만, 다수에 의한 의사 결정이 항상 사회에 좋은 것은 아니다.	1, 5

용 자체에만 몰두하기 쉬운데, 교사로 하여금 수업의 전제를 고민하게 만드는 것이다. 특히 아테네 민주정을 5차시에 걸쳐 진행하기 때문에, 교사 자신의 수업 철학, 학생관, 역사관 등에 대한 자기 점검이 필요하다는 점에 시사 받을 점이 많다.

- **내용을 나에게 적용하기: 이 탐구 활동은 고대 아테네의 민주주의에 초점을 두고 있다. 민주주의는 당신에게 어떤 의미가 있는가?**
- **시간을 넘어 관련시키기: 이 탐구 활동은 학생들에게 고대 아테네 민주주의가 좋은 정부의 형태였는지 여부에 대해 생각해 보도록 하고 있다. 당신은 민주주의가**

좋은 정부의 형태라고 생각하는가? 왜 그렇게 생각하는가? 혹은 왜 그렇게 생각하지 않는가? 왜 그렇게 생각하게 되었는가?

- **내용과 학생, 그리고 나: 학생들이 탐구 활동의 내용에 대해 반응하고 사고하는 방식에 영향을 끼칠 만한 학생들의 특징에 대해 알고 있는 것(혹은 아직 모르는 것)은 무엇인가? 당신과 학생들 사이에는 어떤 문화적 공통점과 차이점이 있는가? 이것이 당신과 학생들이 본 탐구 활동의 주제들에 대해 반응하고 생각하는 데에 어떤 영향을 끼칠 것으로 생각되는가?[7]**

몬테사노의 수업 자료는 매우 체계적으로 단계를 설정하고 점진적으로 과제를 수행하며, 여러 근거를 종합하여 글쓰기로 귀결되는 좋은 사례이다. 다만, 디지털 탐구 그룹에 비해 과정이나 절차가 소상한 대신 개별 자료에 대한 구체적인 질문 예시가 부족한 점이 아쉽다. 물론 특정 사료에 대한 구체적인 질문은 전체 수업 구상과 직결되므로 상세할수록 우리의 상상력과 수업 아이디어를 제약할 수도 있지만, 많은 질문 사례를 보면서 안목을 키울 수 있다는 점에서 그러하다.

그럼에도 위의 디지털 탐구 그룹과 몬테사노의 사례는 단원이나 주제를 포괄하는 탐구 질문으로 매력적이다. 탐구 질문의 적절한 사례를 고민하는 역사 교사들에게 훌륭한 가이드가 될 수 있다. 하지만 몇 가지 검토할 사항이 있다.

첫째, 아테네 민주정만으로 5차시를 기획할 수 있는가 하는 현실적인 여건의 문제가 있다. 둘째는 교사 자신이 아테네 민주정에 대한 풍부한 내용 지식을 갖고 있으며, 큰 질문과 작은 질문, 즉 포괄적 질문과 과정적 질문, 논쟁적 질문을 세밀하게 구안할 수 있는가의 문제도 존재한다. 셋째, 위의 중심 질문을 답습하지 않고 우리의 시각이 담긴 질문을 던지거나, 탐구 질문 자체를 수정하는 것이 필요하다.

예컨대 '아테네는 좋은 정부인가'라는 질문에서 '좋은'이라는 표현은 기준도 모호하고 개인 차이도 있다. 이는 역사적 사실에 도덕적, 윤리적 잣대를 들이미는 것이며, 다분히 현재의 관점에서 판정을 내릴 가능성이 커진다. 질문을 수정하여 '아테네 민주정은 어떤 가치를 추구했는가', 혹은 '어떻게 운영되었는가' 등으로 바꿀 수 있겠다.

3

아테네 민주정,
어떤 탐구 질문을 던질 수 있을까

세 가지 탐구 질문 추출

역사학계의 연구 성과와 교사들의 인터뷰를 통해 탐구 질문의 윤곽이 어느 정도 잡혔다. 아테네 민주정의 여러 측면에 관심을 가질 수 있으나, 필자는 세 가지 탐구 질문을 떠올린다. 세계사 교과서에 자주 나타나는 서술과 반대로, 중요하지만 잘 나타나 있지 않은 논의에 집중하고자 한다. 첫째로 추첨과 선거의 균형, 둘째로 여성의 참정권 배제, 셋째는 아테네 민주정의 실상이다.

첫째, 추첨과 선거의 문제는 교과서에서 비중 있게 다루지 않으며 탐구 질문으로 등장한 적도 거의 없다. 아테네 민주정의 본질적 특성이자 논쟁의 핵심이며, 현재까지 아테네 민주정의 의미를 논할 때 필요한 내용인데, 의외로 역사 교사들의 관심을 끌지 못한다. 그 이유는 직접 민주정 대 간접 민주정처럼 당장 드러나 보이는 비교점에 시선이 가기 때문이다. 아테네 민주정의 역사적 전개 과정을 보지 않고 직접 민주정으로 추상화시킨 다음, 이를 현실성 없는 일로 전제하는 서술이 계속되어 온 까닭이다. 실은 추첨이 선출보다 오랫동안 운영된 제도이며, 선출의 원리가 보편화된 것은 최근 200여 년에 지나지 않는다. 그런데도 '현재 실현하기 어려운 고대의 추억' 대 '어쩔 수 없는 현재의 정치 상황'을 비교하는 탐구 질문이 식상할 정도로 많이 등장하고 있다.[1]

정치 공동체가 합리적으로 운영되려면 구성원의 자유와 평등에 기초하되, 그것을 굳건히 하는 방향으로 나아가야 한다.[2] 그러자면 구성원의 동등성과 차별성에 대한 진지한 접근이 필요하다. 그저 똑똑한 사람들에게 맡겨두면 정치가 바르게 이루어지는가, 구성원 누구나 정치하겠다고 나서는 일은 불경한 것인가, 혹은 너도나도 정치하겠다고 나서는 것이 현실적으로 가능한가, 또 효율적인가 등등. 영어 'elite(엘리트)'는 '선출하다'라는 뜻의 'elect'와 어원이 같다.[3] 라틴어로 '가려 뽑다'라는 의미로서 출중한 사람을 앞세운다는 뜻인데, 오늘날에는 구성원의 동등한 참여와 능력의 발휘 사이에서 균형점을 찾는 노력이 갈수록 중요해지고 있다. 아테네 민주정은 기회의 평등과 능력에 따른 출세를 동시에 고려하는 노력을 계속했다.[4] 우리가 담임교사로서 학급을 운영할 때 추첨과 선거를 균형감 있게 적용한다면 진정성과 안정성, 참여와 효율성을 두루 취할 수 있다. 바로 이런 지점이 역사적으로 중요하고, 학생 삶과도 연관되는 탐구 질문의 출발점이 될 수 있는 것이다.

둘째, 여성, 노예, 외국인의 참정권 배제 문제는 세계사 수업 초창기부터 교과서에 아테네 민주정의 한계로 등장했고, 지금도 그렇게 적혀 있다. 특히 여성 참정권의 문제는 역사다운 서술인지가 쟁점이 될 수 있겠다.[5] 표면적으로 이 문제는 아테네 민주정의 한계로 보이지만, 당대 맥락을 살펴보자면 비역사적인 진술이라는 견해가 있다. 여성이 참정권은 없었지만 시민권을 지니고 있었으니, 남성과 지위가 동등했는가 혹은 남성보다 열등했는가에 집중해서 살펴야 한다는 것이다.[6] 남성 시민에게만 참정권을 부여한 것은 고대 도시 국가의 일반적인 현상이기 때문에, 그것을 아테네 민주정의 특징이나 한계로 규정할 사항이 아니라는 주장도 있다.[7] 이에 반해 역사는 당대를 긍정하기 위해 서술하는 것이 아니라는 점과 역사를 배우는 목적이 현재에서 비롯되는 것임을 생각할 때, 과거의 문제를 짚지 않는 것이 온당한가 하는 상식적인 반론도 가능하다.

한편, 여성의 참정권 배제에 대한 질문은 일반사회 교과서에도 유사하게 실려 있는데, 이 때문에 역사 교과서의 탐구 질문이 일반사회 과목과 차별성 있는 역사다운 질문인지 물음이 제기될 수 있다. 결과적으로 성립된 제도를 분석하는 사회 과목과 형성·쇠퇴의 과정을 성찰하는 역사 과목의 차이는 무엇인가 되묻게 되는 것이다. 여기서 더 나아가면 현재주의와 여성주의 문제까지 이어질 수 있어서, 이 논점을 바탕으로 탐구 질문을 구상해 볼 이유가 상당하다. 특히 '여성 없는 역사'에 대한 문제의식이 강한 상황에서, 당대의 맥락을 내세워 논의 자체를 비역사적이라고 치부하는 것은 다른 시대 여성의 역사를 보는 데서도 문제가 될 수 있기 때문이다.

관건은 몇 안 되는 사료나 그리스 희곡에 나타난 대사를 어떻게 해석하는가이다.

> **우리는 막대한 돈을 주고 남편을 사서 우리 몸의 주인으로 모셔야 한다. 왜냐하면 남편을 얻지 않으면 더 나쁘기 때문에 … 남자들은 자신들이 전쟁터에서 싸우는 동안 우리가 가정에서 얼마나 평화롭게 살고 있느냐고 말한다. 그들의 말은 얼마나 틀렸는가! 아이를 한번 낳느니 차라리 전쟁터에 세 번 나가 싸우겠노라.[8]**

에우리피데스의 《메데이아》에 나오는 이 대사를 어떻게 해석해야 할까? 희곡의 대사로 나올 만큼 여성들의 불만이 당대에도 팽배했다고 볼 것인가, 여성의 처지를 불쌍하게 여긴 작가의 개인적인 동정심으로 볼 것인가, 혹은 이런 식의 넋두리를 묵인하면서 여성들의 불만을 적절히 해소해 주는 극적인 장치로 볼 것인가? 조선 후기 장터에서 양반들을 풍자하던 탈춤을 두고 체제 비판이라고 해석하기도 하고, 양반들이 눈감아 주는 선에서 투덜거림을 허용했다는 해석도 있으니 여러 측면을 두루 살펴야 할 것이다.

셋째, 아테네 민주정의 실상에 관한 탐구 질문이다. 우리네 교과서에 서술된 아테네 민주정은 왕정에서 귀족정, 참주정을 거쳐 민주정으로 나아가는 양상이며, 여기에 솔론, 클레이스테네스, 페리클레스 등의 역할을 언급하곤 한다. 민회의 존재와 운영을 소개하고 있지만, 교과서 본문에 비중 있게 실린 것은 오히려 도편추방제이다. 참주의 등장을 사전에 막기 위한 장치로 평가되며, 아테네 민주정의 핵심적 요소로 부각되어 있다.

그런데 도편추방제가 정말 그만큼의 역할을 했으며, 아테네 민주정을 좌우할 만한 정치적 무게를 지녔는가에 대해서는 부정적인 견해가 많다. 솔론의 개혁부터 따져보면, 270여 년간 지속된 아테네 민주정에서 도편추방제는 실제 시행 시기가 70년 정도로 짧고 영향력과 실효성도 크지 않았다.[9] 클레이스테네스가 시작한 이 제도는 참주를 막기보다는 주요 정적을 제거하기 위한 수단으로 간간이 사용되었다. 그나마도 아테네에서 10년간 추방할 뿐, 지위 박탈이나 재산 압류 같은 조치는 없었다. 점차 상징적 역할에 그칠 뿐, 아테네 민주정의 건강성을 담보하는 장치 역할로는 부족함이 많았다.

반면 중요하게 다뤄야 할 민회의 구성과 운영, 의사 결정 방식, 시민 법정의 존재 등은 간략하게 소개되고 있다. 민회의 구성원을 각 부족에서 50명씩 추첨하여 500명을 만든다거나, 회의가 월 4회 열리며 연간 40회 정도 실시되었다거나, 상호 토론과 설득 끝에 다수결로 의사 결정을 했다거나 등의 이야기는 역사 교과서에 거의 나오지 않는다. 시민 법정을 운영하되 판사 없이 원고, 피고가 논쟁하고 배심원이 판단하는 운영 방식에 대해서도 잘 알 수 없다.

본류에 해당하는 아테네 민회와 시민 법정은 막연하게 서술되고, 다소 돌출적이고 정치적 의미가 약한 도편추방제가 더 주목받는 실정이다. 도편추방제를 설명할 지면에 민회가 권력을 확대해 가는 과정, 개최 주기, 토론 모습 등을 실어주면 아테네 민주정의 진면모가 좀 더 살아날 수 있다는 비판이 제기되었다.[10] 그런 점에서 아테네 민주정의 실상을 묻는 탐구 질문도 반드시 필요하다.

공기처럼 느껴지는 민주주의는 인류 최고의 업적이라는 평가가 있다. 생활양식이자 정치 체제로서, 현대를 사는 인간들이 진정으로 의미 있는 삶을 살고자 할 때 이를 충족시켜 주는 수단이라는 것이다. 현대인들은 어떤 예술 작품보다 창의적이고 혁신적인 민주주의가 개인의 삶을 허용하면서도 우리를 하나로 결속시키는 계속적이고 집단적인 노력이라는 점을 높이 사고 있다. 워낙 획기적인 정치 형태여서 역사가들이 그 중요성을 이해하는 데 오래 걸렸으며, 민주정이 실행된 후에야 이론이 따라 나왔다고 본다.[11]

과연 민주주의가 이 정도로 칭송받아야 하는지에 대해서는 이견이 있겠지만, 민주주의를 능가할 정치 제도가 있는지에 대해서는 누구도 그렇다고 대답하기 어려울 것이다. 또 아테네 민주정이 성인 남성의 제한적 참여로 진행된 것은 사실이지만, 그 성취가 최고 수준에 도달했다는 것이 아니라 민주적 정부를 만드는 결정적 운동을 시작했다는 데 의의가 있다는 견해도 설득력이 있다.[12] 지금 봐도 '완벽한' 제도는 있을 수 없으므로, 과거의 '대단한' 제도가 어떻게 오늘날로 이어지고 있는지를 보는 것이 중요하다.

그렇다면 민주주의에 대해서 좀 더 긴장감과 집중력을 가지고 학습할 필요가 있다. 지금처럼 주객이 전도된 교과서 서술과 그에 따라 구성된 탐구 질문은 타당성에 문제가 생길 수밖에 없을 것이다.

교육과정 재구성과 수업의 흐름

아테네 민주정에 대한 기존 교과서 서술에 양적, 질적으로 아쉬운 점이 많다면, 어떤 식으로 보완하고 재정비해야 할까. 당장은 교사 수준의 교육과정 재구성을 통해 어느 정도 문제를 해소할 수 있을 것이다.

필자는 먼저 교육과정 재구성의 키워드를 '민주공화국'으로 상정하고자 한다. 아테네 민주정과 로마 공화정을 포괄하는 개념이자 현재 대한민국의 정체이기 때문이다. 민주공화국에 대한 이해는 역사학의 비중에서나 민주시민교육의 관점에서나 혹은 교양의 측면에서도 핵심적인 내용이 아닐까. 나아가 2022 개정 역사 교육과정에서 핵심 개념으로 상정할 수도 있다. 신분이나 혁명처럼 여러 과목/학문과 공유하지만, 역사학에서 발원했고, 중요하게 다뤄지는 개념이기 때문이다. 민주공화국은 시민혁명과 민주주의 확산 부분에서도 여러 차례 등장하기 때문에 그 기원에 해당하는 개념에 대해 형성 과정을 학습하면서 확실하게 익힐 필요가 있다.

교육과정 재구성의 또 다른 근거는 2022 개정 역사 교육과정이다.[13] 민주공화정에 대한 관심은 필자만의 주장이나 소신이 아니라 교육과정 문서에서 강조되고 있다. 중학교 역사 성취 기준 '9역 02-02'를 보면, "서아시아, 지중해 세계에서 등장한 여러 정치체를 비교하고 종교 및 문화를 탐구한다"라고 나와 있다. 성취 기준 해설에서는 페르시아와 그리스, 로마 등 다양한 정치체(폴리스, 제국, 왕국)를 통치 체제(민주정, 공화정, 제정) 상의 다양성에 따라 비교하면서 각각의 특징을 파악하라고 제시하고 있다. 고등학교 세계사 성취 기준 해설에서도 "정치 체제의 명칭을 나열하기보다 정치 체제의 구성 원리와 성격을 살펴보는 데 주안점을 둔다. 관련된 사료를 통해 고대뿐만 아니라 후대 사람들의 관점도 학습의 대상으로 삼을 수 있다"고 밝히고 있다. 필자는 여기에 착안해서 아테네, 로마를 학습하면서 민주정, 공화정, 군주정 등의 정체를 이해하고 비교하면서, 결과적으로 '민주공화정'의 개념을 명확하게 이해할 수 있도록 교육과정을 디자인하려고 하는 것이다.

민주공화정 개념을 제대로 학습하기 위해서는 당연히 현재의 수업 시수보다 많은 시간을 배정하고, 복수의 자료를 제시하며, 탐구 질문을 통해 심화, 확장된 수업을 구상해야 한다. 이에 따라 필자는 대개 2~3차시에 훑고 지나가는 아테네~로마의 역사를 6차시로 늘려 중단원으로 설정했다. 먼저 그리스사를 개관한 다음 아테네 민주정에 집중하며, 로마사도 공화정 시기와 제정 시기를 구분하여 학습하는 방식이다. 문화는 차별성보다 유사성에 주목하여 한꺼번에 묶어서 서양 문화의 원천이 되었음을 이해하는 구도를 잡았다. 그리고 과정 중심 평가 차원에서 수행평가를 기획했다. 이러한 구상을 주제 선정부터 문제의식, 평가까지를 고려한 수업계획표([표3-4])에 담아 보았다.

이제 본시에 해당하는 2차시 수업을 위해 교사들의 역사 인식을 점검하고, 학생들의 이해를 돕기 위한 수업 내러티브를 생각해 볼 차례이다. 아래 예시 글은 활동지에 실어 학생들이 읽는 자료로 쓸 수도 있고, 역사 교과서와 함께 깊이 있는 읽기를 위한 보조자료로도 활용할 수 있다. 어떤 형태나 활용 방식이든 교과서 서술의 부족함을 채우고, 교사의 일방적 설명보다 학생 스스로 탐구하면서 역사 이해에 한발 다가서는 작업을 기대하면서 작성한 것이다.

[표3-4] '민주공화정' 수업계획표

	주제	수업 의도	내용 요소	자료	탐구 질문
1	그리스의 역사	그리스 역사 개관	폴리스, 아테네와 스파르타, 페르시아 전쟁, 펠로폰네소스 전쟁, 알렉산드로스 제국	그리스 지형도, 전쟁 상황, 알렉산드로스의 원정	그리스 폴리스들의 공통점은 무엇인가?
2	아테네 민주정 (본시)	아테네 민주정의 발전과 특징 이해	솔론~페리클레스의 민주 개혁, 민주정의 운영 원리와 특징	아테네 헌법, 페리클레스 추도 연설문	아테네 민주정은 어떤 가치를 추구했을까?
3	로마 공화정	로마 공화정의 형성과 변천 이해	공화정의 성립과 특징, 포에니 전쟁과 공화정 붕괴	지중해 지도, 공화정 운영 그림	로마 공화정은 왜 무너졌을까?
4	로마제국	로마제국과 크리스트교	제국의 성립과 붕괴, 크리스트교의 성립	로마제국 지도, 카타콤 사진	로마제국과 크리스트교가 서유럽에 끼친 영향은?
5	그리스·로마 문화	그리스, 헬레니즘, 로마 문화의 특징	'역사'의 탄생, 철학 발달, 헬레니즘, 건축 문화 등	파르테논 신전, 콜로세움	그리스와 로마 문화의 특징은?
6	과정 중심 평가 : 민주정, 공화정, 제정의 특징을 비교하는 카드 뉴스 또는 배움 노트 작성 (카드 뉴스는 4명 1모둠으로 구성한 협업, 배움 노트는 개별 작업 → 루브릭 제시 필요)				

〈아테네 민주정은 어떤 가치를 추구했을까〉

지금부터 2,500여 년 전, 아테네에서는 시민들이 직접 나라 운영에 참여하는 민주정이 탄생했다. 시민들에게 자유와 평등을 보장하고, 시민이 돌아가며 민회나 법원, 행정에 참여하는 방식이었다. 아테네 민주정과 로마 공화정을 거치면서 오늘날 입법, 사법, 행정부의 기본 틀이 마련되었고, 시민의 정치 참여를 보장하기 위해 주어진 자유와 평등은 인간의 기본권으로 자리 잡았다는 견해가 많다.

그렇다면 어떤 좋은 점이 있어서 아테네인들은 민주정을 발전시키고자 했을까? 어떤 인물이 주도했고, 그 과정에서 아테네 시민들은 어떤 가치를 추구했을까? 그것을 실현하기 위해 어떤 제도들을 만들고, 어떤 원칙에 따라 운영했을까?

아테네 민주정의 발전 과정에서는 주요한 역할을 한 사람들이 있다.[14] 이들을 통해 민주정의 모습이 어떻게 변해왔는지 볼 필요가 있다. 먼저 솔론이라는 인물은 귀족 출신이지만, 평민들과 연합해 권력을 잡고 개혁을 추진했다. 깊어져만 가는 귀족과 평민층의 갈등을 조정하기 위해, 기원전 594년 귀족이 고리대 때문에 평민을 노예로 삼는 것을 금지했다. 나아가 평민층에게 법원의 배심원이 될 권리를 부여했다. 물론 여전히 공직은 귀족층에게만 주어졌으며, 평민층의 권리는 적은 상태였다.

기원전 508년에는 클레이스테네스가 등장해 아테네 민주정을 위한 과감한 개혁에 나섰다. 그는 원래 솔론계의 평민파였는데, 혈연과 지연으로 움직이던 아테네를 지역 중심의 10개 행정구로 개편했다. 이후 각 구에서 50명의 대표를 추첨으로 뽑아 500인 평의회를 구성했다. 이 때문에 세력이 약해진 귀족들은 크게 반발하며 스파르타를 끌어들여 클레이스테네스를 몰아내려고까지 했다. 결국 외세를 끌어들인 반란은 진압되었고, 아테네는 평민들의 참여가 한층 더 활발한 민주정으로 발전했다. 클레이스테네스는 민주정을 위협하는 못된 시도를 막기 위해 도편추방제를 시행하기도 했다.

그리고 아테네 민주정의 절정기를 연 인물이 나타나는데, 그가 바로 페리클레스이다. 클레이스테네스 가문의 어머니와 유명한 장군인 아버지 사이에 태어난 그는 기원전 461년에 평민들의 전면적인 정치 참여를 보장했다. 추첨에 의해 공직을 수행하는 사람에게 약간의 수당을 지급했고, 아테네 시민의 범위를 확정했다. 공직 수행에 대한 보상이 없었기 때문에 경제적으로 여유가 없는 평민층은 정치에 참여하기 어려웠는데, 비로소 일당을 지급하기 시작한 것이다. 얼마 안 되는 돈이지만, 아테네인들은 폴리스의 주인이라는 자부심과 자신의 힘으로 민주정이 지켜진다는 보람을 느낄 수 있었다.

아울러 그는 남성에 비해 권리가 적었던 여성들의 시민권도 다시금 인정해 주었다. 부모가 모두 아테네 시민인 사람만 온전한 아테네 시민으로 인정한다는 법 규정을 마련하기도 했다. 이를 통해 아테네 여성은 비록 정치 참여는 못했지만, 시민으로서 노예나 외국인보다는 아테네인으로 대우를 받았다. 이 조치로 아테네 시민의 전체 숫자는 줄어들었지만, 시민으로 인정받은 사람들은 아테네에 더욱 애착을 느끼게 되었다.

그렇다면 실제 아테네 민주정은 어떤 원칙에 따라 운영되었을까? 가장 큰 원칙은 모두가 동등하게 정치에 참여할 수 있도록 추첨으로 일을 맡기는 것이다. 아테네의 모든 일은 누구든 할 수 있고, 그래야 한다는 믿음이 굳건히 자리 잡고 있었다. 대다수의 일을 해마다 추첨을 통해 적임자가 맡도록 했다. 하지만 예외적으로 선거로 뽑는 자리도 있었다. 전쟁을 수행하는 장군직이나 나라 살림을 맡는 재정직의 경우는 상당한 전문성과 경험이 필요하다. 해마다 선출하되, 능력이 있고 신망이 두터우면 계속할 수 있었다. 일례로 페리클레스는 장군직을 20년 가까이 맡기도 했다.

아테네 민주정의 기본이자 핵심 기관은 민회와 평의회, 시민 법정이다. 민회는 최고의 의사 결정 기관으로 20세 이상의 남성 시민이 참여하여 전쟁과 외교, 재정 문제, 법률 개정 등의 안건을 다뤘으며, 해마다 장군직과 재정직을 뽑는 선거도 했다. 회의는 발언자 수나 발언 시간의 제한 없이 자유롭게 진행되었으나 대개 오전에 끝났다. 중요 안건은 6,000명의 정족수가 필요했는데, 쟁점이 된 사안에서도 민회에서 난투극이 벌어지는 등의 폭력 사태는 없었다고 한다.

평의회는 민회에서 결정된 사항을 집행하는 행정부 구실을 했다. 평의회 구성원은 30세 이상 시민이 부족별로 50명씩 추첨으로 일을 맡아 1년 동안 운영했다. 아테네 시민 법정은 판사, 검사, 변호사 등의 전문 법률가 없이 30세 이상의 시민이 1년 임기로 맡아 재판을 진행했다.

한편, 아테네 민주정에서는 공무를 맡은 사람의 무능과 비리에 대해 엄격히 책임을 물었다. 공무원의 직권남용을 막기 위해 취임 전에 자격 심사를 하고, 임기 후에 다시 조사를 했다. 그 밖에도 비정기적으로 도편추방제를 실시하여 독재자의 등장을 막았고, 탄핵 재판 제도를 통해 최고 사형에 이를 수 있는 중벌을 부과했다.

아테네의 성장과 발전 과정에는 많은 어려움과 혼란이 있었지만, 민주정은 270년 정도 지속했다. 민주정은 그냥 주어지거나 저절로 이루어진 것이 아니었다. 더 나은 삶을 지켜준다는 믿음으로 시민들이 꾸준히 민주정을 꾸리고 이어나갔기 때문에 오랜 시간 지속할 수 있었다. 아테네 민주정은 '내 나라는 내가 지키고, 이끌며,

발전시킨다'라는 의식을 시민들에게 심어주었고, 이는 자부심과 형제애, 의무감을 불러일으켰다. 이러한 장점의 바탕에는 극도의 언론 자유, 발언과 추첨 기회의 평등, 누구나 공동체의 활동에 이바지한다는 참여 정신 등이 있었다. 아테네 시민들이 추구한 이러한 가치들은 오늘날 우리의 민주정치를 가꾸어 나가는 데도 꼭 필요한 것이라 할 수 있다.

2 아테네 민주정은 어떤 가치를 추구했을까

뭐 했더라? ▶ 지난 시간에 배운 내용을 되짚어 봅시다.

1. 그리스는 산악지형이 많아, 사람들은 □□□라는 도시 국가에서 주로 생활했다.
2. 페르시아와의 전쟁으로 성장하던 그리스가 내부 분열로 쇠퇴하는 계기가 된 전쟁은?

미리 보기 ▶ 오늘 공부할 내용을 낭독합니다.

1. 아테네 민주정의 형성 과정을 말할 수 있다.
2. 아테네 민주정의 특징에 대해 설명할 수 있다.

역사 속으로 ▶ 교과서 및 읽기 자료를 읽으세요. (별도의 읽기 자료 참조)

개념 잡기! ▶ 오늘 배울 핵심어를 교과서와 읽기 자료에서 찾아 빈칸을 채워보세요.

1. 아테네 민주정의 형성 과정

변천 과정	· 왕정 → 귀족정 → 부유한 평민(중장보병으로 군대의 주력)의 정치 참여 ⇒ 민주정
솔론	· 재산에 따라 차등을 두었지만, (평민)들에게도 관직에 나갈 기회 부여 · 평민을 위한 부채 탕감 : 귀족층의 노예가 되는 것을 금지
클레이스테네스	· 부족제 개편 : 혈연 중심에서 벗어나 도시, 산지, 해안을 아우르는 행정구역(데모스) 설정 · 500인 평의회 구성 : 각 부족에서 50명씩 추첨하여 시민들이 정치에 직접 참여 · 독재자의 출현을 막기 위한 도편추방제 실시

페리클레스	· (민회) 중심의 직접 민주정 활성화 : 최고 의사 결정 기관, 정치 참여 수당 지급 · 아테네 시민의 범위 확정 : 여성은 참정권은 없지만, 시민권은 인정

2. 아테네 민주정의 특징

민회	평의회	(시민 법정)
최고 의사결정 기관	행정부	소송에 관한 최고 법원
20세 이상의 시민이면 누구나 참가, 1인 1표의 투표권을 행사	평의원은 30세 이상인 시민 가운데 10개의 행정구에서 50명씩 (추첨)으로 선발, 1년 임기로 근무했으며, 2년 연속 근무 금지	배심원은 30세 이상의 시민 가운데, 6,000명을 추첨으로 선발, 1년 임기
국방과 외교, 외국인에 대한 시민권 부여, 법률과 제도의 제정 및 개정	재정과 공공 건축, 군함 건조와 관리 등 일상 행정	검찰과 변호사 없이 원고와 피고가 직접 변론, 패소한 원고는 벌금 납부

한 걸음 더! ▶ 앞서 배운 내용을 바탕으로 모둠원들과 의논하여 과제를 해결합니다.

1. 다음 자료에 대해 짝과 서로 다르게 입장을 정하고 근거를 말해보자.[15]

쟁점	긍정	부정
아테네의 관직 추첨제는 민주정에 도움이 되었나?	시민들의 참여와 자유, 평등을 보장해 민주정을 지켜주었다.	전문성과 효율성이 낮아 민주정에 도움이 되지 못했다.
	근거 :	근거 :
여성의 참정권이 없는데, 민주정이라고 할 수 있나?	여성의 참정권이 없는 것은 시대적 상황에 따른 것일 뿐 민주정의 본질과는 관계없다.	성인 남성만 참정권이 있는 것은 근본적 한계이기 때문에 민주정이라고 보기 어렵다.
	근거 :	근거 :
아테네 민주정의 핵심은 민회인가?	민회가 최고 의사 결정 기관으로 국사를 총괄하면서 민주정을 이끌었다.	민회보다는 독재를 예방하는 도편추방제가 더 중요한 역할을 했다.
	근거 :	근거 :

2. 아테네 민주정과 현대의 민주정을 비교하면서 모둠에서 의견을 나눠보자.[16]

> 아테네에서 민회는 최고 의사 결정 기관이다. 시민이면 누구나 참가하여 발언할 수 있었고, 1인 1표의 투표권을 가졌다. 20세 이상 성인 남자라면 누구나 토지 소유 여부나 재산의 많고 적음에 관계없이 평등한 권리를 갖게 된 것이다. 또 행정직을 맡거나 시민 법정의 재판에 나설 사람을 추첨하여 일을 맡겼다. 아테네 공동체를 위해 누구나 정치에 참여해야 하고, 할 수 있어야 한다는 뜻에서 추첨을 중시했다.
> 현재도 의회가 있고 법원의 역할이 크지만, 의원직과 행정직 등은 선출을 훨씬 많이 한다. 규모도 커지고 사안도 복잡한 사회이므로, 전문성을 중시하고 효율성을 따르기 때문이다. 그런데 시민들의 투표로 선출된 국회의원들은 민심을 따르지 않는다는 비판을 받는다. 행정직들과 법률가들도 자신의 생각을 앞세우는 경우가 많다.

1) 아테네와 오늘날의 공통점과 차이점을 각각 2가지 이상 말해보자.
(교과서와 읽기 자료를 참고하여, 4명 1모둠을 구성하여 1명이 한 가지씩 발표)

2) 오늘날의 의회가 직접 민주정의 뜻을 되살릴 방법을 챗GPT에게 물어보자.
(힌트 : SNS, 풀뿌리 민주주의, 주민소환제 등 검색 가능)
- 검색 결과를 바탕으로 내 생각을 정리해서 말해 본다면?

다양한 수준의 탐구 질문 구상

앞서 활동지에 제시한 '한 걸음 더'의 탐구 질문은 다른 방식으로 구성할 수 있다. 학생의 수준과 수업의 흐름, 교사의 판단에 따라 다양하게 변주될 수 있는 것이다. 아래에서는 세 가지 유형의 탐구 질문 구상을 소개하려 한다. 질문거리는 많을수록 단계를 설정하고 위계를 나누기 좋으며, 핵심 질문을 뒷받침하는 경로 구실을 하기 때문에, 독자들은 다양한 질문들을 조합하여 자신의 수업 의도에 맞는 탐구 질문을 구성하면 좋을 것이다.

댓글 달기와 한 줄 답변

다수의 학생은 사료를 읽고 금세 자기 의견을 떠올리기가 쉽지 않다. 특히 중학생들은 사료에서 바로 유의미한 답을 구하지 못하는 경우가 많고, 고등학생이라 하더라도 문해력이 낮으면 긴 글에 대한 두려움이 있을 수 있다. 이런 학생들에게 3~4줄 정도의 논지가 분명한 글을 읽고 자신의 생각을 한 줄 정도 써보는 것은 부담 없이 텍스트를 접하는 방법이다. 그런 한 줄 답변을 3개 정도 댓글로 달아본 다음, 그 문장들을 모아서 일관된 자신의 의견으로 정리하는 순서로 글을 쓰게 하면, 차츰 역사 탐구에 적극적으로 나설 수 있을 것이다. 다음은 한 줄 답변 달기의 예시이다.

가. 추첨인가, 선출인가?

해솔: 인간은 모두 평등하니 자기가 속한 공동체의 일에 다 참여할 수 있고, 참여해야 해. 오래전에 아테네에서는 이 일을 해냈어. 민회에 나가서 나랏일을 토의하고 결정하며, 추첨으로 행정직과 법정 사무를 맡겼어. 잘난 사람이 혼자 결정하는 것이 아니라 함께 머리 맞대고 의논하니 일이 원만하게 진행되었잖아.

미르: 무슨 말씀! 인간의 능력은 똑같지 않아. 유능한 사람이 일을 맡으면 나라가 발전하지만, 어리석은 사람이 잘못을 저지르거나 아마추어처럼 서툴게 일 처리를 하면 뒷감당이 어려워. 배우지 못한 대중이 너도나도 정치에 참여한 탓에 결국 사회가 혼란스러워지고, 나라의 운명을 위태롭게 하는 결정을 하니 능력을 보고 선출하는 게 맞아.

*한 줄 답변 : ____________________

나. 아테네 여성의 참정권은?

해솔: 아테네는 성인 남자들이 나라를 지키는 사회였어. 자기 돈으로 무기를 사서 목숨을 걸고 싸웠지. 이런 사람들이 공동체의 일을 맡는 게 당연한 거 아닐까. 18세부터 민회에 간접적으로 참여하고 20세가 되면 정식으로 민회에 나가서 자유롭게 의견을 말하고, 토론했어. 그 당시에 성인 남성이라도 이렇게 정치에 다수가 참여하는 나라가 어딨어?

미르: 아테네 여성들은 스파르타 여성들을 부러워했어. 그들은 자유롭게 바깥 활동을 하는데, 자기네는 집안에서 주로 생활하면서 애 키우고, 간간이 종교 행사에 참여하는 게 고작이니까. 나랏일에 관심도 있고 할 말이 많은데, 정치에 참여할 수가 없어서 답답해 했어. '우리에게 시민권이 있다지만, 외국인이나 노예보다 나을 뿐 반쪽짜리 인간 같잖아'라고 말이야.

*한 줄 답변 : ____________________

다. 아테네 민주정의 실상은?

해솔: 아테네 민주정의 중심은 성인 남성 누구나 참여하는 민회였어. 발언 시간과 발언자 수에 제한도 없었지. 민회에서 합의가 안 되면 다수결로 결정하지만, 토론과 설득으로 상대와 함께하려는 문화가 있었어. 민회에서 폭력 사태가 있었다는 기록이 없대. 시민 법정과 행정직을 맡는 것도 누구에게나 열려 있었으니, 시민이 직접 정치를 하는 것 아닐까?

미르: 아테네 민주정의 겉모양은 민회, 시민 법정, 행정직으로 구성되어 있었지만, 언제나 문제가 발생할 수 있었어. 실수와 욕망투성이의 인간 사회에서 실제 민주정을 지키고 가꿔나간 것은 도편추방제야. 사람은 누구나 독재의 유혹에 휩싸일 수 있는데, 도편추방제는 스스로를 경계하는 중요한 장치이고, 앞으로도 우리가 받아들일 만한 제도야.

*한 줄 답변 : ____________________

라. 주장을 담은 글쓰기

'아테네 민주정은 어떤 가치를 추구했을까'라는 주제에 맞게, 앞서 단 댓글을 엮어나의 주장을 써보시오.

- 나의 주장 :
- 근거 3가지 :
  - ㉮ 추첨과 선출 :
  - ㉯ 여성 참정권 :
  - ㉰ 민주정의 실상 :
- 나의 결론 :

사료 읽기와 글쓰기

탐구의 뜻이 사료의 비판적 읽기와 주장의 구성적 쓰기라고 할 때, 사료 읽기와 글쓰기는 역사 탐구의 가장 기본적인 과정이다. 한 줄 답변과 댓글 달기가 초반에 접근하기는 쉽지만, 궁극적으로는 사료 읽기를 해야 탐구의 첫걸음을 제대로 뗀 것이라 할 수 있다. 여기서는 고등학생 수준을 상정하고, 페리클레스 추도 연설문과 아테네 헌법에 대한 사료 읽기를 시도한다. 각각 출처 확인-사실 확인-맥락화-의미 부여 등의 순서로 질문을 던질 수 있겠다.

가. 아테네 헌법

시민권은 아테네 시민인 모든 남자에게 열려 있다. 그들은 18세에 시민으로 등록된다(정식 민회 참여는 20세부터). 현재의 시민들은 그 후보가 자유인 출생이고 법이 요구하는 대로 2명의 시민 부모가 있는지 여부에 따라 시민이 될 수 있는지 투표한다. 정상적인 행정 절차를 책임지는 평의회의 모든 관리와 시민 법정의 판사들은 민회에서 제비뽑기로 선출된다. 단, 재무관, 축제 기금 위원, 급수 감독관은 투표로 선출된다. 모든 군 장교는 투표로 선출된다. (출처: 아리스토텔레스, 《아테네 헌법》, 기원전 330~기원전 322년)

- 이 문서는 누가 쓴 것인가? (아리스토텔레스)
- 이 문서를 쓴 목적은 무엇일까? (아테네 정치의 기본 틀을 설명함)
- 아테네 시민이 될 수 있는 자격 조건은? (양친이 아테네인인 18세 이상 남성)
- 아테네 시민이 직접 운영에 참여하는 3개의 기관은? (민회, 평의회, 시민 법정)
- 아테네 여성들은 어떤 권리가 있고, 어떤 권리는 없는가? (시민권 있고, 참정권 없음)
- 아테네 여성에게 참정권이 없는 것을 어떻게 볼까?
- 스파르타 여성이 더 많은 자유를 누린 것을 어떻게 이해할까?
- 추첨을 하지 않는 관직을 나열하면? (재무관, 축제 기금 위원, 급수 감독관, 군장교 등)
- 추첨을 하지 않는 관직의 공통점은 무엇인가? (고도의 전문성 – 재정, 군사 등)
- 민주주의라면, 추첨과 선출 중 어느 것이 더 중심이 되어야 할까?
- 우리 학급에서 선출할 자리와 추첨할 자리를 꼽아본다면?

나. 페리클레스의 추도 연설문

> 우리는 이웃 나라의 어떤 법제도 부러울 것 없는 정치 체제를 갖고 있습니다. 오히려 우리 자신은 타인을 흉내 내는 사람들이 본받아야 할 모범이 되어 있는 것입니다. 그리고 소수가 아닌 다수에 의해서 다스려지고 있어 이름 또한 민주정체로 불리고 있습니다. 개인 간의 다툼과 관련해서는 법률상 모두에게 평등하게 권리가 주어지지만, 공적인 직무의 경우 … 순번에 의해서가 아니라 탁월성에 따라 지위가 부여됩니다. 또 나라를 위해 뭔가 훌륭한 일을 할 만한 사람이 가난 때문에 자격에 미달되어 제약을 받는 일도 없습니다.
> … 이러한 이유로 저는 이 자리에 계신 전몰자 부모님들께 애도를 표하기보다는 오히려 격려의 말씀을 드리고자 합니다. … 그들에게 삶이 행복한 일이었던 것처럼, 죽음 또한 행복한 일이 되었습니다. … 아직 출산이 가능한 나이에 있는 사람들은 다른 자식들이 태어나길 고대하며 의연히 견뎌내

야만 합니다. 왜냐하면 나중에 태어나는 자식들은 사적으로는 죽은 자식들을 잊게 해주며, 나라로서도 인구가 줄어드는 것을 막고 동시에 안보를 도모하는 이중의 이익을 가져다줄 것이기 때문입니다. 사실 자식들을 나라에 바쳐 똑같이 위험을 감내하고자 하지 않는 사람들이 평의회에 참여하는 것은 공평하지도 않고 정의롭지도 않습니다.

(출처 : 투키디데스, 《역사》, 기원전 460년경~기원전 395년경)

- 이 연설문은 어디에 실려 있는가? (투키디데스의 《역사》)
- 이 연설문은 전해 들은 이야기를 실은 것인데, 믿을 만한가? (페리클레스가 살아 있을 때 들은 이야기이며, 그는 '역사학의 아버지'로 불릴 만큼 정확한 서술을 하는 역사가로 불림)
- 페리클레스는 아테네에서 어떤 위치에 있는 사람인가? (아테네의 장군)
- 그가 장례식에서 추도 연설을 한 까닭은? (아테네 민주정의 가치를 확인하며 전쟁 독려)
- 그가 정의한 민주정의 뜻은? (소수가 아닌 다수의 지배)
- 페리클레스는 민주정의 장점으로 어떤 것을 꼽고 있는가? (사적 자유, 공적인 평등, 빈자의 참정권, 필요한 자리는 능력에 따라 선출 등)
- 연설문의 배경이 되는 전쟁의 명칭은? (펠로폰네소스 전쟁)
- 그가 전몰자들에게 삶이 행복한 일이었다고 말하는 이유는? (아테네의 삶이 행복했으며, 아테네를 지키기 위해 목숨을 던졌음)
- 남은 여성들에게 출산을 장려한 까닭은? (죽은 사람을 잊고, 아테네의 국력을 유지할 수 있음)
- 전쟁에 참여하지 않는 사람에게는 정치에 참여할 자격이 없다는 주장을 어떻게 이해할까?
- 위 질문에서 여성의 참정권이 없는 까닭을 추론할 수 있을까?

다. 주장을 담은 글쓰기

아테네 헌법과 페리클레스 추도 연설문을 읽고 나서 민주정과 전쟁에 대한 내 생각을 글로 써보자.

"아테네 민주정은 어떤 가치를 추구했을까?"

- 출처 확인 : 문서의 신뢰성과 가치
- 사실 정리 : 아테네 민주정의 정신, 기본 틀, 운영 원리, 전쟁의 위기 상황
- 맥락화 : 당대에는 아테네 민주정을 어떻게 평가했나? 아테네 시민권을 제한한 까닭은? 아테네가 전쟁을 계속해야 할 필요성은?
- 해석 및 의미 부여 : 아테네 민주정이 추구한 가치와 여러 문제점 제시

함께 역사하기를 위한 탐구 질문

탐구 질문을 혼자서 해결하면서 자신의 의견을 세우는 경우도 있지만, 탐구 질문 본연의 뜻을 살리기 위해 다양한 시선과 적절한 단계를 토대로 풍부하고 위계를 갖춘 활동을 하려면, 함께 역사하기가 필요하다. 특히 세계사의 경우는 학생들의 선행 지식이나 여행 경험이 한국사에 비해 많이 부족하기 때문에, 학생들이 머리를 맞대고 서로가 아는 부분을 모으고 다른 의견을 나누면서 함께 생각을 키워나가는 과정이 있어야 한다.

[표3-5]는 1장 1절의 양식을 원용했다. 일상적으로 볼 수 있는 교사의 수업 중 발문, 학생 수준의 궁금증을 담은 질문을 먼저 제시하고, 모둠 활동을 상정한 상태에서 가벼운 짝 활동과 본격적인 모둠 활동에 따른 질문을 배치해 보았다. 애초에 제기한 세 가지 질문, 즉 추첨과 선출, 여성 참정권 문제, 민주정의 실상을 먼저 살피고, 전체적으로 아테네 민주정이 추구했던 가치를 묻는 방식으로 탐구 질문 도표를 구성했다.

[표3-5] '아테네 민주정' 함께 역사하기 탐구 질문

구분		아테네 민주정은 어떤 가치를 추구했는가?		
		바로 거기에 질문 (기본 사실, 초보적 개념 이해)	생각 탐색 질문 (인과관계, 감정 이입, 맥락 파악)	나 자신에게 질문 (나라면?, 평가는?)
일반적인 질문	하향식 질문 (교사→학생)	아테네 민주정의 주요 기관은?	나랏일을 맡길 때, 추첨을 많이 한 까닭은?	추첨과 선출 중 민주정에서 더 중심이 되어야 하는 것은?
	상향식 질문 (학생→교사)	민회에서는 무슨 일을 했나요?	민회에는 어떤 사람들이 참여하고 배제되었나요?	여성 없는 민주정은 민주정이라고 할 수 있나요?
함께 역사하기 질문	일대일 질문 (학생→학생)	도편추방제의 특징은 뭐야?	민회가 먼저일까, 도편추방제가 중요할까?	오늘날 민주정에 어떻게 적용할 수 있을까?
	다대다 질문 (모둠→모둠)	아테네인들의 자유와 평등을 어떻게 보장해 주었나?	아테네와 오늘날의 자유와 평등이 닮은 점과 다른 점은?	아테네 민주정에서 우리가 배워야 할 가치는 무엇일까?

그래도 남는 문제와 제안

필자는 아테네 민주정의 연구 성과와 역사교사의 문제의식, 역사 교과서의 질문들, 해외 교재의 아이디어를 살펴보고, 이를 바탕으로 수업 구상을 정리하고 실제 수업에서 던질 만한 탐구 질문을 제시했다. 다양한 수준을 고려하고 다채로운 방식과 질문 틀을 구사하되, 애초에 염두에 둔 세 가지 질문의 범주를 벗어나지 않고 질문의 의도를 최대한 살리고자 했다. 이 질문들은 아테네 민주정에 대한 구체적인 사례가 될 수 있으며, 향후 수업에도 다른 주제를 대상으로 여러모로 재구성할 수 있는 아이디어가 될 수도 있다. 아울러 새로운 탐구 질문의 가능성 혹은 소소한 대안으로 불릴 수도 있을 것이다.

하지만 탐구 질문이라는 관점에서 엄격하게 톺아볼 때, 제대로 된 질문인지는 자신할 수 없다. 애초에 필자가 주창한 바에 따르면, 탐구 질문이라면 역사학적 중요성이 있어야 하고, 학생 삶과의 연관성이 깊으며, 교육학적 고려 속에 적절한 단계와 순서로 배치되어야 한다. 과연 앞서 제시한 질문들이 그런 조건을 완전히 충족하는지 여전히 의문이다. 또 학생들의 사고와 호흡을 고려한 단계 설정과 다양한 시선과 주체의 관점을 의식한 질문인지, 학생들의 반응과 피드백에 따라 수시로 조정하면서 과녁을 맞추는 역동성을 갖고 있는지도 걱정이다.

그럼에도 불구하고 계속 탐구 질문을 던져야 할 것이다. 학생들에게 사료를 무한정 주고 읽힐 수도 없고, 교사도 적절한 사료 찾기가 만만치 않은 실정이다. 2, 3가지 사료를 가지고 수업을 꾸려가고 학생들을 탐구에 몰입하게 하려면, 학생들이 하나의 사료라도 꼼꼼히 들여다보고 의문을 제기하는 것이 가장 중요하다. 무심히 사료를 쳐다보는 것이 아니라 눈독을 들여서 짚어가며 읽고, 왜 그럴까 궁금해 하고, 당시는 어떤 모습일까 상상하며, 나라면 어땠을까 대입해 보는 과정에서 수많은 질문이 쏟아져 나오게 만드는 교사의 피드백이 중요하다.

역사수업은 하나의 사건, 인물, 제도에도 다양한 시선이 담겨 있고, 저마다 다른 경험치가 서려 있으며, 당연히 해석도 달라진다는 전제에서 출발해야 한다. 고정된 사실과 판에 박힌 인과관계, 뻔한 내러티브, 암기-주입식 수업으로 이어지는 역사수업의 폐쇄회로에서 벗어나려면, 사료를 놓고 온갖 질문을 던져보는 '시간 투자'가 필요하다. 역사수업 첫 시간도 좋고, 아테네 민주정처럼 논쟁적인 주제를 놓고 질문을 던지는 것도 필요하며, 적어도 대단원마다 한 주제쯤은 이런 방식으로 질문을 뽑아내는 작업을 할 필요가 있다.

역사수업의 초반부터 교사와 학생이 꾸준히 질문하는 연습을 하다보면, 점차 질문다운 질문이 나오고 학생이 스스로 좋은 질문을 떠올리며, 질문의 순서와 중요도를 구분해 핵심에 근접하는 질문, 즉 짧고 간결하면서도 많은 내용을 포괄하고 전체를 꿰뚫는 질문을 만들어 낼 수 있다. 교사도 이 과정을 눈여겨보면서 학생들에게 피드백하고 자신의 수업을 성찰한다면, 탐구 질문으로서 손색이 없는 좋은 질문을 구상할 수 있을 것이다.

지금까지 펼쳐낸 필자의 이야기는 탐구 질문에 대한 새로운 가능성을 제안한 것이고, 유의미한 질문 꾸러미를 소개하여 독자들이 저마다의 수업 상황에 적합한 질문을 길어 올리는 데 작은 영감을 주려는 노력이다. 필자의 소박한 제안에 독자들이 다양하게 화답하면서 역사수업의 탐구 질문이 어떻게 구성될 수 있는지 모색하는 계기가 되었으면 좋겠다.

에필로그

역사 탐구와 평가

역사 탐구와 루브릭

역사 탐구 질문 논의를 마무리하면서 필자가 고민하고 있는 지점은 평가의 문제이다. 역사교사가 나름 참신하고 혹은 진지하며 제법 구색을 갖춘 탐구 질문을 던졌다 하더라도, 학생들의 응답이나 반응에 대해 어떤 형태로든 평가하지 않을 수 없다. 실제 점수를 부여하는 수행평가든, 과정 중심 평가의 취지에 따라 적절한 피드백을 통해 학생들의 생각이 다듬어질 수 있게 하는 것이든, 학생의 성장 여부를 판별하는 평가가 필요하다. 더욱이 학생 참여를 활성화하기 위해 실시하는 대단원의 수행평가처럼 배점이 꽤 큰 경우, 평가를 뒷받침하는 루브릭이 자세하고 구체적으로 제시되어야 한다.

당장은 원론적인 논의를 할 수밖에 없지만, 루브릭의 기본 틀은 될 수 있기에 몇 가지 범주만 제시하고자 한다. 어떤 평가를 하든 기초 사실 확인, 인과관계나 특이점 진술, 학생의 해석 등이 기본적인 요소라 할 수 있다. 그렇다면 사실에 해당하는 내용 진술에 오류가 있는지 확인하는 평가 항목이 먼저 필요할 것이다. 항목 이름을 잡는다면 '사실(내용)의 정확성'이 되겠다. 내용이 여러 가지 있을 수 있으므로 항목을 하나 추가하여 '사실(내용)의 충실성'을 추가로 설정할 수 있다. 정확성은 오류 여부를 판단하고, 충실성은 최소한의 분량을 염두에 두는 것이다.

사실관계의 확인에 그친다면 가장 기본적인 작업에서 머물 뿐 아니라 암기-주입식이라는 비판을 면하기 어려울 것이다. 이어서 인과관계의 개연성, 감정이입적 이해, 당대의 맥락 파악이라는 과정을 평가해야 한다. 사실(내용)의 조각들을 엮어 설득력 있는 내러티브를 만드는 과정으로 합리적 연결성을 가져야 하며, 인물과 상황에 공감이 가는 진술이라야 하고, 당시의 상황, 분위기, 판단 등을 충분히 살려서 설명하고 있는지를 평가하는 항목이 필요하다. 여기서는 진술의 개연성, 설득력이 중요하다. 그에 따라 개연성이 있는지, 있지만 부족해 보이는 지점은 어딘지를 짚고, 인물과 상황에 공감이 가는지, 어떤 부분에서 어색한지를 살피고, 당대의 어떤 점을 잘 떠올렸는지, 혹은 어떤 부분을 오해했는지, 근거가 신뢰할 만한지를 판단하는 항목을 설정해야 한다. 항목 이름을 만든다면 '설명의 타당성', '근거의 신뢰성' 등이 되겠다. 평가 항목이 너무 많아도 루브릭 만들기에 어려움이 있으므로, 통합할 수 있는 항목을 합치는 차원에서 두 번째와 세 번째 항목을 하나의 항목으로 만들 수도 있다.

역사수업에서 가장 중요한 역사 해석의 항목은 지금-여기-나를 중심으로 생각해 볼 수 있다. 역사수업에서의 해석이란 학생들이 저마다의 역사 이해를 담은 주장을 연습하는 것이다. 과거의 사실을 확인하고, 나름대로 인과관계 파악과 감정이입적 이해를 거친 다음, 이 사건(인물, 제도 등)에 대한 나의 생각을 쓰는 절차이다. 그렇다면 평가할 항목의 첫 번째는 주장의 논지가 분명한가가 될 것이고, 주장의 앞뒤가 맞는가를 이어서 살펴야 할 것이다. 무엇보다 교과서의 글귀나 교사의 설명 혹은 남의 주장을 그대로 옮기지 않고, 조금이라도 자신만의 생각을 담고 있는지를 평가해야 한다. 이를 항목으로 설정한다면 '논지의 명료성', '해석의 독창성'으로 잡을 수 있겠다.

마지막으로 항목을 하나 더 추가하자면, '함께 역사하기'를 했을 경우 모둠 활동의 협력 정도를 판단할 필요가 있다. 모둠 활동을 하다보면, 학생들의 참여 정도와 기여도 등에서 경계를 명확하게 하기 어려울 때가 많다. 이것이 민원의 사유가 되기도 하므로, 교사로서 정확히 확인하기 어려운 부분을 평가 항목에 넣기 꺼려지는 측면이 있다. 하지만 모둠 활동을 통해 얻을 수 있는 교과 내용적 이익, 사고력의 성장, 인성 교육의 장점이 매우 크기 때문에, 협력성을 측정하는 항목도 반드시 고민해야 한다. '모둠의 협동성', '협력의 긴밀성' 등으로 항목을 설정할 수 있다.

다소 장황하게 늘어놓은 평가에 관한 논의를 정리해서 [표4-1]과 같이 루브릭을 만들어 보았다. 세로축에는 평가 항목, 가로축에는 성취 수준과 배점을 설정하고, 개별 항목에 서술형으로 평가 내용을 쓴다. 항목별 서술 내용은 그 자체로 학생들에게 제시되는 평가 기준이 되어 학생의 성취 여부를 판단하게끔 돕는 구실을 하며, 교사 입장에서 학생들에게 피드백해 주는 근거가 될 수 있다. 어디까지 해결했고, 무엇을 보완하면 되는지 구체적으로 설명해 주는 것이 가능하다.

다음의 [표](256쪽)로 제시한 탐구 질문에 따른 루브릭은 시안에 가깝다. 예컨대 모둠활동의 경우, 친구들과 이번 활동에서 만족도는 매우 높았지만, 다음 활동에서는 순수하게 다른 친구들과 해보고 싶을 수도 있는 등의 변수가 존재한다. 더 명쾌하게 탐구 질문의 원리와 부합하게 제시하지 못하고, 더 명료하게 평가 기준을 밝히지 못한 것은 필자의 능력 탓이다. 하지만 처음으로 탐구 질문에 대해 공부하고, 독자들에게 하나의 안을 제시했다는 데 의의를 두려 한다. 요즘은 'Brisk' 등의 사이트에 필요한 항목을 넣어 초안을 만든 후 교사가 재정리하거나 생성형 AI의 도움을 받아 유려하게 문장을 손볼 수도 있다. 앞으로 다양한 방식의 루브릭을 수업에 적용하면서 교사 스스로 성찰하고, 동료 교사들과 상의하며 부단히 정리해 나갈 필요가 있다.

[표] 역사 탐구 질문 수업의 루브릭

평가 영역	세부 항목	성취 수준			
		우수함	보통임	노력 요함	비고
		3점	2점	1점	
내용 이해	내용의 정확성	사실관계를 정확하게 파악하고, 오류 없이 서술하고 있음.	사실관계가 분명하게 나타나 있지 않거나 서술 내용에 1, 2개 오류가 있음.	사실관계가 분명하지 않으며, 서술 내용에 3개 이상의 오류가 있음.	서술 오류의 등급 간 개수는 과제에 따라 다르게 설정함.
	내용의 충실성	필요한 항목을 제시하고, 세부 내용을 빠짐없이 서술했음.	일부 항목을 누락했거나 서술 분량이 충분하지 않음.	다수 항목에 대한 설명이 없으며, 서술 분량이 많이 부족함.	분량의 문제는 항목의 개수와 서술할 양에 따라 달라질 수 있음.
의견 진술	진술의 개연성	인과관계에 합리적 연결성이 있으며, 인물/상황에 공감이 되어 진술에 설득력이 있음.	인과관계 설명이 어색하거나 인물/상황에 대한 공감이 부족하여 진술의 설득력이 다소 부족함.	인과관계를 잘못 설명하고 있으며, 인물/상황에 대한 공감이 부족하여 진술의 설득력이 많이 떨어짐.	과제에 따라 인과관계, 감정이입적 이해 중 하나만 평가할 수도 있음.
	진술의 독창성	논지가 분명하고, 근거가 타당하며, 자기 나름의 주장이 있음.	논지가 불분명하거나 근거가 부족하지만, 자기 나름의 주장이 있음.	논지와 근거가 불분명하고, 남의 주장을 반복하고 있음.	논지와 근거를 하나로 묶어 평가할 수도 있음.
모둠 활동	협력의 긴밀성	다음에도 이 모둠 친구들과 꼭 함께 활동하고 싶음.	다음 활동에서 이 친구들을 만나도 좋고, 다른 친구들과 활동해도 괜찮음.	다음에는 이 친구들 말고, 다른 친구들과 활동하고 싶음.	같은 모둠의 학생들이 서로를 평가하는 것임.

수행평가에 생성형 AI를 쓴다면?

요사이 여러 과목의 수행평가에서 챗GPT 등 생성형 AI를 사용한 흔적이 드러나 교사들 사이에 논의가 분분한 경우가 많다. 아예 그 결과물을 인정할 수 없다, 앞으로를 생각하면 인정해야 한다, 무엇보다 사전 안내가 없었으니 현상태의 답을 토대로 평가할 수밖에 없다 등등.

이 소동이 과연 특정 교과의 문제로 그칠까? 분명히 역사 과목에도 곧 닥칠 것이다. 앞으로 수행평가나 역사 관련 학교 행사에서 얼마든지 이런 일이 생길 수 있다. 그렇다면 이에 대한 대응 방안을 선제적으로 논의할 필요가 있다. 내가 떠올린 해법은 이런 정도이다.

첫째, 내용 채우기는 큰 의미가 없으니, 학생이 어떤 질문을 던졌는가를 봐야 한다. 즉 질문의 질을 평가하는 것이다. 필자가 처음 챗GPT에 신항로 개척을 물었더니 의외로 중국의 정화에 관한 답변을 내놓았다. 다시 콜럼버스의 신항로 개척을 물었더니 내용이 달라졌고, 유럽의 신항로 개척을 물었더니 또 다른 내용이 펼쳐졌다. 학생이 어떤 질문을 던지는가에 따라 다른 내용이 나오기 때문에, 핵심이 들어 있고 내용이 풍부한 답변을 도출하는 '좋은' 질문을 했는지를 따져볼 필요가 있는 것이다.

둘째, 학생들이 내려받기한 내용을 스스로 어떻게 검증했는지 평가하는 것이다. 그저 내용 채우기에 그치지 않으려면, 그리고 비판적 사고력을 기르려면 그래야 한다. 자신이 얻은 정보가 사실인지, 설명이 상식에 부합하는지, 혹은 새로운 발상을 담고 있는지, 논리 전개는 앞뒤가 잘 맞는지, 주장을 뒷받침하는 근거는 있는지, 근거가 믿을 만한지 등을 검토하게 해야 한다. 이런 점검 항목들을 주어 학생들이 스스로 팩트체크를 하고 자료를 꼼꼼히 살피게 하면, 내용에 대한 이해와 나름의 분석을 유도할 수 있을 것이다.

셋째, 학생들이 검토한 내용을 바탕으로 자기만의 산출물을 만들게 하고, 교사는 그것을 평가하는 것이다. 확보한 내용을 정리해 최소한으로 재구성하거나 마인드맵을 만들거나 삼행시를 짓거나 판결문을 쓰는 등 학생들로 하여금 자신의 사고를 거친 결과물을 내도록 하는 것이다. 검색해서 내용을 늘어놓는 것은 의미가 없고 그것은 뇌를 스쳐 지나가는 가벼운 지식일 뿐이니, 자기 나름대로 검색한 내용을 갖고 씨름하는 과정을 거치게 만드는 것이 필요하다. 같은 내용도 다르게 변주되고 다양하게 채색되어 적어도 차별성, 나아가 창의성, 독창성을 가질 때, 생성형 AI가 유용한 학습 도구가 될 수 있을 것이다.

조만간 수업 현장에 본격 도입될 생성형 AI는 역사교사에게 위기인가, 기회인가? 당장 판단 내리기는 어렵지만, 도전하면서 교사 나름의 원칙과 해법을 찾아가는 게 순리가 아닐까 싶다. 그리고 개인적 고민으로 묻어두지 말고, 공개적인 자리를 통해 서로의 평가 경험을 나누고 심화 확장하면서 함께 길을 찾아가는 노력이 필요할 것이다.

부록

참고자료
본문의 주

참고자료

페리클레스 추도 연설문 톺아보기

페리클레스의 추도 연설문이란?

페리클레스 추도 연설문(이하 연설문)은 아테네 민주정의 상징적인 문서이자, 교과서에 항상 등장하는 주요 사료다. 아테네의 장례 연설의 백미이며, 탄탄한 논리를 기반으로 하면서도 감성을 촉구하는 텍스트로 수사학의 교재로 주목받았다. 이 글은 추도 연설문의 기본이 되어 후대에도 지속적으로 영향을 미쳤다.[1]

그런데 우리가 활용하는 방식에 적지 않은 아쉬움이 있다. 현행 교과서는 연설문에서 민주정의 뜻을 설명하는 5줄 남짓 되는 글귀만 반복적으로 제시하고 있어 연설문 전문(全文)의 내용과 맥락을 충분히 파악하기 어렵다. 사료 탐구를 하려면 가급적 사료 전문을 충분히 살필 필요가 있다. 발췌한 부분만 보면 전후의 맥락을 놓친 채, 관행적인 해석을 되풀이할 가능성이 높다. 또 교사 자신이 사료 비판이 안 되면, 사료 탐구의 시작부터 부실해지기 쉽다.

사료 탐구를 하려면 출처 확인, 맥락화, 확증 등의 작업이 필요하다. 여기서는 기존의 연구 성과를 참고하여 연설의 당사자와 역사가에 대한 기록을 확인하고, 연설문의 문구를 좇아가며 당대의 상황과 맥락을 견주어 볼 것이다. 확증은 아테네 헌법이라는 사료와 스파르타에 대한 연구 등을 빌어와 간접적으로 진행하려 한다. 먼저 출처 확인 차원에서 페리클레스라는 인물과 역사가인 투키디데스부터 살펴보겠다.

페리클레스(Perikles, B.C.495?~B.C.429)는 아카만티스 부족의 후손으로, 아테네의 콜라르고스(Cholargos) 데모스에서 태어났다. 그의 부모는 유명한 가문 출신이었다. 아버지 크산티포스는 미칼레(Mycale) 전투에서 페르시아 장군들을 제압하여 전쟁 영웅으로 떠올랐고, 어머니 아가리스테는 민주정 수립에 앞장선 클레이스테네스의 조카딸이었다. 어머니가 사자를 낳는 꿈을 꾼 며칠 후 페리클레스가 태어났는데, 사자는 그리스에서 위대함의 상징이었다.

페리클레스는 아테네 민주정의 전성기를 열었다. 그는 평민의 정치 참여를 실질적으로 보장하였다. 배심원과 추첨에 의해 임명된 공직자들에게 국가 수입으로 공무 수당을 지급하는 제도를 도입하여 가난한 시민들도 생계에 지장 없이 정치 활동에 적극적으로 참여할 기회를 부여했다. 한편, 기원전 451년에는 아테네 시민권에 대한 법안을 제안하고 통과시켰는데, 부모가 모두 아테네 시민인 자만 시민이 될 수 있다는 내용이다. 이로써 여성들이 직접적인 참정권을 갖지는 못했으나, 시민권 자격에서 여성의 역할이 가시화되었다.

현재 남아 있는 페리클레스의 흉상이나 그림을 보면 거의 투구를 쓰고 있다. 긴 얼굴을 가리기 위해서라는 이야기도 있지만, 투구가 아테네의 장군이나 최고 지도자라는 지위를 상징하기 때문이라는 게 일반적인 해석이다.

그의 별명은 '올림피오스'였다. 달변의 논리와 천둥 같은 사자후로 대표되는 그의 웅변 솜씨에 붙여진 별명이다. '올림포스산에 사는 사람'이라는 뜻인데, 최고 신 제우스에 버금가는 존재라 여긴 것이다. 플루타르코스의 《영웅전》에 따르면 페리클레스가 기원전 443년부터 15년을 연달아 매해 아테네 최고 시민으로 뽑혔다고 했다(통틀어서는 22년). 공식적으로 지도자가 아니었을 때도 아테네인들은 그를 제1 시민으로 여겼다는 것이다. '영광에 둘러싸이다'라는

뜻인 그의 이름에 어울리는 행적이다.[2]

페리클레스 흉상. 그리스 원본을 2세기 로마에서 복제한 것이다.

그의 연설문은 펠로폰네소스 전쟁 1년 차(기원전 430년)에 아테네 전몰자에 대한 장례를 치르고, 페리클레스가 추모의 마음을 담아 연설한 내용이다. 그리스에서는 겨울이 되면 전쟁을 멈추는 전통이 있었고, 장례 시에는 명망가들이 추도 연설하는 것이 관례였다. 페리클레스는 당시 장군, 즉 스트라테고스(strategos)로서 전쟁을 지휘하는 입장이었고, 전세가 불리하게 돌아가고 있었기에, 고인에 대한 추도와 더불어 아테네인들의 용기를 북돋우고 전쟁을 독려하는 차원에서 연설을 하게 되었다.

연설문은 투키디데스의 《역사》('펠로폰네소스 전쟁사'라는 제목으로도 알려져 있다) 2권에 실려 있는데, 그는 직접 들은 것은 아니라 실제 상황에 근접하도록 구성했다고 밝히고 있다. 그리스의 역사 서술에는 유명한 사람의 연설이나 서사시를 실어 책의 권위를 높이거나 화려함을 더하려는 전통이 있었다. 이 때문에 페리클레스를 과하게 치켜세우지 않았을까 하고 의심을 사기도 하지만, 투키디데스는 페리클레스가 민주정의 지도자가 아니라 독재자라고 평한 바 있어 나름의 균형감을 갖고 있었던 것으로 보인다.

이 연설문은 《역사》 2권의 34~46절에 걸쳐 소개하고 있다. 앞의 두 절은 간단한 배경 설명이어서 실제 내용은 36절부터이며, 크게 세 가지 내용이 담겨 있다. 선조에 대한 감사 및 아테네에 대한 자부심(혹은 찬양), 전몰자에 대한 추모, 유족들에 대한 보상과 애국심 고취 등이다. 우리가 흔히 알고 있는 민주정에 대한 내용은 앞부분 아테네 찬양 과정에서 나오는데, 대단한 자부심이 느껴진다. 하지만 전쟁 관련 내용이 상당히 많아서 처음 전문을 읽다 보면 다소 의외라는 생각이 든다. 심지어 애국심과 전쟁 독려가 지나쳐 국가주의를 강조하고 제국주의를 정당화한 연설이라는 평가를 받기도 한다.

연설문 내용을 살펴보기 전에 페리클레스와 그의 연설문에 대해 학생들에게 던질만한 몸풀기 질문을 떠올려보자.

■ 페리클레스 관련 질문

– 페리클레스의 부모는 누구이며, 어떤 사람인가?

– 그가 투구를 쓴 이유는 무엇인가?

– 그의 별명과 이름에는 어떤 의미가 담겨 있나?

– 그에게 매우 중요한 정치 경력은 무엇인가?

– 그가 민주정 발전에 기여한 내용에는 어떤 것들이 있는가?

■ 추도 연설문 관련 질문

– 연설문이 실려 있는 책의 제목은 무엇인가?

– 연설문은 실제 상황 그대로 기록되었나?

– 페리클레스는 왜 추도 연설을 하게 되었을까?

– 연설문에는 어떤 내용이 담겨 있는가?

이제 연설문을 자세히 살펴봐야 하는데, 몇 가지 전제가 있다. 애초에 연설문의 전문을 싣고자 하였으나 워낙 분량이 많고, 반복되는 내용이 있어서 조금씩 건너뛰며 논지를 이어가려 한다. 주요 대목을 인용하면서 그것에 대한 해제와 연구 성과를 참고하여 문제의식을 추려보았다. 각 인용문에는 절 번호를 표기했다. 연설문은 번역본마다 문구나 표현이 다를 수 있다는 점을 감안해서 읽기 바란다.[3]

아테네에 대한 커다란 자부심

36

우선 선조들에 대한 것에서부터 시작하고자 합니다. 이러한 자리에서 그들을 추모하고 그들에게 명예를 부여하는 것은 정의롭고 합당한 일이기 때문입니다. 왜냐하면 그들은 이 땅(chora)에서 같은 종족으로서 줄곧 자자손손 대를 이어 살아오면서 그들의 용맹을 통해 오늘에 이르기까지 이 땅을 자유로운 땅으로 물려주었기 때문입니다. 그러므로 그들은 찬사를 받을 만합니다. 그리고 우리의 부친들은 더욱 찬사를 받을 만합니다. 그들은 물려받은 것에다 영토를 보태 우리 소유의 제국에 편입시켰고 온갖 고초를 이겨내며 그 땅을 오늘의 우리에게 남겨주셨기 때문입니다. 그렇지만 영토의 대부분은 현재 거의 전성기에 있는 우리 자신이 확장한 것이며, 우리는 이 나라가 전시에나 평화기에나 가장 자족적인 상태에 있을 수 있도록 만반의 태세를 갖춰 왔습니다. … 어떠한 훈련을 통해 그와 같은 상태에 도달했는지, 또 어떤 정치 체제와 어떤 생활 방식으로 이렇게도 위대하게 되었는지를 우선 밝히고, 그런 연후에 그분들을 위한 찬사를 올릴까 합니다.

페리클레스는 당대를 전성기로 보고 있다. 민주정의 완성도나 아테네 폴리스의 판도, 체제의 안정성 등 여러 면에서 최고조에 이른 것은 사실이나 자기 스스로 전성기로 규정하는 것이 인상적이다. 이는 상당한 자신감의 발로이며,

전쟁 중인 아테네인들의 자부심을 극도로 제고하기 위한 수사였을 가능성도 있다. 생각보다 전쟁이 어렵게 전개되고, 역병까지 돌고 있으니 과장하더라도 자부심과 애국심을 한껏 끌어올릴 필요가 있었을 것이다.

또 하나의 관전 포인트는 '제국'이라는 표현이다.[4] '우리 소유의 제국'이라고 표현한 것으로 보아 아테네 외에 그의 영향력 아래 있는 폴리스들이 있음을 짐작할 수 있다. 그것도 조상들이 물려준 영토에 부친들이 영토를 보태 제국에 편입시켰다는 점에서 평화적 교류에 따른 확장이 아니라 힘에 의한 영역 확대를 시사하고 있다.

여기서 아테네 민주정의 논점 하나가 도출된다. 아테네 민주정 성장의 배경으로 손꼽는 풍족한 물질적(경제적) 기반이 바로 제국주의적 성격에서 비롯되었다는 것이다. 델로스 동맹의 여러 폴리스를 이끄는 아테네의 지위가 주도자 정도가 아니라 지배자의 위력을 지녔다는 것이다. 아테네 민주정에 대해 비판적인 오늘날의 학자들은 아테네가 원래 델로스섬에 있던 동맹의 금고를 아테네로 옮기고, 기금을 자의적으로 아테네 국가 운영에 썼다는 사실을 지적한다. 학자들에 따르면, 아테네는 반기를 드는 폴리스들을 제압하고, 아테네의 가난한 시민들에게 다른 폴리스의 토지를 배분하는 등의 행태를 보였다.[5]

제국 경영의 이익은 해마다 공납금, 법정 수수료, 벌금 등의 명목으로 아테네에 흘러들어왔다. 이 자금은 전시와 평시를 막론하고 함선 승무원들의 급료 및 식대로 쓰였고, 아크로폴리스 정비 등의 공공사업을 통해 아테네 시민들에게 배당되었다. 연극을 관람하도록 시민에게 지급하던 관극 수당이 신설된 것도 이 덕분이었다. 공공사업을 통한 각종 기술의 축적과 질서 안정에 따른 상공업의 발달, 패권을 휘두르는 대국으로서의 자부심 등 아테네 시민들은 눈으로 볼 수 없는 이익도 나누어 가졌다.[6]

이런 아테네 민주정의 성장 배경이 제국주의 경영과 동맹 기금의 유용이라는 주장에 대한 반론도 있다. 펠로폰네소스 전쟁의 패배로 아테네 제국의 위상을 상실한 뒤에도 아테네의 민주정치는 건재했다. 기원전 4세기 중에 수당이 꾸준히 인상되거나 새로 도입된 것으로 보아 그 재원이 전적으로 제국 경영으로 들어온 것은 아니라는 주장이다. 만약 델로스 동맹의 기금을 유용해 수당들을 지급했다면 동맹이 해산되면서 수당도 줄어들거나 없어져야 하는데 그렇지 않았으며, 심지어 수당을 인상한 것이 반증이라는 것이다. 애초에 수당 지급을 고려할 때, 기금의 존재가 도움이 될 수 있었으나 전적으로 의존하지 않았다고 반박한다.

이에 따르면, 아테네 민주정은 기본적으로 솔론 이래 오랜 개혁적 전통과 아테네인들의 정책적 선택의 결과로써 발달한 것이다. 아테네에는 제국 경영과 민주정이 공존하고 있었지만, 두 가지가 불가분의 연관을 가졌거나 필수적인 조건은 아니라고 보고 있다.[7]

37

우리는 이웃 나라의 어떤 법제도 부러울 것이 없는 정치 체제를 갖고 있습니다. 오히려 우리 자신은 타인을 흉내 내는 사람들이 본받아야 할 모범(paradeigma)이 되어 있는 것입니다. 그리고 소수가 아닌 다수에 의해서 다스려지고 있어 이름 또한 민주정체로 불리고 있습니다. 개인 간의 다툼과 관련해서는 법률상 모두에게 평등하게 권리가 주어지지만, 공적인 직무의 경우 각자가 모든 면에서 값어치 있는 일로 얼마나 남다른 평가를 얻느냐에 따라 다시 말해 순번에 의해서가 아니라 탁월성에 따라 지위가 부여됩니다. 또 나라를 위해 뭔가 훌륭한 일을 할 만한 사람이 가난 때문에 자격에 미달되어 제약을 받는 일도 없습니다.

이 서술은 연설문의 핵심에 해당하며, 가장 많이 인용되는 대목이다. 그래서 맥락을 잘 살피고, 꼼꼼히 들여다볼 필요가 있다. 여기서 짚을 것은 민주정체에 대한 정의 앞에 최고의 모범이 되는 정체를 아테네가 만들었다고 말한다는 점이다. 모범, 즉 패러다임에 해당하는 정체(여기서는 민주정)를 창안하였음을 역설하고 있다. 민주정이라서 모범이 아니라 아테네가 모범을 만들었는데 그것이 민주정이라는 맥락을 유심히 보아야 한다. 아테네 찬양의 일환으로 언급된 민주정과 민주정으로 인해 빛나는 아테네는 분명 차이가 있다. "소수가 아닌 다수에 의해서 다스려지고 있어 이름 또한 민주정체"라는 유명한 구절만 주목해서 수업에 인용하기 조심스러운 이유이기도 하다.

아테네 민주정의 이상과 실제

위의 대목이 연설문은 물론 민주정 논의의 본질적인 부분이므로 좀 더 집중해서 짚어 보자. 첫째, 민주정체의 정의이다. '데모크라티아(Demoskratia)'는 민중(Demos)과 권력(Kratia)의 합성어로, 흔히 '민중의 지배'로 번역한다. 이는 두 가지 해석으로 나뉘는데, 하나는 '다수', 다른 하나는 '민중'이다. 과두정과 대비될 때는 소수가 아닌 다수의 통치란 의미를 강조하지만, 귀족정과 대비될 때는 보통 사람(민중)들의 통치란 의미가 강조된다. 다수의 관점에서 보면, 일반적으로 개인은 자질이 떨어질지 몰라도 그들이 함께 모여 집단이 되면 소수의 훌륭한 사람보다 더 뛰어난 능력을 가질 수도 있다. 다수자로 모인 인민은 마치 무수한 수족과 감각기관을 한 사람이 갖춘 것처럼 된다는 것이다. 반면에 플라톤이나 아리스토텔레스의 해석에 따르면 귀족이 아닌 자, 즉 민중이라는 의미가 더 강하다. 그 바탕에는 교육받지 못한, 어리석은 다수의 오류, 과격한 민중의 정치가 중우정치로 귀결된다는 우려를 깔고 있다.

다수와 민중의 관점을 통합하여 좀 더 적극적으로 해석하는 논자들은 아테네 민주정이 다수의 지배라서 의미가 있는 것이 아니라 다수'에 의한', 다수'를 위한' 지배라서 가치가 있다고 본다. 다수결의 폐단이 있을 수 있기 때문에 머릿수를 내세우기보다 토론과 설득을 통해 최대한의 이익을 추구하려 했다는 점에서 좋은 정치라 꼽는다. 이에 동의한다면 아테네에서는 링컨의 지향 즉, 민주주의는 국민의, 국민에 의한, 국민을 위한 정치라는 점을 일찍부터 추구해 왔다고 해석할 수 있다.

둘째, 순번만이 아니라 탁월성에 따라서도 지위가 부여된다는 지점이다. 아테네 민주정은 시민들이 스스로 다스리고 스스로 지배를 받는다는 점에서 고도의 평등성을 전제하고 있다.[8] 누가 맡아도 공동체의 일을 무난히 수행할 수 있다는 신념과 그를 가능케 하는 조건을 갖추려고 했다. 그런 까닭에 추첨이 대세였고, 최고 행정직의 수행도, 법정의 판단도, 민회의 진행도 시민들이 돌아가면서 맡았다. 1년 단위로 직위를 맡은 것은 부정과 비리를 최소화하고, 최대한 많은 사람이 국정에 참여하도록 배려한 정치 문화의 소산이었다.

당대의 유명 철학자들은 아테네 민주정에 대해 아마추어리즘이라고 비판하거나 회의적이었다.[9] 아테네는 이에 대해 나름대로 보완책을 마련했다. 엄격한 공직자 심사를 거쳐 직위를 맡겼고, 혼자가 아니라 다수가 함께 집행하면서 상호 보완적으로 움직였으며, 공직에서 물러난 이후의 감사도 철저하게 했다. 식견이 없고 배움이 적은 사람이 국정을 맡았을 때 효율이 떨어지고 나라가 혼란에 빠질 수 있다는 우려를 불식하기 위한 조치였다.

이러한 고민이 있었기에 국정을 모두 추첨으로만 운영하지는 않았다. 특히 장군직이나 재정직은 추첨이 아니라 선출했다. 국가의 운명을 좌우하는 전쟁이나 나라 살림을 1년 단위로 직위가 바뀌는 평범한 시민들에게 맡기기는 어려웠을 것이다. 그래서 탁월한 능력이 있는 사람을 선출하는 것으로 추첨제를 보완했다. 페리클레스가 15번이나 장군직에 오른 것도 추첨이 아닌 선출제도가 있었기에 가능한 것이었다.

셋째, 추첨제와 선출제의 균형을 고려했다는 것이다. 추첨제는 구성원 서로에 대한 신뢰와 평등을 전제로 하여 선발하고, 선출제는 개별적인 능력의 차이를 바탕으로 선발하는 것이다. 업무 수행의 전문성을 높이기 위해 능력 위주의 선출을 할 것인가, 몇몇 인사 혹은 그룹만 지배권을 쥐게 되는 선출제의 폐단을 막기 위해 구성원 모두를 대상으로 추첨할 것인가. 단, 아테네에서는 아마추어리즘을 최소화하기 위해 어릴 때부터 정치 풍자가 강한 연극을 관람하고, 성인이 되면 민회에 참석하여 선배들의 연설과 토론을 배우는 등 민주정에 참여할 수 있는 자질을 배양했다는 점은 알아둘 필요가 있다.[10]

우리는 흔히 아테네 민주정과 현대 민주정치를 비교할 때 직접민주정치 대 간접민주정치라는 프레임으로만 보는데, 관점의 전환이 필요하다.[11] 이러한 이분법은 민주주의의 실질적 작동 원리를 파악하는 데 오히려 방해가 되기도 한다. 적어도 외형상으로는 간접민주주의를 채택하지 않을 수 없기 때문이다.

그런데 거기에는 적지 않은 계급성이 존재한다고 한다. 소수 엘리트들이 지배력을 유지하기 위해 간접민주주의가 불가피하며, 심지어 효율적이라는 인식을 강조해 온 까닭이다. 다수의 의견을 대표하는 유능한 정치인을 선출함으로써 전문성을 높여 정치를 바르게 할 것이라는 기대와 환상을 심어준 것이다. 선출된 정치인이 실제로 다수의 의견을 반영하는지는 다른 문제이다. 오늘날 의회 정치가 민의를 얼마나 충실히 대변하는지를 생각해 보라. 상당한 간극이 느껴지는 것이 일반적이며, 그에 대한 비판은 오래전부터 있었다.[12]

아테네에서는 가난 때문에 정치적 활동에 제약받는 일이 없다는 것은 큰 미덕이다.[13] 아테네는 빈부 차이가 심한 사회였다. 농업보다 상업과 무역이 중심이 되는 사회였기에 그 격차가 어느 폴리스보다 심각했다. 그런데 아테네가 성장하게 된 데는 그리스-페르시아 전쟁 당시 경제적으로 중하층에 해당하는 시민들의 역할이 컸다. 여력이 되는 범위 안에서 무장을 하고, 매우 가난한 사람들도 노 젓는 군사로 참전했다. 특히 아테네는 해군력으로 성장했기에 노잡이와 같은 극빈층에 대해 배려하지 않을 수 없었다. 그들에게 공동체의 운영에 참여할 기회를 주려다 보니 수당 지급 등의 제도를 마련하게 된 것이다.

그렇다고 해서 아테네 사회가 부자들에게 적대적이지는 않았다. 부자들의 토지를 내놓으라는 개혁을 부르짖거나 부채 탕감을 요구하지 않았다. 개별적으로 특정인을 공격하지도 않았다. 다만, 공공 봉사제를 활성화하여 부의 재분배를 유도했다. 공공 봉사제란 종교 제전 또는 국가 단위나 공적 행사에 기부하며 경제적 지원을 하는 것이다. 이를 통해 행사가 화려하고 풍성하게 진행되면서 부자들에 대한 호감도가 상승했다. 부자들도 주변의 눈총을 받느니 재산의 일부를 기부하여 명예를 얻고, 이를 이후 정계에 진출하는 발판으로 삼기도 했다.

문화 강국 아테네, 제국의 면모

38

우리는 정신적 노고를 위한 휴식 거리 또한 많이 제공해 왔습니다. 우리는 일 년 내내 경연대회의 희생 제전을 개최하고 있고, 사적 용도의 멋진 시설도 갖추어 그것을 날마다 즐기며 슬픔을 쫓아버립니다. 또 우리나라는 규모가 큰 나라인지라 지상 모든 곳에서 온갖 것들이 들어오는 까닭에 우리로서는 다른 나라 사람들이 수확한 것이나 우리나라에서 산출된 것이나 어느 것이 특별히 더 입에 맞는다고 할 게 없습니다.

여기서는 문화 강국 아테네의 면모를 볼 수 있다. 올림피아 제전을 비롯한 제의와 체육행사가 열리는 것은 물론이고 그리스 비극으로 유명한 각종 작품이 수시로 상연되었고, 앞서 언급한 것처럼 시민들에게 관극 수당도 지급했다. 흥미로운 것은 정치와 거리가 있어 보이는 연극이 민주정의 토대가 되었다는 해석이다. 〈오이디푸스 왕〉 같은 그리스 비극의 주요 작품은 영웅의 몰락이 주된 서사다. 주인공들은 인간으로서 탁월한 존재이지만, 불완전하고, 영속적이지 못하기에 파국을 맞게 된다. 아테네 민주정을 이끄는 지도자들 역시 훌륭하지만, 한계가 있는 인물이므로 전적으로 믿고 계속 신뢰할 수 없음을 연극은 보여 준다.

이를 통해 시민들이 민주정에 대해 긴장과 경계를 놓지 않고, 공동체의 일에 집중하도록 만드는 효과가 있다. 직접적으로 정치적 소재를 다루거나 강한 풍자를 하지 않더라도 연극이 민주정의 소금 역할을 해왔던 것이다. 일종의 '불신의 제도화'를 배운 것으로 보인다.[14] 당시 연극에서는 노골적인 정치 풍자도 많았는데, 아리스토파네스는 당대의 지도적 정치인들을 거리낌 없이 풍자하였고, 소포클레스의 〈안티고네〉에서는 언론의 자유가 극적으로 표현되었다.

소크라테스는 민주정의 약점에 대해 자신의 목소리를 내는 데 전혀 거리낌이 없었다. 그런데 소크라테스보다 더 심하게 민주정을 비판한 사람은 플라톤이었다. 출판에 대한 검열을 옹호했던 그는 아이러니하게도 민주정에 대한 광범위한 비판을 자유롭게 펼쳤다. 그의 제자인 아리스토텔레스도 마찬가지였다. 만일 아테네에 언론의 자유가 없었더라면 민주정치에 대한 이들의 자유로운 비판은 불가능했을 것이다.[15] 아테네 민주정을 회의적인 시선으로 보거나 중우정치로 보는 부정적 인식은 대부분 여기서 비롯되었다. 철저한 언론의 자유가 낳은 역설적인 결과인 셈이다.[16]

한편, 멋진 사적 시설이 지어지는 가운데 페리클레스는 공적 시설도 많이 지었다. 대표적인 것이 파르테논 신전이다. 이어 신전의 주신인 아테네의 황금 상아상, 아크로폴리스 입구인 정문, 니케 신전을 건설했는데, 이는 각기 10년이 넘게 걸린 장기 사업이었다. 총공사비가 5,000달렌트에 이르렀는데, 1달렌트는 약 26킬로그램 무게의 은이나 청동이다. 1달렌트는 약 16년 치 노동자의 임금에 해당한다고 하니 5,000달렌트는 실로 엄청난 금액이다.

페리클레스는 그리스-페르시아 전쟁기에 파괴된 신전을 재건함으로써 전쟁의 승리와 도시의 부활을 알리고, 아테네를 장엄하게 수식하려고 했던 것으로 보인다. 한편으로 페르시아군에 의해 파괴된 신전을 복구하는 것이 아테네인의 의무라고 부르짖으며 공사를 벌여, 가난한 시민들에게 일터를 제공함으로써 대중적 지지를 받으려는 계산도 깔려 있었다.[17] 문제는 신전 재건에 필요한 막대한 예산을 델로스 동맹 기금에서 끌어왔으며, 이것이 결과적으로 아테네의 압도적인 위상을 강화하는 기여했다는 점일 것이다.

38절에서는 페리클레스가 내부적으로 민주정의 활성화를 이룩했으나 외부적으로는 제국주의적 속성을 보였다는 점을 확인하게 된다.[18] 대외 교류에 있어서 문호를 열고, 자신감 있는 태도로 임한 것도 이러한 제국의 면모에 따른 자신감의 표현이었을 것이다.

아테네 대 스파르타

39

우리는 전략 지침에서도 이런 점에서 적들과 다릅니다. 우리는 나라를 공개적으로 드러내 놓고 있고, 한시라도 외국인이라는 이유로 배척하는 일이 없으며 우리의 나라를 알고자 하거나 살펴보려고 하는 사람이 있으면 누구라도 막지 않습니다. 숨기

는 것이 없어 적들 중 누군가가 본다면 그들이 유리해질 수도 있겠지만, 우리는 장비나 계략이 아니라 우리 자신으로부터 나오는 임무에 대한 용기를 더욱 신뢰하는 것입니다. 훈육에서도 그들은 어렸을 적부터 고된 훈련을 통해 남자다운 용기를 연마하는 데 반해, 우리는 비록 편하게 지낼지라도 대등한 수준의 위험 상황에 처했을 경우 결코 그들에게 밀려 뒤지는 일이 없습니다.

이 문장에서 언급되는 '적', '그들'은 다름 아닌 전쟁 상대 스파르타이다. 스파르타는 아테네에 버금가는 국력으로 그리스 폴리스의 양대 산맥으로 불린다. 다만 아테네와 스파르타는 각각 민주정 대 과두정, 해군 대 육군, 상업 대 농업 사회로 비교되곤 한다. 페리클레스는 최고의 군사 강국 스파르타를 소환하여 아테네의 비교 우위를 논하는 방식으로 연설했다.

페리클레스는 아테네가 개방적인 사회여서 외국인의 왕래가 자유롭고 정보도 노출이 되지만 걱정하지 않았다. 왜냐하면 아테네는 스파르타처럼 맹목적인 훈련으로 군사력을 키우는 것이 아니라 자유로운 가운데 책임 의식을 가지고 시민들이 스스로 나라를 위해 나서기 때문이라고 자신한다.

우리는 스파르타에 대해 아테네와는 대조적인 이미지를 갖고 있다. '스파르타식 훈련'이란 말이나 〈300〉 같은 영화의 잔상이 크다. 소수의 귀족 집단(이들만이 시민)이 군사력에 의존하여 폴리스를 운영하고, 주변 지역 사람들을 무자비하게 다스리는 모습을 떠올린다. 군사 훈련 과정에서 피정복민을 잔인하게 공격하며, 외국인에 대해 폐쇄적이고 적대적인 태도로 일관했던 모습에 주목한다.

흥미로운 것은 당대 아테네의 유명 철학자들이 스파르타를 더 좋은 사회로 여겼다는 사실이다. 스파르타가 절제와 용기를 최고의 미덕으로 삼고, 빈부의 차이를 드러내지 않으려 했으며, 공동체의 단합을 해치지 않은 것을 중시했다는 점을 높이 샀다. 우리는 페리클레스의 주장에 휘둘려 아테네와 스파르타의

[표] 아테네와 스파르타의 특성

구분	아테네	스파르타	비고
규율의 엄격성	사생활 개입 없이 자유를 누림	엄격한 법치와 규율에 종속	선공후사 강조는 공통점
대외적 태도	외국인에 대해 개방적, 다양한 문화 교류 시행	정기적으로 외국인 추방, 해외 유학 장려 안 함	사회 운영 원리의 차이
민회 운영	개방적이며 모든 사안을 투명하게 처리	민회 위상이 낮고, 폐쇄적	
용기	자유와 책임 (왜 싸워야 하는지 알기에 자주적 방위 가능)	반복 훈련과 주입식 교육에 따른 용맹함	
군대	알아서 훈련하는 태도에서 용감함을 분출	고된 훈련으로 단련된 직업 군인	아테네 해군의 훈련량 상당히 많음
그리스 내 위상	아테네는 그리스의 학교	플라톤 등은 스파르타를 모범국가로 간주	
예속민의 태도	아테네가 지배할 자격이 있다고 여김(불만 없을 것)	예속민에 가혹한 스파르타	아테네의 식민지 경영 합리화

우열을 논하기보다는 각자의 조건에서 독특한 폴리스를 만들어 나갔다고 보는 게 낫지 않을까 싶다. 위의 표는 여러 자료를 검토하여 두 폴리스의 특성을 시각적으로 정리해 본 것이다.[19]

40

우리는 아름다움을 사랑하되 검소함과 함께하고 앎을 사랑하고 유약하지 않습니다. 또 부(富)는 떠들어 대며 자랑하기보다 적절한 행동을 위한 수단으로 삼습니다. 가난하게 사는 것은 부끄러운 일이 아니지만, 가난을 벗어나려고 행동하지 않는 것은 부끄러운 일입니다. 그리고 우리에게는 한 사람 안에 자기일 뿐만 아니라 나랏일을 배려하는 마음이 함께 있어, 설사 제 일에만 매달리는 사람일지라도 나랏일을 이해하는 데 부족함이 없습니다. 사실 나랏일에 참여하지 않는 사람을 그저 세상 문제에 무

> 관심한 사람 (정도로 여기는 것)이 아니라 아예 쓸모없는 사람으로 여기는 것은 우리밖에는 없습니다. 그리하여 우리는 그런 세상사 현안들을 직접 판단하거나 또는 제대로 (된 방식으로) 논의에 부칩니다. 우리는 토론(logos)이 행동을 방해하는 장애물이라고 여기지 않으며, 오히려 해야 할 일을 행동으로 옮기기 전에 미리 토론을 통해 가르침을 끌어낼 수 없는 것이야말로 장애물이라 여깁니다.

여기서도 비교 대상은 스파르타다. 스파르타는 시민들 간에 빈부 차이를 드러내지 않기 위해 같은 경비를 내서 공동 식사를 하고, 토지를 재분배하고, 소유에 상한선을 두는 등의 제약을 가했다. 금, 은 대신 무겁고 불편한 철전(鐵錢)을 쓰게 하여 화폐가 잘 유통되지 않아 부자임을 자랑하기 어렵게 만들었다. 이런 점 때문에 카를 마르크스가 스파르타를 매우 이상적인 사회라고 평가한 바 있다. 하지만 페리클레스는 스파르타의 강점이 큰 의미가 없다고 주장한다. 스파르타는 토론이 아닌 명령으로, 강제력으로 운영되는 데 비해, 아테네는 매사에 이성을 갖추고 토론함으로써 더욱 지혜롭고 용맹함을 지닐 수 있다는 것이다.

두 폴리스를 비교할 때 주목할 부분은 폴리스라는 공간의 특성이다. 폴리스는 도시 국가라는 공간적 통일성만이 아니라 정치적 공동체를 의미한다. 그리스인들은 정치적 삶을 시민으로서 자유인만이 누릴 수 있는 최고의 가치로 여겼다. 나아가 정치적 활동의 공간인 폴리스를 인간의 참다운 본성이 실현될 수 있는 유일한 영역으로 간주했다. 이런 생각을 가장 잘 표현한 것이 바로 '인간은 본성적으로 폴리스적/정치적 동물(Political Animal)이다'라는 아리스토텔레스의 유명한 말이다.[20]

폴리스 시민들의 강고한 연대감은 전투 경험에서 비롯된 것으로 보인다. 그리스 중장보병이 쓰던 투구를 자세히 보면 귓구멍이 없다. 투구를 쓰면 눈만 빼꼼히 보였을 것이다. 청동으로 만들어 바깥소리도 잘 들리지 않았을 테다.

게다가 당시에는 폴리스에서 군복을 지급하지 않았기 때문에 적군과 아군을 구별할 수 없었다. 따라서 팔랑크스(긴 창을 들고 밀집한 대형)에서 이탈하면 아군의 손에 죽을 수도 있었다. 살아남으려면 어떻게든 아군끼리 붙어 있어야만 했다. 팔랑크스에서는 개인의 전투 기술이 아니라 대오를 어떻게 유지하느냐가 성패를 갈라놓았다. 그 안에서 생사고락을 함께 한 사람들은 우리가 상상하기 어려운 전우애를 가지게 되었을 것이다.[21]

폴리스가 이런 과정을 거쳐 형성, 유지되었기 때문에 공동체 일에 대한 진정한 참여의 문제가 대두된다. 연설문 37절에는 공동체에 무관심한 사람을 쓸모없는 자로 취급했다는 구절이 있다. 시민 중에는 공적인 삶에 무관심하고, 민회나 법정에 참여하는 등 자유 시민의 권리이자 의무를 다하지 않는 경우가 있다. 이렇게 개인의 사적인 활동에만 관심을 쏟는 사람을 가리키는 단어가 바로 '이디오테스(idiotes)'인데, 이 단어는 현재 영어로 백치나 바보를 가리키는 'idiot'으로 남아 있다.[22]

일반적으로 민주정의 핵심 요소로는 자유, 평등, 기본적 인권에 더해, 그러한 권리를 가진 시민의 '참여'를 들 수 있다. 앞의 권리들은 참여를 보장하고 장려하기 위한 전제인 셈인데, 오늘날 우리 사회에서 얼마나 권리행사를 하며 열심히 참여하고 있는지 돌아볼 일이다. 물론 5,000~1만 명 남짓 되는 폴리스 시민들의 공동체 의식과 이해관계가 복잡다단한 현대 사회의 시민을 맞비교하는 것은 무리가 있다. 하지만 현대의 시민들이 선거나 사회참여 과정에서 쉽게 '기권'을 하고, 나중에 불평하는 것이 다반사라는 점에서 참여의 문제를 고민해 볼 필요가 있다.

41

요약해서 말하자면, 우리나라 전체가 그리스의 학교이며, 내 생각에 우리는 그곳에

서 제각기 아주 다양한 형태의 삶을 펼쳐가면서 매우 품위 있고 유연하며 자족적인 인간으로 길러져 사회로 배출될 것입니다. … 현존하는 나라 중에서 소문보다 더 강하다는 것이 판명된 나라는 우리나라밖에 없습니다. 그리고 공격해 오는 적에게 한을 품게 하지 않으며, 또 예속당하는 자들에게 자격 없는 사람들에 의해 지배당하고 있다는 불만을 안겨 주지 않는 경우 또한 우리밖에 없습니다. … 이분들은 그와 같은 나라가 침탈하지 않도록 당연히 해야 할 도리로서 고귀하게 맞서 싸우다 목숨을 잃었습니다. 그러므로 우리 남아 있는 사람들도 모두 마땅히 떨쳐 일어나 이 나라를 위해 어떤 고난도 감내해야 할 것입니다.

이 절에서 페리클레스는 아테네에 대한 극도의 자부심을 보여 준다. "현존하는 나라 중에서 소문보다 더 강하다는 것이 판명된 나라는 우리나라밖에 없다"는 표현으로도 모자라 그리스의 학교를 넘어 역사에 길이 남을 아테네의 위대함을 노래하고 있다. 게다가 강력한 아테네이지만 적이 한을 품지 않으며, 제압당한 사람들도 아테네가 충분히 그럴 자격이 있다고 자부하고 있으니 놀라울 지경이다. 타의 추종을 불허하는 자부심 때문에 연설문의 특징을 일컬어 '아테네 국뽕'이라는 평가가 나오는 것이다. 중요한 것은 이러한 자부심이 고스란히 애국심으로 응결되어야만 하고, 그런 소중한 나라를 지키기 위해 모두가 떨쳐 일어나야 한다는 논리로 이어진다는 사실이다.

전몰자에 대한 찬양과 생존자에 대한 당부

42

그들은 선한 일로 악행을 지워 없앰으로써 사사로운 일 때문에 선한 일을 못 했던 것

이상으로 공공의 선을 위해 헌신했습니다. … 그들은 맞서 싸우고 감내하는 것이 굴복해서 살아남는 것에 앞서는 일이라고 생각해 수치스러운 비난과 기괴하고 피해야 할 일을 온몸으로 감내해 냈습니다. 그리고 찰나와 같은 운명의 호기(好期)를 통해 공포가 아닌 영광의 절정에서 자신을 해방했던 것입니다.

앞선 41절의 논의를 바탕으로 아테네 시민들에게 굴욕적으로 살아남기보다 맞서 싸우기를 요구하는 내용이다. 펠로폰네소스 전몰자들이 "찰나와 같은 운명의 호기", 즉 전쟁을 통해 "영광의 절정에서 자신을 해방(헌신, 희생)"했음을 강조하고 있다. 돌이켜보면 아테네는 그리스-페르시아 전쟁을 통해 그리스 세계의 중심으로 떠올랐고, 스파르타와의 패권 다툼으로 펠로폰네소스 전쟁을 하고 있다. 전쟁 승리가 곧 국력 신장이었고, 그 자부심을 유지, 확장하기 위해 숙명의 라이벌인 스파르타와 일전을 벌이고 있는 상황이다. 페리클레스는 이 위대한 아테네를 위해 목숨을 초개같이 버리라고, 이미 버린 사람들이 있다고 계속해서 말하고 있다.

43

이렇게 해서 이분들은 이 나라에 어울리는 삶을 살다 가셨습니다. 한편 살아남은 사람들은 마땅히 위험에 덜 처하게 되길 기원해야 하겠지만 그렇다고 해서 전장에 나갔을 때 그들보다 덜한 용기나 생각을 가져서는 안 됩니다. … 그들은 공적으로 몸을 바친 대신 개인적으로는 불후의 찬사와 가장 특별한 유택(幽宅, 무덤)을 받았습니다. 이 유택은 단순히 누가 누워 있는 곳이 아니라 그들의 영광이 남아 때가 되면 언제라도 말이나 행동으로 그들을 상기하게 하는 곳입니다. … 여러분이 지금 이분들을 선망하고 있다면, 그리고 행복이 자유이고 자유가 용기임을 깨닫고 있다면, 여러분은 전쟁의 위험을 관망하기만 해서는 안 됩니다. 왜냐하면 전쟁의 위험이 닥쳤을 때 목

숨을 초개와 같이 버리는 사람들은 잘살 희망조차 없는 비루한 사람들이 아니라, 오히려 자칫 전쟁에서 지면 처지가 역전되고 상황도 완전히 달라져 살아 봤자 생활이 위태로워지는 그런 사람들일 수밖에 없기 때문입니다.

앞에서부터 이어지는 전쟁 참여를 독려하는 연설 내용이다. 전몰자들이 아테네에 어울리는 삶을 살다 갔으니 남은 자들도 그래야 한다는 것이다. 죽음을 맞게 되면 성대히 장례를 치르고 유택을 제공할 것이니 기꺼이 나서 달라는 것, 지금 전쟁이 몹시 어려운 지경에 처해 있으니 패전 후의 엄청난 고통을 생각하며 용기를 내야 한다는 취지이다. 연설문이 아테네 민주정의 정수(精髓)를 잘 보여준다는 통념을 지니고 있던 독자들은 (필자가 많이 줄였는데도) 반복적으로 등장하는 전쟁 고취 연설에 적잖이 당황스러울 것이다. 나아가 아테네 민주정에 대해 어디까지 수긍하고, 어떤 의미를 부여할 것인지 고민하게 될 것이다.

44

이러한 이유로 저는 이 자리에 계신 전몰자 부모님들께 애도를 표하기보다는 오히려 격려의 말씀을 드리고자 합니다. 부모님들께선 그들이 갖은 풍속에서 자라왔음을 알고 계십니다. 그런데 행운이란 여기 이 전몰자들과 같이 가장 고귀한 최후를 손에 넣었을 경우를, 또는 여러분과 같이 가장 고귀한 슬픔을 손에 넣었을 경우를 말합니다. 그들에게 삶이 행복한 일이었던 것처럼, 죽음 또한 행복한 일이 되었습니다. … 아직 출산이 가능한 나이에 있는 사람들은 다른 자식들이 태어나길 고대하며 의연히 견뎌내야만 합니다. 왜냐하면 나중에 태어나는 자식들은 사적으로는 죽은 자식들을 잊게 해주며, 나라로서도 인구가 줄어드는 것을 막고 동시에 안보를 도모하는 이중의 이익을 가져다줄 것이기 때문입니다. 사실 자식들을 나라에 바쳐 똑같이

위험을 감내하고자 하지 않는 사람들이 평의회에 참여하는 것은 공평하지도 않고 정의롭지도 않습니다.

이 글에서는 전몰자의 영광스러운 죽음을 유가족들이 기꺼이 받아들이고, 나아가 새로운 자식을 낳으라고 당부한다. 죽은 자식을 잊게 해주며, 아테네의 인구가 감소하는 것을 막아준다면서 말이다. 자식 잃은 자의 슬픔을 고귀한 영광으로 장식하더니 매우 현실적인 속내를 드러내고 있다. 위대한 아테네를 유지하려면 슬픔을 뒤로한 채 자식도 낳고, 군사력도 키우면서 앞날에 대비해야 함을 말하는 것이다. 그리고 이러한 희생을 감내한 사람들이야말로 민회에 참여하여 나랏일을 논할 자격이 있다는 생각을 보탰다.

아테네 민주정, 어떤 '한계'를 논해야 할까

45

이제 과부로 살아갈 사람들에게 무언가 여성의 덕을 일깨워 주지 않으면 안 된다고 한다면, 저는 짧은 충고 한마디로 말하고자 하는 모든 것을 보여 주고자 합니다. 즉 여러분의 본성에 맞는 정도보다 뒤지지만 않는다면, 또 덕에 대해서건 결함에 대해서건 남자들 사이에서 소문나는 일이 아주 적다면 그것으로 큰 명예가 된다는 것을 말입니다.

아테네 민주정의 '한계'를 논할 때, 가장 먼저 언급되는 것은 아테네 여성의 처지이다. 당장 연설문에서도 페리클레스는 여성의 덕목이라며 여성들에게 남자들의 입에 오르내리지 말라고 말한다. 행실이 올바르지 못해 구설에 오르는 것을 조심해야 하는 것은 당연하고, 아예 남성들의 일에 관심도 갖지 말아야 한다는 충고로도 들린다. 올림피아 제전 관련 그림이나 조각에서 남자들의 누드가 다수인 것은 여성이 참여할 수 없었기 때문이다. 아테네 여성의 열악한 처지에 대한 묘사는 연극 대사에서도 종종 볼 수 있다.

아테네 여성은 가부장인 남편에게 절대적으로 복종해야 하는 위치에 있었다. 자식을 양육할 권리, 이혼을 요구할 권리가 없었으며, 토지 등의 재산을 가질 권리도 없었다. 이러니 참정권이 없는 건 당연한 일이었다. 이는 법적으로 아테네 여성을 미성년자로 간주했으며, 여성을 반쪽짜리 인간으로 치부하여 대화의 상대로 여기지 않은 까닭이다. 여성의 위상과 권리를 아테네와 스파르타를 비교하면 다음의 표와 같다.[23]

[표] 아테네와 스파르타 여성의 위상과 권리 비교

구분	아테네 여성	스파르타 여성
활동 범위	가정 내	사회 활동(사냥도 참여)
거주 공간	어둡고 비위생적인 곳으로 남성과 분리된 공간(남성 1층, 여성 2층)	동등하게 공간 점유
기여 방식	아테네 시민 남성 출산, 종교 의례 기여(의복 제작, 제례 물품 준비, 여사제 역할 등)	남성과 함께 군사력 유지에 참여
위상과 처우	미성년자로 간주 - 비독립적 존재(아버지, 남편, 아들이 후견인이 됨. 삼종지도와 유사)	남성과 비슷한 수준으로 교육
의복	얇은 아마, 실크 재질의 옷으로 사지를 감춘 여성스러움 강조	두껍고 양털로 만든 튼튼하고 실용적인 옷
결혼과 이혼	결혼은 후견인이 관여, 이혼은 남편만 요구 가능(불임, 간통 시)	결혼 시 상대 선택에 여성 자신의 의사표시 가능
토지 소유	남성만 가능	후견인 없이 토지 소유 가능(기원전 4세기에 여성이 토지의 5분의 2를 소유했다는 기록 존재)

스파르타에 비해 아테네 여성들의 처지와 대우가 열악해 보이는 건 사실이다. 그러나 스파르타 여성들이 성평등적 관점에서 남성과 동등한 대우를 받았다고 볼 수는 없을 것이다. '전사의 어머니'로 강인해야 하고, 전투 훈련에도 참여하면서 나름의 역할을 하니, 그만큼의 지위는 보장해 준 것으로 보인다.

반면 아테네 여성들은 종교 제전이나 의식을 치를 때 음식을 준비하거나 의복을 짓는 등의 역할을 했고, 때로는 여사제로 활동했다. 아테네가 주변 폴리스에 식민 활동을 할 때도 남편을 따라가서 가정을 일구고, 일손을 도왔다. 간혹 여성들이 현지에서 제사장 역할을 한 경우도 있었다고 한다.[24]

여성과 함께 논의되는 노예와 외국인의 참정권 제한에 대해서도 반론이 있다. 당시 노예는 인간과 짐승의 중간적 존재였고 주인의 소유물에 그쳤는데, 과연 참정권을 주었겠는가 하는 얘기이다. 그리스에서 노예는 나이가 많아도 '아이'라고 불렸다. 대체로 인격을 부여하지 않았기 때문이다. 노예의 참정권을 인정하지 않았다고 해서 미국의 독립선언서를 폄훼하거나 미국이 최초의 민주공화국임을 부정하지는 않는다. 그렇다면 아테네 민주정에도 같은 잣대가 필요하지 않을까.

외국인의 경우도 그렇다. 오늘날에도 외국인에게 참정권을 쉽게 주지 않는다. 하물며 폴리스처럼 공동체 의식과 폐쇄성이 강한 사회에서 외국인에게 참정권을 부여하기는 더욱이 어려웠을 것이다. 아리스토텔레스도 아테네에서 오래 활동했지만, 마케도니아 출신이어서 끝내 참정권을 받지 못했다. 물론 사회 안정을 위해 외국인을 아테네에 통합하는 디오니소스 축제를 열기도 했으나 엄연히 아테네인과 구별되는 대우를 받았다.[25]

심지어 소수의 시민에 대한 오해의 시선이 있음을 지적한 연구자도 있다. 아테네 시민들을 노예와 대비하다 못해 귀족으로 잘못 이해하기도 한다는 것이다. 시민들은 귀족이 아니라 스스로 자기 땅에 농사를 짓거나 상공업에 종사하는 사람들이며, 형편에 따라서 남의 집 삯일을 하는 등 노동자로 불리는 사람들이었다. 그리스 사회에서 시민과 노예는 노동이라는 측면에서 배타적인 개념이 아니라 일부 중첩되기도 했다.[26]

김봉철도 고대인들이 대개 지배자와 피지배자의 구분을 자연스럽게 수용하는 상황이었음을 고려할 때, 시민과 비시민의 불평등을 지나치게 강조하여 아테네 민주정의 큰 결점으로 부각해서는 안 된다고 보았다. 또한 김봉철은 국가가 전제 지배자의 개인 소유물이 아니라 시민들의 공동체라는 인식이 생겨나고, 이것이 아테네인의 직접민주주의를 통해 구체적으로 실현되었다는 점을 주목했다.[27] 이처럼 고대 지구상의 어느 곳에서도 아테네가 실행했던 다수가 실제 정치에 참여한 사례는 없었다. 따라서 아테네 민주정의 결점보다는 다수에 의한 정치 참여가 가능하도록 한 아테네 시스템을 제대로 소개하는 데 중점을 두어야 할 것이다.[28]

연설의 마무리

46

저는 관습에 따라 필요하다고 여겨지는 것을 연설을 통해 말씀드렸습니다. 그리고 매장된 분들은 이미 제례 행위를 통해 잘 치장되었습니다. 또 그들의 자식들은 앞으로 어른이 될 때까지 나라가 국비로 보살필 것입니다. 이것은 앞서 언급한 고난에 찬 싸움에 대한 보은의 관으로서 나라가 전몰자들과 유족분들께 드리는 것입니다. 실로 용맹에 있어 최대의 상을 받은 사람들이 누워 계신 이곳에서 또 최상의 사람들이 시민으로서 생활을 영위하고 있는 것입니다. 자, 이제 각자의 친족들에 대한 추도의 예가 이루어졌으니 해산들 하십시오.

46절은 긴 연설문의 마무리에 해당하는 것으로 발언 내용을 정리하고, 마지막 당부를 하는 내용이다. 연설문에 담긴 페리클레스의 바람과 달리 그는 1년 뒤 역병에 걸려 사망했고, 아테네는 펠로폰네소스 전쟁에 패해 쇠망의 길을 걷게 되었으니 매우 역설적인 결과이다.

앞서 살펴본 것처럼, 연설문은 민주정에 대한 내용보다 전쟁에 대한 서사로 가득하다. 이에 대해 해외 학자들의 시선도 곱지 않은 듯하다. 데이비드 카트라이트는 연설문을 '아테네 찬양 그 자체'라고 칭하면서 위대한 아테네 제국을 위해 목숨을 바칠 것을 요구한다고 평가했다. 국가는 모든 것에 우선하는 '선'이 되며 국가를 위해 목숨 바친 것은 숭고한 희생으로 전환된다는 것이다. 로렌 J. 세이몬스 II는 페리클레스의 추도 연설이 "기본적으로 군국주의적이고, 집단주의적이며 국가주의적"이라고까지 평가했다.[29]

연설문에 대한 필자의 문제의식은 두 가지로 압축된다. 연설문을 통해 연설문 자체를 깊이 있게 보자는 것과 거기에 투영된 아테네 민주정의 실체를 다각도로 조명해 보자는 것이다. 이를 통해 연설문이 생각보다 전쟁 독려에 공을 들이고 있다는 점도 짚어 보고, 연설문에 대여섯 줄로 서술된 아테네 민주정의 다양한 면모를 조망해 보고자 했다.

돌이켜보니 필자의 글이 애초의 문제의식을 뒷받침하는지 자신할 수 없다. 연설문만큼이나 필자도 중언부언한 감이 없지 않다. 다만 당대를 대표하는 사료의 전문을 깊이 있게 읽으려고 애썼다. 그 과정에서 단면이 아닌 전체를 보고 맥락을 살피는 일이 매우 중요한 일이라는 사실을 확인할 수 있었다. 아울러 사료에 질문을 던지는 것이 쉬운 일이 아니라는 점, 비판적인 문제의식을 추출하기 위해서는 다른 사료와 선행 연구를 살피고, 나름의 안목을 갖추는 공부가 필요하다는 점도 절감했다.

본문의 주

프롤로그. 역사다운 역사수업

1 '역사를 역사답게'라는 표현에 대해 연구자들이 생각하는 바와 역사교사들의 고민이 다를 수 있다. 학술적 성과를 반영하는 측면과 학생 삶과의 연계를 더 고려하는 성격을 각각 지니고 있기 때문이다. 그럼에도 역사학의 문법에 기반해 수업 내용을 재구성하는 것과 역사학의 특성을 살려 학습하자는 것의 취지는 일맥상통한다.

2 다음 백과, 2025년 8월 20일 검색.

3 여기서 생성형 AI는 챗GPT를 사용했다. 챗GPT가 두루뭉술하게 답하거나 오류를 범하는 경우도 있어 시차를 두고(2025년 4월 25일, 7월 1일) 같은 질문을 두 번 던져 얻은 결과를 정리했다.

4 역사교사로서 주목할 만한 논의는 역사의 객관성, 역사 서술의 주체, 포스트모더니즘의 비판, 포스트모더니즘 이후의 역사에 관한 것들이다. 대표적인 책자를 몇 권 소개한다. 아담 샤프, 《역사와 진실》, 청사, 1982. "역사는 후대의 연구를 통해 상대적 객관성을 누적적으로 쌓아간다."; 케이스 젠킨스, 《누구를 위한 역사인가》, 혜안, 1999. "역사란 기본적으로 상충되는 담론, 서로 다른 계급과 집단의 과거 해석이다."; 안병직, 〈픽션으로서 역사: 헤이든 화이트의 역사론〉, 《인문논총》 51, 2004. "서사를 구성한다는 점에서 역사와 문학은 본질적으로 차이가 없다."; 존 루이스 게디스, 《역사의 풍경》, 에코리브르, 2004. "역사는 장대한 스케일과 섬세한 디테일을 동시에 그려내는 설득력 있는 '묘사'이다."

5 임병철, 〈이론화의 덫: 오늘날의 역사교육학에 대한 비판적 단상〉, 《역사교육연구》 12, 2010, 248~249쪽.

6 임병철은 역사적 사고의 고유성의 하나로 시간성을 고려하면서 과거의 현상을 이해할 필요가 있다고 강조했다. 〈역사교육의 학문적 정체성 찾기: 역사연구자의 시선〉, 《역사교육의 쟁점과 과제》, 역사교육연구회 춘계학술대회 자료집, 2025. 한편, 김기봉은 역사를 시

간, 공간, 인간을 논하는 학문, 즉 '3간의 학문'으로 정의하기도 했다. 김기봉, 《내일을 위한 역사학 강의》, 문학과지성사, 2018 참조.

7 마르크 블로크 저, 정남기 역, 《역사를 위한 변명》, 한길사, 1979, 45~46쪽.

8 로버트 V. 다니엘스 저, 김쾌상 역, 《어떻게 그리고 왜 역사를 연구해야 하나?》, 평단문화사, 1984, 18~19쪽.

9 리처드 에번스, 《역사학을 위한 변론》, 소나무, 1998, 211쪽.

10 김성우·엄기호, 《유튜브는 책을 집어삼킬 것인가》, 따비, 2020, 91~92쪽.

11 최호근, 《역사 문해력 수업》, 푸른역사, 2023, 172쪽.

12 최호근, 위의 글, 174쪽.

13 김한종, 〈변화-역사 개념의 이해와 학습 방법〉, 《역사교육연구》 12, 2010, 120쪽.

1장 역사 탐구 질문을 찾아서

- 주경철, 《질문하는 역사》, 산처럼, 2021, 6쪽.

1. 인공지능 시대, 질문의 의미

1 네이버 고대 히브리어 사전, 2024년 10월 28일 검색; 박보비, 〈학생의 질문과 교사의 반응 간의 관계 분석〉, 한국교원대학교 석사학위 논문, 2019, 1쪽.

2 에릭 와이너, 《소크라테스 익스프레스》, 어크로스, 2021, 5쪽.

3 권부경, 〈사회과 수업의 재개념화: 대화수업〉, 한국교원대학교 박사학위 논문, 2007, 41쪽.

4 김기봉은 〈4차 산업혁명 시대 역사교육의 목표와 방향〉, 《歷史教育》 159, 2021, 9쪽에서 '배우고 묻다'라고 해석했고, 필자는 졸저 《역사수업의 길을 묻다》, 휴머니스트, 2018, 183쪽에서 '질문하는 법을 배운다'라고 풀이했다.

5 이성일, 《질문 수업 레시피》, 맘에드림, 2024, 25쪽.

6 김명숙, 〈교실 수업에서 '질문하는 일'의 의미〉, 《초등교육연구》 28, 2015, 2쪽.

7 김한종, 〈역사적 사고력의 구성요소와 역사수업의 발문〉, 《사회과교육》 29, 1996, 84쪽.

8 구본권, 《로봇 시대, 인간의 일》, 어크로스, 2020, 292~293쪽.

9 이성일, 《질문 수업 레시피》, 맘에드림, 2024, 260쪽.

10 유홍준, 《나의 문화유산 답사기》, 창비, 1993에서 처음 언급되어 배경지식의 중요성과 애정 어린 시선을 강조하는 말로 유행했다. 한편 성균관대학교 동양철학과 신정근은 그의 네이버 블로그에서 질문의 중요성을 강조하며, '묻는 만큼 보인다'라는 표현을 처음으로

사용했다(2014년 2월 12일).

11 질문에 관한 외국의 논의를 국내에 소개하는 데 큰 역할을 한 것은 사회평론아카데미에서 출간한 질문 시리즈이다. 정혜승의 주도로 여러 책이 번역되었는데, 대표적으로 댄 로스스타인·루스 산타나의《한 가지만 바꾸기》, 제이 맥타이·그랜트 위긴스의《핵심 질문》, 로버트 마르자노·줄리아 심스의《학생 탐구 중심 수업과 질문 연속체》 등이 있다. 그밖에 국어과에서 많이 활용된 라파엘의 '질문생성전략'도 국내에 많은 영향을 끼쳤다.

12 대표적인 논문으로는 유득순, 〈질문을 중심으로 한 역사영화 탐구 수업의 모형 개발과 실제〉,《역사교육논집》 65, 2018; 유득순, 〈국제 바칼로레아 디플로마 프로그램(International Baccalaureate Diploma Programme) 역사 교재의 질문 분석과 시사점〉,《歷史教育》 164, 2022; 유득순, 〈'역사다운 질문' 개발을 위한 역사 교과서의 질문 분석과 함의〉,《역사교육논집》 82, 2023; 김수미, 〈학습자 질문 중심의 역사수업 방안 모색〉,《역사와담론》 107, 2023 등이 있다.

13 양호환 외,《역사교육의 내용과 방법》, 책과함께, 2007, 226~227쪽.

14 정선영 외,《역사교육의 이해》, 삼지원, 2001, 171쪽.

15 댄 로스스타인·루스 산타나 저, 정혜승 역,《한 가지만 바꾸기》, 사회평론아카데미, 2017, 71쪽.

16 Taffy E. Raphael, "Teaching Question Answer Relationship, revisited," *The Reading Teacher*, Vol. 39, No. 6, 1986, pp. 516~522. 서울특별시교육청 민주시민교육과,《물음표로 채워가는 느낌표 수업》, 서울특별시교육청, 2015에서 재인용.

17 김수미는 〈학습자 질문 중심의 역사수업 방안 모색〉,《역사와담론》 107, 2023에서 대학생들에게 한국 근현대사를 주제로 실제 수업을 진행하면서 3단계 질문을 구사하여 실효성을 점검했다.

18 로버트 마르자노·줄리아 심스 저, 정혜승 역,《학생 탐구 중심 수업과 질문 연속체》, 사회평론아카데미, 2017, 146~147쪽.

19 로버트 마르자노·줄리아 심스, 앞의 책, 47쪽.

20 이미미, 〈초등 사회(역사 영역) 교과서 질문 현황 및 질문에 대한 초등학생의 반응 분석 연구〉,《역사교육연구》 34, 2019, 172쪽.

21 핵심 질문에는 세 가지 의미가 담겨 있다. 첫째, '중요한'과 '세월이 흘러도 변하지 않는' 질문, 둘째, '기본적인'과 '근본적인' 질문, 셋째, 학교 교육에서 학생들이 핵심 내용을 학습하기 위해 필요로 하는 질문이다. 제이 맥타이·그랜트 위긴스 저, 정혜승 역,《핵심 질문: 학생에게 이해의 문 열어주기》, 사회평론아카데미, 2016, 30~31쪽 참조.

22 김성자, 〈한국, 캐나다 BC주, 뉴질랜드 역사 교육과정의 국제 비교 연구〉,《사회과교육연

구》 31, 2024, 67쪽.

23 제이 맥타이·그랜트 위긴스, 앞의 책, 23쪽.

24 제이 맥타이·그랜트 위긴스, 앞의 책, 26쪽.

25 김현섭, 《질문이 살아 있는 수업》, 수업디자인연구소, 2015, 79쪽.

26 민석홍, 〈역사의 주관성과 객관성〉, 《역사학보》 31, 1996, 149쪽.

27 백은진, 〈역사 교수법의 의미와 역사다운 교수법의 필요성〉, 《학습자 중심 교과교육연구》 22, 2022, 653쪽.

28 핵심 질문과 핵심 개념 논의는 2015 개정 교육과정 개발진도 신중하게 검토했으나 뚜렷한 결론을 내지 못했다. 역사과는 핵심 개념보다는 개별적인 역사적 사실 자체를 중시하는 특성을 갖고 있어 역사과에서 핵심 개념을 추출하는 데 어려움이 컸으며, 핵심 개념으로 다양한 역사적 사실을 포괄할 수 있는 내용을 제시하는 데 어려움을 겪었다고 진술했을 뿐이다. 진재관 외, 《2015 개정 교과 교육과정 시안 개발 연구Ⅱ: 역사과 교육과정》, 한국교육과정평가원, 2015, 12쪽 참고. 이 문제는 2022 개정 교육과정에서도 명확하게 정리되지 못했다. 무엇보다 많은 내용 지식과 통사 구조로 짜인 교육과정이 핵심 개념을 구현하기 어려운 조건이다.

29 김한종, 《역사교육 강의》, 책과함께, 2024, 255쪽.

30 유정순, 〈중고등학교 역사교과서 탐구 활동의 계열성 분석〉, 경북대학교 석사학위 논문, 2014와 이향주, 〈역사 텍스트 서술 방식에 따른 초등학생의 질문 유형 분석〉, 이화여대 대학원 석사학위 논문, 2017에서 제시한 도표를 토대로 필자가 3번째 항목 '질문과 사고력의 관계'를 추가하여 재구성했다.

31 Bruce A. Lesh, *Developing Historical Thinkers: Supporting Historical Inquiry for All Students*, Teacher College Press, 2023, pp. 124~129.

32 샘 와인버그 저, 한철호 역, 《역사적 사고와 역사교육》, 책과함께, 2006; 김태웅 외, 《우리 역사, 어떻게 읽고 생각할까》, 아카넷, 2014에서 역사 탐구의 단계를 제시한 바 있다.

33 역사과 3단계 질문법에 대한 자세한 소개는 졸저 《역사수업의 길을 묻다》, 휴머니스트, 2018, 191쪽 참고.

34 한순미 역, 《비고츠키와 교육》, 교육과학사, 1999에 소개된 비고츠키가 제시한 '근접 발달 영역' 개념은 이후 학생 주도 수업이나 모둠 활동을 강조하는 논의에 큰 영향을 미쳤다. 존 홀트, 《아이들은 어떻게 배우는가》, 아침이슬, 2007; 사토 마나부, 《아이들을 어떻게 가르칠 것인가》, 살림터, 2011; 손우정, 《배움의 공동체》, 해냄, 2012; 니시카와 준, 《함께 배움》, 살림터, 2016 등이 대표적이다.

35 함께 질문 만들기의 과정은 하브루타 학습법의 핵심적인 특징이다. 하브루타 자체가 '공

부하는 짝'이라는 의미여서 집단적 공부를 전제로 한다. 전성수, 《부모라면 유대인처럼 하브루타로 하라》, 위즈덤하우스, 2012 참고. 한편, 핵심 질문을 제창한 맥타이와 위긴스도 질문 생성 과정에서 '각자 생각하기-짝을 이루기-함께 이야기하기'의 필요성을 언급했다. 좋은 핵심 질문일수록 함께 추출하고 세련되게 만드는 노력이 필요하다는 점을 강조했다.《핵심 질문: 학생에게 이해의 문 열어주기》, 사회평론아카데미, 2016, 109쪽.

36 신진균, 〈포스트모던 시대 학교 역사 지식의 구성 양식과 스캐폴딩을 활용한 '함께 역사하기' 방안〉, 경상대학교 박사학위 논문, 2014.

37 알피 콘은 《경쟁에 반대한다》, 산눈, 2009에서 경쟁보다 협력이 자연계나 인간 사회에서 더 보편적이며, 생산성이 높다고 주장했다.

38 질문의 기본 틀에서 학생 간 질문 두 항목(짝, 모둠)은 전 동북고등학교 수석교사 권영부의 아이디어에서 빌려왔다.

2. 역사 탐구란 무엇인가

1 이상신, 〈역사연구에서의 인과적 사고와 설명〉, 《서양사론》 84, 2005, 7쪽.

2 맹수용, 〈논쟁성을 살리는 역사수업 후기〉, 《부산지역 1급 정교사 연수자료집》, 2024, 363쪽.

3 네이버 백과사전, 2024년 9월 26일 검색.

4 이영효, 〈탐구식 역사 교수 모형의 재인식〉, 《역사교육의 이론과 방법》, 삼지원, 1997, 42쪽.

5 이영효, 위의 글, 43쪽.

6 민윤, 〈역사학습에서 '탐구의 재고': 실제적 탐구의 가능성〉, 《사회과교육연구》 11, 2007, 3쪽.

7 이영효, 앞의 글, 47쪽.

8 샘 와인버그 저, 정종복·박선경 역, 《왜 역사를 배워야 할까》, 휴머니스트, 2019, 45쪽.

9 키스 바튼·린다 렙스틱 저, 김진아 역, 《역사는 왜 가르쳐야 하는가》, 역사비평사, 2017, 132·338쪽.

10 Lindsay Gibson and James Miles, "A planning framework for effective historical inquiry," *History Education and Historical Inquiry*, Information Age Publishing, 2024, p. 73.

11 Michiel Voet and Bram De Wever, "Bringing inquiry-based learning into the history classroom: From operationalization to teacher training," *History Education and Historical Inquiry*, Information Age Publishing, 2024, p. 306.

12 김한종, 《역사교육 강의》, 책과함께, 2024, 237쪽.

13 2022 개정 역사과 교육과정 문서, 12쪽.

14 김성자, 〈한국, 캐나다 BC주, 뉴질랜드 역사 교육과정의 국제 비교 연구〉, 《사회과교육연구》 31, 2024, 78쪽.

15 〈탐구로 보는 현대 세계〉 연구진 회의록, 2021년 12월 8일.

16 방지원, 〈역사교과의 탐구학습이론 수용: 연구의 성과와 향후 과제〉, 《歷史教育》 73, 2000, 269쪽.

17 방지원, 〈역사 교과에서의 탐구학습 이론 수용〉, 《사회과교육연구》 2, 1995, 104쪽.

18 민윤, 앞의 글 14쪽.

19 김한종, 《역사교육 강의》, 책과함께, 2024, 230~231쪽.

20 양호환, 〈역사적 사고의 한계와 역사화의 가능성〉, 《歷史教育》 87, 2003, 198쪽.

21 김주성, 〈의문 제기와 사실의 구체화를 통한 역사수업의 흥미 증진〉, 《초등교육연구》 25, 2014, 83쪽.

22 방지원, 앞의 글 108쪽.

23 윤지양, 〈제7차 교육과정 중학교 국사 심화 과정의 개발과 적용〉, 《역사교육논집》 36, 2006, 19~25쪽의 내용과 정주미, 〈중학교 역사(상) 교과서의 탐구 활동 분석 및 활용 방안〉, 경북대학교 석사학위 논문, 2011, 14~15쪽의 분류법을 참고하여 필자가 역사적 사고력 항목을 추가하여 재구성했다.

24 Lindsay Gibson and James Miles, "A planning framework for effective historical inquiry," *History Education and Historical Inquiry*, Information Age Publishing, 2024, p. 73; 같은 책, Michiel Voet and Bram De Wever, "Bringing inquiry-based learning into the history classroom: From operationalization to teacher training," *History Education and Historical Inquiry*, Information Age Publishing, 2024, p. 259.

25 전혁진, 〈역사 탐구를 위한 실행의 전제〉, 《역사교육논집》 45, 2010, 83쪽.

26 김세윤·방지원, 〈사료 읽고 질문하며, 깊게 탐구하는 역사수업〉, 《교육연구》 70, 2017, 138쪽.

27 앞의 글, 114쪽.

28 양호환 외, 《역사교육의 이론》, 책과함께, 2009, 77쪽.

29 김미리, 〈논술형 수행평가에 나타난 고등학생의 역사 탐구 과정〉, 《청람사학》 32, 2020, 97쪽.

30 강태원, 〈역사 탐구 능력 함양을 위한 역사 글쓰기 수업〉, 《역사교육논집》 39, 2007, 9~11쪽.

31 박지원, 〈역사 리터러시 함양을 위한 교사교육 방안 탐색〉, 《사회과교육연구》 30, 2023, 80쪽.

32 차조일 외, 《역량 함양 사회교과군 교육과정 재구조화 연구》, 2022, 59쪽.

33 제프리 녹스, 《디지털시대 역사 문해력 기르기》, 사회평론아카데미, 2025, 91쪽.

3. 역사 탐구 질문 만들기

1 손미현, 〈실제 데이터 분석과정이 고등학생의 질문 생성에 미치는 영향〉, 《현장과학교육》 17, 2023, 347쪽.

2 김소현·유선아, 〈데이터 기반 모델링 활동을 통한 과학적 탐구 질문 생성과 과학 개념의 변화〉, 《학습자중심교과교육연구》 23, 2023, 753쪽.

3 이정민·유연주, 〈통계 포스터에 나타난 통계적 탐구 질문 분석〉, 《학교수학》 22, 2020, 969쪽.

4 김소형·한선영, 〈통계적 문제 해결 과정에서 예비 수학교사들의 탐구 질문 분석〉, 《수학교육》 60, 2021, 368쪽.

5 홍예리, 〈인공지능 딜레마와 철학교육〉, 《철학교육의 온도》, 2024, 57쪽.

6 이창우, 〈좋은 삶과 대중을 위한 철학의 역할〉, 《철학연구》 131, 2020, 31쪽.

7 서울시교육청, 《탐구 질문으로 설계하는 초 1, 2 수업·평가 장학자료》, 2024, 26쪽.

8 앞의 자료집, 29쪽.

9 2024년 현재 156개 나라에서 거의 유사한 교육과정에 따라 국제적이고 미래지향적인 인간상을 기른다는 취지 아래 기존 교육을 전반적으로 개혁하는 종합적인 교육과정을 운영하고 있다. 초, 중, 고의 단계로 구분되어 있고, 개념과 탐구에 기반한 수업을 강조하는 복잡하고도 완결적인 교육과정 체계를 갖추고 있다. 우리나라에서는 제주와 대구, 경기 등 지자체 단위로 도입하고 있으며, 전국으로 확대되는 추세이다. 이혜정 외, 《IB를 말한다》, 창비, 2019, 84~86쪽 참조.

10 서울중등 수석교사회, 《수업평가 나눔 한마당 자료집》, 2023, 29쪽.

11 IB 교육과정에서 역사수업 내용을 검토한 논문은 아직 별로 없는 상태이며, 유득순, 〈국제 바칼로레아 디플로마 프로그램 역사 교재의 질문 분석과 시사점〉, 《歷史教育》 164, 2022이 참고가 된다.

12 이영효, 《역사교육 탐구》, 전남대학교출판부, 2012, 99~100쪽.

13 이영효 책의 2장 목차는 다음과 같다.

2장 역사수업과 역사교실

4. 탐구식 역사수업

5. 교실 역사 지식의 내용과 형식

6. '우리'와 '타자'에 대한 역사교실 담론

7. 학습자 질문 중심의 역사수업

14 방지원, 〈역사 교과의 탐구학습 이론 수용〉, 《歷史教育》 73, 2000.

15 김세윤·방지원, 〈사료 읽고 질문하며, 깊게 탐구하는 역사수업〉, 《교육연구》 70, 2017.

16 강현욱·김민정, 〈역사 교과서 탐구 활동 분석·평가 연구: 중학교《역사(상)》 고려 단원을 중심으로〉, 《역사교육논집》 49, 2012 ; 김민정, 〈중학교 역사②교과서 고려-여진(금) 관계의 '실리적 사대' 서사에 관한 비판적 고찰〉, 《역사교육논집》 89, 2025.

17 김민정, 최종석, 〈고려 시대 '교과서 서사'의 해체적 읽기와 역사적 사고 과정의 구현〉, 《歷史教育》 143, 2017 ; 〈'자주-사대' 교과서 서사의 해체적 읽기 방안: 묘청의 서경 천도 운동을 중심으로〉, 《歷史教育》 174, 2025.

18 김민정, 〈역사 탐구를 위한 질문을 어떻게 작성하는가?〉, 《역사교육논집》 87, 2024, 7쪽.

19 Katharine Burn and Jason Todd, "Getting The Question Right," *History Education and Historical Inquiry*, Information Age Publishing, 2024, p. 296.

20 김민정 외, 《역사수업, 함께 궁리하고 더불어 성장하다》, 책과함께, 2019, 104쪽.

21 Bruce A. Lesh, *Developing Historical Thinkers: Supporting Historical Inquiry for All Students*, Teacher College Press, 2023, p. 110.

22 위의 책, 116쪽.

23 김새로나, 〈'과세특'이 초래한 암묵적 교육과정〉, 《교육 제4의 길》 no. 280, 교육을 바로 잡는 사람들, 2025년 2월 6일자 칼럼에서 나온 학생 자기 성찰 평가서를 토대로 필자가 재구성했다.

24 윤종필, 〈샘 와인버그와 그의 비판자들: '역사적 사고의 부자연성'에 관하여〉, 《교육문화연구》 28, 2022에서는 와인버그의 주장을 역사적 사고의 고유성보다는 간학문적 활동으로 보면서 역사적 사고의 일상적 적용 가능성을 강조하고 있다.

25 Bruce A. Lesh, *Developing Historical Thinkers: Supporting Historical Inquiry for All Students*, Teacher College Press, 2023, p. 122.

26 김민정, 〈역사 탐구를 위한 질문을 어떻게 작성하는가〉, 《역사교육논집》 87, 2024, 12쪽에서 재인용.

27 Bradley Fogo and Joel Breakstone, "An Inquiry-based Curriculum Design for Difficult History," in M. Gross and L. Terra(Eds.), *Teaching and Learning the Difficult Past-Comparative Perspectives*, Routledge, 2019, p. 63.

28 김수미, 〈싱가포르 중등학교에서 역사 탐구와 탐구 기반 평가〉, 《세계의 역사교육, 어떻게 평가하는가》, 선인, 2024, 297쪽.

29 Katharine Burn and Jason Todd, "Getting The Question Right," *History Education and Historical Inquiry*, Information Age Publishing, 2024, p. 309.

2장 세계사 수업의 탐구 질문 성찰

- 세계사 교육의 대안을 모색하는 모임에서는 인간 외에 다양한 주체 설정하기, 민주주의와 전쟁과 평화사 재구성하기, 탈식민과 질적 교류의 네트워크로 시공간을 재구성하기 등을 새로운 논점으로 설정하고 있다. 송하민, 〈복합위기의 개념과 여러 징후들, 그것이 대안적 세계사 서사를 논의하는 데 미치는 함의〉, 《역사교육》 150, 2025.

1. 신항로 개척 수업을 돌아보며

1 조셉 폰타나, 《거울에 비친 유럽》, 새물결, 1999, 237쪽.
2 한승동, 〈유럽중심주의를 넘어서는 길을 찾아서〉, 《황해문화》 59, 2008, 422~423쪽.
3 이영효, 〈세계사교육에서의 '타자 읽기'〉, 《역사교육》 86, 2003, 40~41쪽.
4 케네스 포메란츠, 《대분기》, 에코리브르, 2016, 78~79쪽.
5 주경철, 《대항해 시대》, 서울대학교출판부, 2008, 237~238쪽.
6 김성우·엄기호, 《유튜브는 책을 집어삼킬 것인가》, 따비, 2020.
7 최재붕, 《포노 사피엔스》, 샘앤파커스, 2019의 제목에서 가져왔다.
8 권영부, 《미디어 리터러시 교육, 어떻게 할 것인가》, 지식프레임, 2021, 5쪽.
9 안드레아스 벤츠케, 《콜럼버스》, 한길사, 1998, 90쪽.
10 손세호, 《왜 콜럼버스는 신항로를 개척했을까?》, 자음과 모음, 2022, 69쪽.
11 앞의 책, 74쪽.
12 장 클로드 카리에르, 《바야돌리드 논쟁》, 샘터, 2007, 120~134쪽.
13 조셉 폰타나, 《거울에 비친 유럽》, 새물결, 1999, 213쪽.

2. 인도사, 수업부터 평가까지

1 주재홍은 세계사 교과서에서 인도는 "역사 없는, 분열된, 역동성 없는", 수동적인 이미지로 묘사되어 있다고 비판했다. 주재홍, 〈탈식민주의 교육과정 이론에 비추어 본 우리나라 세계사 교과서에서의 동양의 이미지: 인도의 묘사와 재현〉, 《중등교육연구》 56, 2008 참조.
2 윤종필, 〈에드워드 사이드 이후 오리엔탈리즘 연구 동향과 그 세계사 교육의 함의〉, 《서양사론》 145, 2020. 반면, 장로사, 조혜진은 균형 잡힌 세계사상의 중요성을 강조했다. 장로사, 〈새로운 세계사의 등장과 정형화된 서술 구조의 변화〉, 《歷史敎育》 140, 2016; 조혜진, 〈'교류와 교역' 중심 내용 조직의 시도와 서술상의 한계: 《세계사》 교과서 '신항로 개척' 전후 서술과 관련하여〉, 《歷史敎育》 140, 2016.
3 박용희, 〈한국의 서양사 연구와 유럽중심주의 극복〉, 《서양사론》 95, 2007, 106쪽.

4 이은정, 〈세계사 교과서 속의 오스만제국과 2015 개정 교육과정〉, 《歷史教育》 142, 176쪽.

5 강선주, 〈근대 전환기, 어떻게 탐구할 것인가〉, 《歷史教育》 140, 2016, 254쪽.

3. 여성 참정권 운동 수업의 질문들

1 2021년 제32회 도쿄 올림픽 여자 양궁 금메달리스트인 안산 선수를 이른바 '페미'라고 공격한 사례가 대표적이며, 여야 대선 후보 2명이 여성의 군 복무를 공약으로 제시했다.

2 권정민 교수(서울교대) 인터뷰, 〈아이들은 왜 극우 유튜버에 빠졌나… '혐오' 정서 깔고 영웅심 자극〉, JTBC, 2025년 1월 30일자 리포트; 〈극우 세계관, 청소년들 사이에선 차고 넘쳐… 이미 주류가 됐다〉, 《경향신문》 2025년 3월 1일자 기사 등.

3 염운옥, 〈권리 없는 자들의 권리 투쟁으로서 20세기 인권운동의 역사〉, 2024년 역사교육연구소 세계사 특강(10. 19) 자료 참고.

4 Ruth Tudor, "Teaching 20th Century Women's History: A Classroom Approach," Council of Europe Pub., 2000, p. 64.

5 누비아 바렐라, 《초보자를 위한 페미니즘》, 시대의 창, 2020, 76~77쪽.

6 김민정, 〈역사 탐구를 위한 질문을 어떻게 작성하는가?〉, 《역사교육논집》 87, 2024, 32~35쪽.

7 한국사 교과서를 살펴본 결과, 2020년까지 사용된 2009 개정 중학교 《역사 1》의 전근대 한국사 영역에는 여성 인물 서술이 10건도 채 안 된다. 본문에 서술된 것은 '진성여왕' 세금 독촉, 몽골에 끌려간 고려 '공녀', 광해군에게 폐위된 '인목대비' 등 3건, 탐구 자료에 소개된 것은 단군신화의 '웅녀', 주몽설화의 '유화', 신라의 효녀 '지은', 조선의 예송 때 '자의대비' 장례 복장 등 4건, 사진 자료에 발해 '정혜공주' 묘의 돌사자상, 단원 정리 문제에 나오는 '선덕여왕' 때 지은 천문대라는 표현까지 포함하면 9건이다. 그나마도 진성여왕을 비롯한 여성 인물이 다소 부정적인 맥락에서 서술되거나 부차적인 인물로 언급되는 수준이며, 선덕여왕의 경우 여왕이 중심이 아니라 첨성대를 설명하기 위해 서술된 측면이 있다. 고조선 성립기부터 임술농민봉기까지의 시간 사이에, 교과서로는 200쪽이 넘는 분량에서 여성 관련 서술을 다 끌어모아도 10건이 안 되는 실정이다(동아출판사 《역사 1》 교과서의 사례).

3장 아테네 민주정 탐구 질문의 대안 모색

1. 아테네 민주정 논의와 탐구 질문

1 강철구, 《역사와 이데올로기 1》, 용의 숲, 2004, 142쪽.

2 양병우, 《아테네 민주정치사》, 서울대학교출판부, 1976, 1쪽.

3 기원전 500년부터 기원후 300년까지 폴리스라고 부를 수 있는 도시는 약 1,000개가 있었다. 그중에서 스스로 민주정을 표방한 도시 국가는 거의 없었다. 비교적 이름이 알려져 있고, 당시에 상당한 세력을 지닌 스파르타나 테베는 과두정 체제였으며, 대부분의 폴리스에서는 지배-피지배의 관계가 보편적인 모습이었다(폴 카트리지, 《고대 그리스》, 교유서가, 2019, 21·160쪽 참조).

4 신채식, 《동양사 개론》, 삼영사, 2018, 137쪽을 보면 제자백가 사상을 인간중심주의, 합리주의라고 설명하고 있다. 한편, 그리스 문화는 신앙과 미신을 중시하며, 신에 대한 불경을 두려워하는 양면성을 지니고 있었다(한국서양사학회, 《세계사들로》, 푸른역사, 2009, 99쪽 참조).

5 김봉철, 〈고대 그리스의 '유럽성'에 대한 고찰〉, 《서양사론》 90, 2006, 17쪽.

6 홍용진, 〈세계사 교과서에서 서양 중세사의 의미: 검토와 제안〉, 《歷史敎育》 144, 2017, 194쪽.

7 나종석, 〈고대 그리스 민주주의〉, 《민주주의 강의 1》, 민주화운동기념사업회, 오름, 2007, 75쪽.

8 위의 글, 75쪽.

9 손태창, 〈2015 교육과정에 따른 검인정된 고교 세계사 교과서들의 연구〉, 《서양고대사연구》 54, 2019, 236쪽.

10 정경실, 〈아테네 민회가 민주시민교육에 주는 함의〉, 한국교원대학교 석사학위 논문, 2011, 3쪽.

11 양병우, 《아테네 민주정치사》, 서울대학교출판부, 1976, 207쪽.

12 양병우, 《아테네 민주정치사》, 서울대학교출판부, 1976; 양병우, 〈고전기 그리스〉, 《서양고대사연구》 1, 1987; 민석홍, 《서양사 개론》, 삼영사, 1984.

13 윌리엄 포레스트, 《그리스 민주정의 탄생과 발전》, 한울, 2001; 도널드 케이건, 《투퀴디데스, 역사를 다시 쓰다》, 휴머니스트, 2013; 토마스 마틴, 《고대 그리스사》, 책과함께, 2015; 존 던, 《민주주의의 수수께끼》, 후마니타스, 2016 등.

14 김봉철, 〈아테네인의 민회 운영과 민회의 정치적 지위〉, 《서양사론》 48, 1996; 김봉철, 〈아테네의 역사〉, 《서양고대사강의》, 한울아카데미, 1996; 김봉철, 〈고대 그리스와 유럽성 고찰〉, 《서양사론 90》, 2006; 김봉철, 〈고대 그리스 세계〉, 《서양사강좌》, 아카넷, 2016; 김봉철, 〈고대 그리스와 오리엔트의 국제적 의사소통 통역의 활용 실태〉, 《서양사연구》 57, 2020.

15 문혜경, 〈고전기 아테네에서 추방 정치〉, 《서양고대사연구》 28, 2011; 문혜경, 〈고대 아

테네 민주주의의 이상과 남용〉, 《서양사연구》 51, 2014; 문혜경, 〈고전기 아테네에서 테테스의 해군 복무와 민주정의 관계〉, 《역사와담론》 77, 2015; 문혜경, 〈고대 아테네에서 군사적 전술과 사회문화적 변화〉, 《서양고대사연구》 50, 2017.

16 나종석, 〈고대 그리스 민주주의〉, 《민주주의 강의》 1, 2007; 구민정·권재원 편, 《민주주의를 만든 생각들》, 휴머니스트, 2011.

17 박주원, 〈민주주의의 힘은 어디에서 오는가〉, 《경제와 사회》 88, 2010.

18 신철희, 〈'민(demos)' 개념의 이중성과 민주주의(demokratia)의 기원〉, 《한국정치연구》 22, 2013.

19 강철웅·문지영, 〈플라톤 '국가'의 민주정 비판과 이상 국가 구상〉, 《사회과학연구》 35, 2011.

20 이윤복, 〈공화 민주주의와 뉴미디어: SNS를 통한 시민의 정치 참여를 중심으로〉, 《철학연구》 133, 2015.

21 원성묵, 〈2010년 전자민주주의〉, 《정보화저널》 4, 1997.

22 정주환, 〈그리스 민주정치와 선거제도〉, 《법학논총》 40, 2016.

23 신용인, 〈아테네 폴리스와 주민자치〉, 《원광법학》 39, 2023.

24 장수명, 〈고대 아테네의 민주주의와 경제발전의 양립〉, 《경제발전 연구》 28, 2022.

25 하태규, 〈고대 아테네 민주주의와 광장 민주주의〉, 《경제와 사회》 113, 2017.

26 구자정, 〈데모크라시는 진정 민주적인가〉, 《서양사론》 116, 2013.

27 로저 오스본, 《처음 만나는 민주주의 역사》, 시공사, 2012, 57쪽.

28 김정인, 〈민주주의 역사의 굴곡진 주름을 펼쳐 보이다〉, 《인문논총》 80, 301쪽.

29 최갑수, 〈서양의 민주주의: 이념과 변용〉, 《역사와 현실》 87, 2013, 35쪽.

30 김경희, 〈서구 민주공화주의의 기원과 전개〉, 《정신문화연구》 30, 2007, 123~124쪽.

31 한국서양사학회, 《세계사들로》, 푸른역사, 2009, 46~47쪽.

32 김대륜, 《역사의 비교》, 돌베개, 2020, 32~35쪽.

33 구민정·권재원 편, 《민주주의를 만든 생각들》, 휴머니스트, 2011, 16~19쪽.

34 정경실, 〈아테네 민회가 민주시민교육에 주는 함의〉, 한국교원대학교 석사학위 논문, 2011, 7쪽.

35 황옥자, 〈고대 아테네 사회의 갈등, 화해, 공존〉, 《민주주의와 인권》 20, 2020, 163쪽.

36 송문현의 아테네 민주정 관련 인터뷰 내용 발췌(2024년 1월 11일 경남 양산 자택).

37 인터뷰는 2024년 2월 하순에 연속적으로 했다. 한 사람당 6개의 공통 질문을 던지고 2시간가량 대화를 나누면서 이를 채록했다. 이후 중복된 내용은 생략하고, 문장을 가다듬어 논지를 분명히 하는 작업을 거쳤으며, 각자의 문제의식이 뚜렷하게 드러나도록 재구성했다.

38 2024년 2월 29일 온라인 인터뷰.

39 2024년 2월 28일 온라인 인터뷰.

40 2024년 2월 26일 대면 인터뷰(서울 잠실).

41 김봉률, 《어두운 그리스》, 경성대학교출판부, 2011, 257쪽.

42 이에 대해 윤진은 노예와 외국인의 참정권 배제를 굳이 교과서에 서술하는 것은 당대 맥락을 고려하지 않은 교과서 지면 낭비라고 비판했다(윤진, 〈2015 교육과정에 따른 중학교 역사1 교과서에 나오는 서양 고대사 서술의 분석과 검토〉, 《역사와담론》 97, 2020, 214쪽 참조).

43 디지털 탐구그룹의 학습자료 〈아테네 민주정은 진정 민주적인가〉에 인용된 정치학자 요시아 오버의 통계를 재인용했다. 반면 거주민의 6분의 1이라는 숫자는 당대 다른 국가에 비하면 놀라울 정도로 많으며, 가난한 아테네인조차도 정치에 참여할 수 있었음을 강조하는 입장도 있다(김대륜, 《역사의 비교》, 돌베개, 2020, 37쪽 참조).

44 김경현, 〈고대 지중해 세계〉, 《서양사강의》, 1992; 김봉철, 〈아테네인의 민회 운영과 민회의 정치적 지위〉, 《서양사론》 48, 1996; 김복래, 〈아테네 민주주의와 시민권에 대한 고찰〉, 《유럽 연구》 12, 2000; 문혜경, 〈고전기 아테네에서 시민과 거류 외인 간의 관계〉, 《서양고대사연구》 58, 2020.

45 송문현, 〈그리스 노예제〉, 《서양고대사강의》, 1996; 송문현, 〈아테네 민주정치의 본질과 그 현대적 의미〉, 《역사와세계》 48, 2008; 최자영, 〈고대 그리스 사회에 대한 한국 중등 교과서의 오류 및 최병조 교수의 촌평에 대한 두 가지 제언〉, 《서양고전학연구》 58, 2019.

46 김정수, 〈페리클레스의 정치적 경력〉, 《인문과학》 51, 1984; 손병석, 〈페리클레스(Perikles)를 통해 본 지도자론〉, 《서양고전학연구》, 55, 2009; 김봉률, 〈국가와 희생〉, 《지중해연구》 12, 2010; 이정호 역, 《MENEXENOS》, 정암학당, 2008; 플루타르코스 저, 천병희 역, 〈페리클레스전〉, 《플루타르코스 영웅전》, 숲, 2010; 김봉률, 《어두운 그리스》, 경성대학교출판부, 2011; 장시은, 〈아테네의 위기와 페리클레스의 연설〉, 《수사학》 24, 2015; 손태창, 〈펠로폰네소스 전쟁은 필연적이었는가〉, 《역사와담론》 103, 2022; 도널드 케이건, 《페리클레스》, 지식향연, 2020.

47 박재욱, 〈고전기 스파르타의 교육과 군사사회〉, 《서양사연구》 46, 2012; 송문현, 〈스파르타의 토지제도 : 비판적 검토〉, 《서양고대사연구》 65, 2015; 송문현, 〈선그리스인과 그리스인: 두 차례에 걸친 도래〉, 《서양고대사연구》 52, 2018; 박재욱, 〈페리클레스 추도 연설과 스파르타: 체제와 삶의 방식을 둘러싼 경쟁〉, 《서양사연구 67》, 2022.

48 모르겐 한센은 전 코펜하겐대학교 문헌학과 교수로서 아테네 민주정의 최고 권위자로 불린다. 이 문구는 디지털 탐구그룹의 학습자료 〈아테네 민주정은 진정 민주적인가〉에서

재인용했다.

49 김봉률, 〈남근 지배: 고대 아테네 문화의 자기파멸적 미학〉, 《영미어문학》 99, 2011.

50 최자영, 〈고전기 아테네 여성(Athenaia)의 시민권과 사회적 지위〉, 《서양사론》 90, 2006; 최자영, 〈고르틴 법을 통해 본 고대 그리스 여성의 재산권: 크레타 섬과 그리스 본토의 사회체제 비교에 관한 일고〉, 《서양사론》 107, 2010; 김혜진, 〈고전기 아테네의 여성에 관한 고찰〉, 《서양고대사연구》 65, 2013; 최혜영, 〈고대 지중해 식민 활동과 여성〉, 《서양고대사연구》 52, 2018.

51 문혜경, 〈고전기 아테네 여성의 연극 관람과 사회적 친교활동에 관한 담론〉, 《서양고전학연구》, 2015; 문혜경, 〈고대 아테네에서 농경제의에 나타난 여성의 의례적 기능〉, 《서양사연구》 65, 2021.

52 문지영, 〈민주주의와 성평등: 문제의식과 연구 동향〉, 《젠더법학》 12, 2021, 63쪽.

53 최영진, 〈아테네 비극과 민주주의: 안티고네를 중심으로〉, 《유라시아연구》 7, 2010; 이동수, 〈고대 그리스 비극에 나타난 민주주의 정신〉, 《한국정치연구》 22, 2013.

54 문혜경, 〈고전기 아테네 비극에 나타난 여주인공들〉, 《인문학 연구》 5, 1999; 장시은, 〈에우리피데스의 '탄원하는 여인들'과 아테네 민주정〉, 《인간, 환경, 미래》 24, 2017; 홍은숙, 〈그리스 희극에 나타난 포스트휴머니즘 전망〉, 《인문연구》 93, 2020, 120쪽.

2. 아테네 민주정 탐구 질문 검토

1 제6, 7차 교육과정 교과서는 필자가 직접 가르쳤던 교과서(6차는 국정, 7차는 검인정 교과서 3종)를 살펴보았고, 2007 개정 교육과정부터 2022 교육과정까지 교과서는 평균 8종의 교과서를 살펴보되 차별성이 뚜렷한 부분을 주목해서 검토했다.

2 사초모임, 《사초로 보는 역사》, 전국역사교사모임, 2018; 조경훈, 〈세계사 교과서의 아테네 민주정치 서술과 민주주의 교육〉, 《역사와교육》 6, 2012.

3 조경훈, 앞의 글, 67쪽.

4 Rosalie Metro, ^Teaching world history thematically: Essential questions and document-based lessons to connect past and present,^ Teachers College Press, 2020, pp. 29~31.

5 김민정, 〈역사 문해력 함양을 위한 미국의 교육과정 자료 비교 분석 : 아테네 민주정을 중심으로〉, 《역사교육논집》 84, 2023, 14~15쪽 도표를 일부 재구성했다.

6 "아테네 민주주의 조사 학습: 교사용 가이드"와 슬라이드 자료 참고, https://readinquirewrite.umich.edu/ancient-world/

7 박지원, 〈역사리터러시 함양을 위한 교사교육 방안 탐색〉, 《사회과교육연구》 30, 2023, 79쪽.

3. 아테네 민주정, 어떤 탐구 질문을 던질 수 있을까

1 조경훈, 〈세계사 교과서의 아테네 민주정치 서술과 민주주의 교육〉, 《역사와교육》 6, 2012, 50쪽.

2 조주현, 〈도덕과 교육에서 민주시민성의 위상과 과제〉, 《도덕윤리교육》 40, 2013, 164쪽.

3 신용인, 〈아테네 폴리스와 주민 자치〉, 《원광 법학》 39, 2023, 92쪽.

4 도널드 케이건, 《페리클레스》, 지식향연, 2020, 456쪽.

5 당시 아테네 여성은 시민이지만, 노예와 외국인은 시민이 아니었으므로 같은 조건에서 참정권 배제를 논할 수 없다. (김덕수, 〈중학교 역사(상) 교과서에 나타난 그리스사와 로마사 서술의 몇 가지 문제〉, 《동국사학》 51, 2012, 233쪽 참조).

6 최자영, 〈고전기 아테네 여성의 시민권과 사회적 지위〉, 《서양사론》 90, 2006, 127쪽.

7 송문현, 〈아테네 민주정치의 본질과 그 현대적 의미〉, 《역사와세계》 48, 2015, 248쪽.

8 아테네의 희곡 작가 에우리피데스의 《메데이아》는 여성 억압과 인간의 감정을 묘사한 작품으로, 복수의 정당성을 묻고 강력한 여성의 존재를 드러낸 작품이다. 전형준 외, 《북키의 테마 독서논술》, 한국 독서교육개발원, 2006, 66쪽의 대사를 재인용했다.

9 도편추방제는 12번 실행되는 정도에 그쳤고, 그보다 엄격했던 탄핵 소환 재판제도는 130건이나 있었는데, 잘 알려져 있지 않다. (조경훈, 〈세계사 교과서의 아테네 민주정치 서술과 민주주의 교육〉, 《역사와교육》 6, 2012, 65쪽 참조).

10 정기문 외, 《역사학의 성과와 역사교육의 방향》, 책과함께, 2013, 29쪽.

11 로저 오스본, 《처음 만나는 민주주의 역사》, 시공사, 2012, 16쪽, 47쪽.

12 커리 해리엇, 《교양 다시 읽기》, 이마고, 2006, 145쪽.

13 역사과 교육과정(교육부 고시 제 2022-호).

14 솔론→클레이스테네스→페리클레스로 이어지는 흐름과 이들의 업적을 제시하는 서사 방식까지 바꿀 수 있는 방법은 없을까 하는 고민도 필요하다. 민주정의 역사를 설명하기 위해 꼭 필요한 내용이라 하더라도 특정 인물의 업적을 부각하는 방식이라는 아쉬움이 있기 때문이다.

15 구민정·권재원 편, 《민주주의를 만든 생각들》, 휴머니스트, 2011의 자료를 참고하여 필자가 재구성했다.

16 조경훈, 〈세계사 교과서의 아테네 민주정치 서술과 민주주의 교육〉, 《역사와교육》 6, 2012의 내용을 바탕으로 추가 보완했다.

참고자료. 페리클레스 추도 연설문 톺아보기

1 페리클레스 연설문이 후대 연설문에 영향을 미친 사례로 가장 대표적인 것이 링컨의 게티스버그 연설이다. 링컨의 연설 역시 앞부분에 조상의 은덕을 칭송하고, 민주주의를 예찬하면서 이를 지키기 위해 모두가 전쟁에 나서야 한다는 내용으로 구성되어 있다.

2 베트니 휴즈 저, 강경이 역, 《아테네의 변명》, 옥당, 2012, 151쪽.

3 페리클레스 추도 연설문은 도널드 케이건 저, 허승일, 박재욱 역, 《펠로폰네소스 전쟁사》, 까치, 2007을 저본으로 하고, 구민정, 권재원 편, 《민주주의를 만든 생각들》, 휴머니스트, 2011 ; 페리클레스 저, 김헌 외 옮김. 《그리스의 위대한 연설》, 민음사, 2015 ; 김창성, 《사료로 읽는 서양사 1》, 책과함께, 2014 ; 투키디데스 저, 천병희 역, 《펠로폰네소스 전쟁사》, 숲, 2011 등을 두루 참고했다.

4 원래는 지배, 지배력, 다스리는 자리 등을 뜻하는 'arche'가 제국으로 번역되었다(양병우, 〈고전기 그리스〉, 《서양고대사연구》 1, 1987, 107쪽).

5 김복래, 〈아테네 민주주의와 시민권에 대한 고찰〉, 《유럽연구》 제12호, 2000, 1~23쪽 ; 문혜경, 〈고대 아테네 민주주의의 이상과 남용〉, 《서양사연구》 51, 2014, 5~29쪽.

6 신선희, 김상엽, 《이야기 그리스 로마사》, 청아출판사, 2006, 133~137쪽.

7 송문현, 〈아테네 민주정치의 본질과 그 현대적 의미〉, 《역사와 세계》 48, 2015, 249쪽.

8 정경실, 〈아테네 민회가 민주시민교육에 주는 함의〉, 한국교원대학교 석사학위 논문, 2011, 111쪽.

9 아테네 민주정에 대한 회의적인 시선은 유명 철학자들로부터 비롯된 것이다. 예컨대, 플라톤은 아테네 민주정의 쇠퇴기에 살았다. 당시 아테네는 스파르타와의 전쟁에서 패하고 스파르타의 앞잡이 노릇을 하는 30인 독재 정권 아래 시달리다가 간신히 민주정을 회복했지만 상호 비방과 내분이 끊이지 않는 혼란기였다. 그래서 플라톤은 페리클레스처럼 아테네의 민주정치에 마냥 자부심을 느낄 수 없었다. 특히 그는 스승인 소크라테스가 사형을 선고받는 것을 곁에서 지켜보았다. 이 과정을 통해 그는 다수에 의한 지배, 즉 민주정에 대한 회의와 비판을 하게 된 것이다.

10 송문현, 〈아테네 민주정치의 본질과 그 현대적 의미〉, 《역사와 세계》 48, 2015, 265쪽.

11 조경훈, 〈세계사 교과서의 아테네 민주정치 서술과 민주주의 교육〉, 《역사와교육》 6, 2012, 50쪽.

12 루소는 "영국의 인민들은 스스로 자유롭다고 생각하지만, 실제로 자유로운 것은 오직 의회의 의원 선거 기간뿐이다. 그 이후에 그들은 다시 노예가 되어버리고 아무런 가치도 없는 존재가 되어버린다"라고 비난했다. 그에 따르면, 대의제 민주주의는 '선거를 치르는

귀족정'인 셈이다.

13 김봉철, 〈아테네의 역사〉, 《서양 고대사 강의》, 한울, 1996, 43쪽.

14 최영진, 〈아테네 비극과 민주주의: 안티고네를 중심으로〉, 《유라시아연구》 7, 2010, 463쪽.

15 송문현, 〈아테네 민주정치의 본질과 그 현대적 의미〉, 《역사와 세계》 48, 2015, 263~264쪽.

16 최자영, 〈고대 그리스 사회에 대한 한국 중등 교과서의 오류 및 최병조 교수의 촌평에 대한 두 가지 제언〉, 《서양 고전학 연구》 58, 2019, 331쪽. 그는 소크라테스 처형을 예로 들며 아테네 민주정이 중우정치로 귀결되었다고 하는 것을 잘못된 상식이라고 본다. 소크라테스 처형에는 501명의 배심원 재판관들이 근소한 차이로 그의 유죄만 결정했을 뿐, 형량을 결정할 권한이 없었다. 이어 원고와 피고가 제시하는 형량 가운데 하나를 선택하는 역할만 맡았을 뿐이라는 것이다. 그리고 그는 생전에 충분히 언론의 자유를 누렸다.

17 이상덕, 〈파르테논의 기능과 역할 재고〉, 《서양사론》 152, 2022, 212~213쪽.

18 김봉철, 〈아테네의 역사〉, 《서양 고대사 강의》, 1996, 31~32쪽; 김정수, 〈페리클레스와 그의 정치적 경력〉, 《인문과학》 51, 1984, 105쪽.

19 김봉률, 〈국가와 희생-페리클레스의 추도연설을 중심으로〉, 《지중해지역연구》 12-4, 2010; 박재욱, 〈고전기 스파르타의 교육과 '군사 사회'〉, 《서양사연구》 46, 2012를 바탕으로 재구성했다.

20 나종석, 〈고대 그리스 민주주의〉, 《민주주의 강의 1》, 민주화운동기념사업회, 오름, 2007, 54쪽.

21 강유원, 《역사 고전 강의》, 라티오, 2012, 104~105쪽.

22 나종석, 위의 글, 54쪽.

23 장주은, 〈그리스 민주정치와 여성: 학생 주도형 세계사 수업모형 개발 연구〉, 이화여대 대학원 석사학위 논문, 2011, 7~9쪽.

24 최혜영, 〈고대 지중해 식민 활동과 여성〉, 《서양고대사 연구》 52, 2018, 114·116쪽.

25 이상덕, 〈대디오니시아 제전과 아테네 제국주의: 분리를 통한 통합의 장〉, 《역사학연구》 72, 2018, 305쪽.

26 최자영, 〈고대 그리스 사회에 대한 한국 중등 교과서의 오류 및 최병조 교수의 촌평에 대한 두 가지 제언〉, 《서양 고전학 연구》 58, 2019, 330~331쪽.

27 김봉철, 〈아테네의 역사〉, 《서양 고대사 강의》, 한울, 1996, 43쪽.

28 손태창, 〈2015년 교육과정에 따라 검인정된 고교 세계사 교과서들의 연구〉, 《서양고대사 연구》 54, 2019, 228쪽.

29 김봉률, 〈국가와 희생〉, 《지중해지역연구》 12, 2010, 3쪽.

역사 탐구 질문, 어떻게 할까?

질문으로 엮어가는 역사수업

1판 1쇄 발행일 2025년 12월 29일

지은이 윤종배

발행인 김학원
발행처 (주)휴머니스트출판그룹
출판등록 제313-2007-000007호(2007년 1월 5일)
주소 (03991) 서울시 마포구 동교로23길 76(연남동)
전화 02-335-4422 **팩스** 02-334-3427
저자·독자 서비스 humanist@humanistbooks.com
홈페이지 www.humanistbooks.com
유튜브 youtube.com/user/humanistma
인스타그램 @humanist_insta

편집주간 황서현 **편집** 최인영 강창훈 **디자인** 말리북
조판 홍영사 **용지** 화인페이퍼 **인쇄·제본** 정민문화사

ISBN 979-11-7087-416-4 03370